"四清"运动是20世纪60年代开展的一场轰轰烈烈的政治运动，它持续了四年之久，直至"文化大革命"的爆发。运动从一开始的"清账目、清仓库、清工分、清财物"发展到后期的"清政治、清经济、清思想、清文化"。这场运动既是建国后阶级斗争扩大化的产物，也是"文化大革命"的预演。

　　党的八届十中全会以后，毛主席为了"反修防修"、防止"和平演变"，决定在全国城乡发动一次普遍的社会主义教育运动，开展大规模的阶级斗争。这场运动历时近4年，前后有几百万各级干部和教师、学生、知识青年参加工作队，投入了"四清"运动。由于他们和广大干部、群众的努力，这场运动对于解决干部中存在的不正之风和经济管理等方面的问题，起了好的作用。虽然发生了严重偏差，但由于这场运动是有领导地、分期分批地进行的，中央对运动中的偏差也进行过一些纠正，因而这场"四清"运动没有发展成为全局性的错误。

"四清"运动亲历记

郭德宏　林小波　编

人民出版社

目　录

『四清』运动亲历记

"四清"运动亲历记

部分领导人的回忆

开展城乡"四清"运动

薄一波

党的八届十中全会以后，毛主席为了"反修防修"、防止"和平演变"，决定在全国城乡发动一次普遍的社会主义教育运动，开展大规模的阶级斗争。农村的运动，以清理账目、清理仓库、清理财务、清理工分为主要内容，简称"四清"。城市的运动，以反对贪污盗窃、反对投机倒把、反对铺张浪费、反对分散主义、反对官僚主义为主要内容，简称"五反"。为了指导运动的开展，中央于1963年5月和9月，

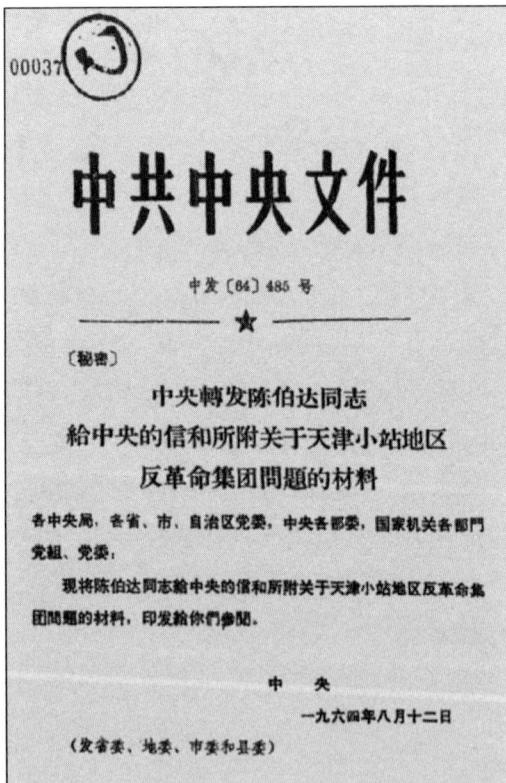

00037

中共中央文件

中发〔84〕485 号

★

〔秘密〕

中央轉发陈伯达同志
給中央的信和所附关于天津小站地区
反革命集团問题的材料

各中央局、各省、市、自治区党委、中央各部門党組、党委：

现将陈伯达同志給中央的信和所附关于天津小站地区反革命集团問题的材料，印发給你們参閱。

中　央

一九六四年八月十二日

（发省委、地委、市委和县委）

1964年8月，中共中央转发了陈伯达的信及所附关于"反革命集团"的材料。

先后制定了《关于目前农村工作中若干问题的决定（草案）》（简称"前十条"）、《关于农村社会主义教育运动中一些具体政策的规定（草案）》（简称"后十条"）。随着运动的深入，中央又于1964年年底至1965年年初，制定了《农村社会主义教育运动中目前提出的一些问题》（简称"二十三条"），决定城乡社会主义教育运动的内容一律为清政治、清经济、清组织、清思想，通称"四清"。这场运动直到1966年下半年随着"文化大革命"的开展而结束，历时近4年。当时，工业交通企业的"四清"由我分管。回顾这场城乡的"四清"运动，从中找出经验教训，对于解决好党内及干部队伍中存在的问题和防止腐败现象，避免重犯阶级斗争扩大化的错误，是会有教益的。

（一）"四清"运动的由来和"前十条"的制定

对广大农村干部和群众进行社会主义教育，一直是毛主席关心的一个大问题。早在1957年7月，即反右派斗争开始后不久，他就表示"赞成迅即由

1964年10月，天津南郊小站公社召开"社教"运动宣判处理大会

中央发一个指示，向全体农村人口进行一次大规模的社会主义教育"。8月8日，中央发出《关于向全体农村人口进行一次大规模的社会主义教育的指示》。1959年庐山会议以后，中央再一次提出要在农村中进行一次社会主义教育。从1960年起，先后在农村开展了"三反"（反贪污、反浪费、反官僚主义）运动和整风整社运动。1961年11月13日，中央又一次发出《关于在农村进行社会主义教育的指示》。在八届十中全会上，毛主席为了"反修防修"，突出地强调阶级斗争，再次提出要进行社会主义教育。

但是八届十中全会后，许多地方并没有立即开展社会主义教育运动。1962年冬到1963年年初，毛主席外出视察工作，到了不少地方，只有湖南省委王延春同志、河北省委刘子厚同志，分别在长沙、邯郸向他汇报了这个问题。毛主席认为这个问题还没有引起全党的重视，决定在1963年2月召开的中央工作会议上，重点讨论农村社会主义教育和城市"五反"问题。

为了引起与会同志的重视，毛主席接连将湖南、河北省委关于社会主义教育和整风整社运动的两个报告批印会议讨论。2月25日在少奇同志讲话时，毛主席插话说："我国出不出修正主义，两种可能：一种是可能，一种是不可能。现在有的人三斤猪肉，几包纸烟，就被收买。只有开展社会主义教育，才可以防止修正主义"。2月28日，毛主席又在会上强调："要把社会主义教育好好抓一下。社会主义教育，干部教育，群众教育，一抓就灵"。对于毛主席的这些意见，当时大家都是拥护的。

经过讨论，会议通过了《中共中央关于厉行增产节约、反对贪污盗窃、反对投机倒把、反对铺张浪费、反对分散主义、反对官僚主义运动的指示》。这个指示规定，运动只在县（团）级以上的党政军民机关、国营和合作社营企业事业单位、物资管理部门、文教部门中进行。至于在农村人民公社和县级以下的工商企业中如何开展运动，将另行安排。根据党中央的部署，中央各部和各省、市、自治区机关立即在会后组织领导干部"洗手洗澡"，开展运动。与此同时，各地农村的社会主义教育也开始进行试点。

会后，毛主席便着重研究农村如何开展社会主义教育的问题。1963年4月，他首先发现了东北局宋任穷同志和河南省委的报告，随后又发现了河北保定地委关于进行"四清"和邢台地委关于建立贫下中农组织的报告。4 月 25 日，毛主席在上海对周总理说：这几个文件值得注意。不久，他又让彭真同志去上海，起草中央转发这些文件的批语。5 月 2 日，彭真同志起草了对东北、河南两个报告的批语。毛主席亲自将批语修改定稿，肯定了两个报告中所说的做法。指出："社会主义教育是一件大事"，各地要"检查一下自己在这方面的认识和工作，检查一下是不是抓住了要点和采取的方法是否适当，

图中文字：

陈伯达同志给中央的信

中央：

送上天津小站地区以姜德玉、张凤琴、张玉蓉为首的三个反革命集团的社会关系分布图，并附这三个反革命集团头子的历史大事记各一份。

这三个反革命集团的成份问题和他们的罪恶活动，群众早已有所反映。一九六二年，天津市委接受群众意见，已将姜德玉开除出党，并解除他的一切职务。但是，不论姜德玉的问题，还是张凤琴、张玉蓉的问题，都只是在今年四清运动中，群众充分发动以后，才彻底暴露出来。现在运动还没有结束，他们的政治问题和经济问题，还在继续清查中。

主席吩咐过，这些材料可以发到县级，供给大家参考。如何处理，请中央指示！

除了这些图表和大事记以外，工作组还准备写一篇叙述斗争发展过程的材料，但要过些时候才可能写。写出后，当即送中央审查。

陈伯达
八月四日

— 8 —

1964 年 1 月天津南郊小站公社开展"社教"运动，挖出三个"反革命集团"。这是陈伯达就此事写给中央的信。

查一查是否还有很多的地、县、社没有抓住这方面的工作。如果有的话（看来一定是有的），应当在农忙间隙，在不误生产的条件下，抓住进行"，"特别要注意分步骤的方法、试点的方法和团结大多数、孤立极少数的政策"。5 月 2 日以后，毛主席把各中央局书记召集到杭州，举行包括部分政治局委员参加的小型会议，研究关于农村社会主义教育的文件。文件在 5 月 2 日前已由彭真同志主持写出第一稿。各大区书记到后，彭真同志和他们一起讨论、修改了两次。毛主席看了以后，觉得不够尖锐，没有提到马列主义理论的高度，便于 5 月 7 日指出："可以不要那么长，短些，严肃些。要写些这样的问题，如认识不一致问题"，"要点就是阶级、阶级斗争，社会主义教育，依靠贫、下中农，四清，干部参加劳动这样一套"。5 月 8 日，毛主席连续批印了湖南省委的两个报告和原载《中南通讯》的河南、湖北、湖南的四个文件，认为是"四个好文件"，并在会上再次讲了认识问题。5 月 9 日，毛主席又批了浙江省七个关

5

"四清"运动亲历记

于干部参加劳动的材料，并写了很长的批语，强调了阶级斗争的严重性、防止修正主义的重要性以及社会主义教育的重大意义。陈伯达根据这些意见又将文件做了修改，并将毛主席对浙江省七个材料的批语放在文件的最后。5月10日，毛主席将这个稿子作了反复修改，主要是在前边加上了关于人的正确思想是从哪里来的一大段话，并将题目改为《中共中央关于目前农村工作中若干问题的决定（草案）》。毛主席批示过的20件材料，作为文件的附件。

毛主席看到与会同志对社会主义教育的认识统一了，便在11日晚的讲话中，着重强调不要性急，要搞稳一点，不要伤人过多。这样说了还不放心，一夜未睡，12日凌晨又把各大区书记找去，再次强调说：不要一哄而起，要准备好了再发动，要有强的领导，不打无把握之仗，并说干部行不行，好不好，"这次是一次大考哩"！

中央《关于目前农村工作中若干问题的决定（草案）》一共十条，经5月18日中央政治局

1965年5月12日，黑龙江省阿城县在"四清"中召开对敌斗争大会，县法院宣布将"富农分子"袁凤祥（左）和"坏分子"邓国兴（右）依法判处管制。

会议讨论通过，5月20日正式发出，后来把它称为"前十条"。

毛主席在杭州会议上的四次讲话，在这前后写的许多批语以及"前十条"，归纳起来主要有这样一些内容：（1）坚持马克思主义的认识论，深入调查研究；（2）强调阶级斗争，认为中国社会中出现了严重的尖锐的阶级斗争，有些地方社队的领导权实际上已落在地主富农分子手里，其他机关的有些环节也有他们的代理人，提出"阶级斗争，一抓就灵"；（3）防止出现修正主义。5月9日毛主席对浙江省七个材料的批语，明确提出如果不搞阶级斗争、生产斗争和

科学实验，那就不要很长时间，马列主义的党就一定会变成修正主义的党，整个中国就要改变颜色；（4）充分发动群众，依靠贫下中农，建立贫下中农阶级组织和革命队伍；（5）进行"四清"，解决干群之间的矛盾，但在运动中要团结大多数，使多数人洗手洗澡，轻装上阵，退赔要合情合理。关于团结的比例，毛主席原来一般是讲90%以上，后经周总理提示，毛主席同意改为团结95%以上，所以"前十条"中明确提出要团结95%以上的群众、95%以上的干部；（6）干部参加劳动，转变工作作风；（7）不要性急，要训练干部，经过试点，有领导、有步骤地进行社会主义教育；（8）开展运动的目的是要建设一个好的党、好的干部队伍和美好的社会。

"四清"运动中，每逢开会，都要把"四类分子"集中起来，由武装民兵押到场听会。

可以看出，毛主席发动这场运动，目的是为了防止发生修正主义和"和平演变"，巩固社会主义制度；是为了整顿干部作风，解决干部群众之间的矛盾，把党、干部队伍和社会主义建设搞得更好。这些，是符合广大干部群众的

"四清"运动亲历记

愿望的。关于开展运动的方式方法，在原则规定上也大都是正确的。但是，这场运动是在八届十中全会关于阶级斗争要"年年讲、月月讲、天天讲"的"左"的思想理论指导下开展的，对于当时的阶级斗争形势看得过于严重了，甚至把党变修、国变色、全国发生反革命复辟看成已是面临的现实危险，这就严重脱离了当时的党内实际和社会实际。在"阶级斗争，一抓就灵"的声浪下开展大规模群众运动，势必走偏方向，混淆两类不同性质的矛盾，扩大打击面，难于达到运动预期的目的。

（二）运动的初步开展和"后十条"的制定

杭州会议以后，各地立即在一批社队进行了农村社会主义教育的试点。与此同时，城市的"五反"运动进一步展开。据中央组织部部长安子文同志后来在中央工作会议上的报告，到这年 9 月，中央机关的"五反"运动基本结束，其他各级机关、学校、企业以及文化卫生单位正在进行或试点。

从这一段的运动和试点情况来看，多数单位是搞得比较好的，但有些地方也发生了一些问题。早在1963 年 1 月 14 日，《中央关于在社会主义教育运动中严禁打人的通知》就指出："根据许多地区的材料反映，在农村社会主义教育运动中，有些地方发生打人和乱

在对敌斗争大会上，主席团临时休会研究对被批斗的"四类分子"的处理。

搞斗争等违法乱纪现象"。该通知所附的材料说，在湖南常德地区，发生了乱搞斗争、打人、乱"搜查"、重点"集训"、乱扣帽子、乱立"罚规"等现象；在湖北麻城县，也一度发生捆人、吊人、罚跪、打人等现象，据不完全统计，在11个区中共斗争了331人，其中被打的21人，被捆的65人，被吊的3人，被罚跪的42人。同年3月15日，帅孟奇同志在《关于湖南农村社会主义教育运动情况和存在问题的报告》中，也说湖南的运动虽然比历来的运动都较正常、健康，成绩也显著，但有些地方也发生了自杀、逃跑事件，以及打、跪、罚站等违法乱纪的现象。到2月底，全省已死了76人（王延春同志在报告中说97人）。另外，经济退赔面偏宽和要求偏严的现象相当普遍，有的甚至采用了"鸡下蛋，蛋孵鸡"的计算方法。

1963年5月15日到6月15日，彭真同志到河北、江西、湖南、广西、云南、贵州、四川、陕西等8省视察工作时，也发现了这方面的一些问题，7月4日向毛主席和党中央写了《有关当前农村阶级斗争、社会主义教育和四清、五反等若干问题的报告》。报告提出：要防止急躁情绪；对于上中农、工作人员中的地富和资本家子女、犯错误的干部要正确对待，防止出偏差；对于贪污盗窃、投机倒把分子，要在不损害严肃性的原则下尽可能从宽处理。他特别强调绝大多数干部是好的或者是可以教育好的，除领导权被地富篡夺的、蜕化变质的或情况很混乱、无力领导运动的社队应该派工作组外，"在正常的情况下，一般应该领导、教育并且基本依靠原来基层的组织和干部进行此次运动"，"不要重复老区土改整风时'搬石头'、'跳圈子'

生产队开会斗争"四类分子"。

『四清』运动亲历记

的错误"。

鉴于试点中出现的问题，中央认为有必要对运动中的一些具体政策做出明确的规定。在 9 月召开的中央工作会议上，对上述政策问题进行了讨论，并由小平同志和谭震林同志主持、田家英同志执笔，起草了《关于农村社会主义教育运动中的一些具体政策问题》（一九六三年九月中央工作会议纪要）。这个纪要经过反复讨论修改，小平同志认为"可以了"，于 10 月 5 日报送毛主席。

10 月 8 日，小平同志在中央书记处会议上强调，贪污的一定要退赔，但运动要谨慎。他说：可否这样设想，因为从"三反"运动起十年没搞了，问题很多，"如不警惕，打击面可能大了。还有这几年党内斗争也很复杂，还有三年灾荒困难，所以要趋向谨慎"。"不管多少钱，都要退赔，但要区别浪费与贪污"，"农村还是以百分比那个杠杠为主"。"这个运动要二三年，后年还可能有个尾巴，只要政治上宽点，退赔方面、揭露方面搞严一点（也要实事求是），毛病就不会大"。

在这之后，毛主席到中南、华东找中央局和各省委领导同志进行了讨论。10 月 25 日，毛主席起草了《关于印发和宣传〈关于农村社会主义教育运动的一些具体政策问题（草案）〉的通知》，要求将这个文件向农村全体党员和全体农民宣读，同时要向城市的一切人读，对农村和城市的地、富、反、坏、右也要宣读和讲解。中央政治局根据毛主席的意见，10 月 31 日由少奇同志主持，开会讨论通过了文件的第六稿。11 月 1 日，到上海向毛主席汇报后，又由小平同志主持进行了讨论修改，并根据少奇同志 10 月 31 日的意见，将题目改为《中共中央关于农村社会主义教育运动中一些具体政策的规定（草案）》，于 11 月 4 日由田家英同志送交毛主席。11 月 14 日，由少奇同志主持，中央政治局扩大会议最后通过了这个文件，随即由毛主席批准发出。这个规定草案，后来称为"后十条"。

由于"后十条"要同"前十条"相衔接，又要对一些具体政策做出规定，所以与"前十条"相比，既有相同处，也有不同处。其相同处，主要是继续强调阶级斗争，防止修正主义，并明确提出"以阶级斗争为纲"的口号。不同处，主要是对团结 95% 以上的干部、群众做了许多政策规定。

关于团结 95% 以上的干部。文件认为：这是"团结百分之九十五以上的群众的一个前提条件"，运动应该"依靠基层组织和基层干部"，"工作队的任务，主要是给基层干部当'参谋'，出主意，进行指导和帮助，启发基层干部善于分析问题，确定方针和方法，而决不能包办代替"。对基层干部总的精神是教育为主，在具体做法上要划清政策界限，做好教育工作、经济退赔和组织处理工作，对该处分的干部要坚持实事求是，处分的面要严格控制。

关于团结 95% 以上的群众。文件强调：第一，必须分清敌我矛盾和人民内部矛盾的界限，并且正确处理人民内部矛盾；第二，必须团结中农，特别是正确对待上中农；第三，正确对待地、富、反、坏分子问题；第四，正确对待地主、富农子女。为了达到这些要求，文件中提出了许多政策界限，并明确规定除个别情况特殊的地区以外，都不重划阶级，不需要一般地进行清查漏划地主、富农分子的工作。

除以上两点重要不同外，"后十条"还强调要结合社会主义教育运动"整顿农村党的基层组织"，认为"社教"运动实际上"也是一次群众性的整党运动"。关于整党问题，毛主席在制定"前十条"时曾说不写或在末尾写，社会主义教育工作搞好了，整党也就大部分完成了。

这些规定，对于在运动中严格执行党的政策，防止扩大打击面，保证运动的正常进行，都是很重要的。但是由于这场运动总的是在"以阶级斗争为纲"的"左"的思想指导下开展的，打击面过宽的现象自然不可避免，自杀等事件在各地屡有发生。例如湖北省第一批试点铺开前后死了 2000 多人，第二批试点开始后，仅襄阳在 25 天内就死了 74 人。广东在这年秋冬的试点中，共发生自杀案件 602 起，死亡 503 人。

当时，不仅在实际运动中发生了不少问题，中央主要领导人的看法也发生了改变，把农村存在的问题看得很严重，强调要追上面的根子。1964 年春节期间，少奇同志在同到河北抚宁县卢王庄公社桃园大队蹲点的王光美同志的谈话中，就说犯有严重"四不清"错误的干部，在上面大体都有根子，单单注意下面的根子，不注意上面的根子是不行的，应该切实查一下上面的根子，危险的是上面不清醒。

3月22日，党中央同时发出两个文件，即《关于在全党组织干部宣讲队伍把全党全民的社会主义教育运动进行到底的指示》、《关于继续抓紧进行"五反"运动的指示——转发华北局和中南局的两个文件》，强调凡是能下去的干部都要下去宣讲文件，抓紧进行农村社会主义教育和城市"五反"运动。

从3月底到4月底，毛主席外出观察，先后在邯郸、汉口、杭州等地，听取了河北、山西、河南、陕西、安徽、湖北、江西、浙江等省委，西北局及河北、河南一些地委领导的汇报，进行了多次谈话，强调领导干部要下去宣讲两个十条。4月2日在汉口时，毛主席问王任重同志是不是去向群众宣讲过？当王任重同志说省委、地委、县委的负责同志都下去宣讲过了，自己还未去时，毛主席尖锐地批评说：你为什么不去，你又不老，又没有病，又不是右派，应当亲自向群众去宣讲两个十条。另外，毛主席还强调要搞深搞透，保证质量，不要走过场，等等。

5月15日至6月17日召开的中央工作会议，讨论了中央《关于印发〈中华人民共和国贫农下中农协会组织条例（草案）〉的指示》和条例草案。会上的一些发言，与制定"后十条"时强调的精神已大不一样，提出了许多过火的不恰当的意见和措施。例如，有的同志提出要在农村社会主义教育运动中"搬石头"，要在城市"五反"中划阶级，等等。6月2日少奇同志在会上讲话中，提出"和平演变"已经演变到高级机关中的某些人了，省委、市委都有他们的人。他不再强调依靠基层干部，而是认为有些地方"四不清"干部对工作队的办法是"喂、顶、拖、混"，要想办法摆脱他们，并说：他们抵抗"四清"就是"反党"，破坏就是"反革命"，要开除党籍。群众没有充分发动起来以前，不能强调团结95%以上的干部、依靠基层。6月8日毛主席在会上谈到防止修正主义的问题时说：国家有三分之一的权力不拿在我们手里，如白银厂、小站就是搞修正主义。提出中国出了修正主义怎么办的问题。

关于三分之一政权不在我们手里的估计，对于社会主义教育运动的向"左"发展产生了很大的影响。事实上，这个估计早就提出来了。1960年整风整社时，广东的坦州整社工作团，就认为原被划为二类社的坦州公社，20%的大队、30%的小队的领导权已掌握在坏人手里。1961年1月18日，毛主席在八届九中全会的讲话中也曾提出：我们党内也有代表地主阶级、资产阶级的，各地大约20%烂掉了，领导权落到敌人手中了，凡是三类县、社、队，大体上都与反革命有关。社会主义教育运动开始以后，毛主席的这种认识又有了发展。在这次会议上，明确提出三分之一的政权不在我们手里。

在这次会议上，还印发了甘肃省委和冶金工业部党组关于白银有色金属公司夺权的报告。关于白银公司的问题，在社会主义教育运动开始以前就反映出来了。应当说，当时白银厂的工作是有问题的，但有关单位向上反映时夸大了，以致造成那里的问题非常严重的假象。在接到甘肃省委的报告以后，1963年2月20日我同吕东（冶金部副部长）、高扬文（冶金部副部长）、王林（西北局候补书记兼经委主任）、焦善民（甘肃省委书记处书记）、乔明甫（中央组织部副部长）同志对有关问题做了研究，确定由冶金工业部和甘肃省委负责，选调处级以上干部20人组成强有力的工作组，由高扬文同志率领，迅速前往进行整顿处理。2月25日，我给党中央和毛主席写了《关于研究和处理白银有色金属公司问题的请示》，认为根据现有材料，白银公司"实质上已为资产阶级所篡夺"，"其错误性质是属于敌我矛盾的。必须采取革命手段，改组领导班子，才能保证从根本上解决问题"。周总理同意我们的意见，于3月7日做了批示。后来，冶金工业部和甘肃省委派去了一个50多人的工作组，到那里夺权。这次中央工作会议以后，甘肃省委和冶金工业部党组的报告于6月23日由中央正式批发。中央在通知中明确指出：像这样一个刚建设起来的社会主义全民所有制的大型联合企业，"没有多久，很快就被地主、资产阶级集团篡夺了企业的领导大权，变成为地主、资产阶级集团统治的独立王国。这样一个严重的事件，很值得大家深思"。

这次中央工作会议以后，整个运动明显地向"左"转。在这种情况下，修正"后十条"也就势所必然了。

13

「四清」运动亲历记

（三）"后十条"的修正和"左"倾错误的发展

修正"后十条"，是 1964 年 6 月 17 日的中央书记处会议正式决定的。会议提出：根据 5 月中央工作会议的精神，由谭震林同志主持修改"后十条"和《贫下中农协会组织条例》，然后作为草案发下去；城市的社会主义教育问题，由彭真同志主持代中央起草一个指示。城市划阶级的问题，各大区要进行一些试点，并将这方面的情况和问题由中央局汇总报中央。6 月 25 日，中央印发《中华人民共和国贫下中农协会组织条例（草案）》，提出对过去划错了的阶级成分都应该认真审查并改正过来。8 月 5 日召开的中央书记处会议又决定："后十条"的修改由少奇同志负责；城市（包括街道）的社会主义教育，由我负责起草一个指示提交中央书记处，争取在 8 月底以前搞好，9 月中旬发给各地研究，然后提交 10 月中央工作会议讨论。另外，根据陈伯达的提议，中央决定成立"四清"、"五反"指挥部，由少奇同志挂帅。

7 月，少奇同志到天津、济南、合肥、南京、上海、郑州，8 月后又到武汉、长沙、广州、南宁等地了解运动的情况，并在各地做了多次讲话。他在这些讲话中，除突出强调领导干部要下去蹲点，要追上面的根子（直至中央），三分之一的政权不在我们手里以外，还特别强调了三点：一是"后十条"关于团结 95% 以上干部的规定不那么妥当，强调放手发动群众不够，要修改。对于农村基层干部，开始不能依靠，等问题摸清以后才能依靠。二是要扩大"四清"的范围，提出"四清"不只是清经济方面的问题，而是经济、政治、思想、组织四个方面存在的问题，统统要搞清。三是要在运动中集中精力打歼灭战。

8 月 16 日，少奇同志给毛主席和党中央写了一封信。信中说：中南各省准备每一个县搞一个区或一个相当于区的公社，这样分散进行能否搞深搞透是难于保证的。我已向湖北、湖南建议把各县工作队集中到地委，省委工作队也分到各地委，在省委、地委领导下集中搞一个县，县以下各行各业和城镇的"五反"也同时进行，这样"一个县可以集中工作队员数千人上万人，声势浩大"，"力量集中，领导加强，便于打歼灭战，便于掌握运动的火候"。今冬明春每个地委集中搞一个县，明年翻一番，搞两个县，后年再翻一番，搞四个县，如只依靠县里搞不出名堂。另外，少奇同志在信中还建议中央各机关也要抽出人来组织工作队，科长以上各级干部大体抽出三分之一，再加其他工作人员可以有一万至几万人。毛主席 8 月 18 日复信说："八月十六日来信收到，我于昨天（十七日）看了一遍，觉得很好，完全赞成。今天（十八日）即与中央各同志商量，照此办理，迅速实行。十月工作会议还应该讨论此事一次，取得一致意见，统一党内思想。……八月中旬至十月中旬，中央、省、地、县委、各中等城市市委以两个月时间，即照你的办法，立即训练工作队，以利秋冬实施"。按照这个部署，中央各部委和省、地、县机关都抽了大批干部，实行大兵团作战的办法。当时，中央工业、交通战线的 16 个部、局共抽出 3901 人，占干部总数的 26%，其中正副部长、司局长分别抽出 34%、31%。据安子文同志说，全国下去搞"四清"和"五反"的，共有一百五六十万人。

对于这种做法，党内是有不同意见的。毛主席在北戴河找李雪峰同志及华北各省、市委书记谈话时，华北的同志就不赞成这样的部署。他们说，每个县派一万多人的工作队下去，倾盆大雨，是不是径流太大？河北 141 个县，如按这个进度，5 年才能搞一半，时间拖得很久；应该主要搞落后区，一般地区可先在面上搞。

少奇同志这次到南方去，是带田家英同志一起去的。到了广州以后，他亲自主持对"后十条"的修改，加写了一些十分尖锐的话。8 月 19 日，少奇同志写信给毛主席和党中央，并让田家英同志将修改稿带回去。8 月 27 日，毛主席将这个修正草案批给小平同志："此件请印发大区书记及少数参加会议的同志，加上中央参加会议的同志，越快越好，请他们研究，并提意见，再加修改"。经过中央工作会议讨论修改和毛主席、周总理、小平、彭真等同志审阅后，9 月 18 日由少奇同志签发《关于印发农村社会主义教育运动中一些具体政策规定的修正草案的通知》，规定将修正草案印发给县以上党委和工作队。这个修正草案，称为"后十条"修正草案。

"后十条"修正草案的重要修改和补充，主要有七个方面：(1) 增加了毛主席提出的关于衡量社会主义教育运动搞得好还是不好的六条标准；(2) 领

15

"四清"运动亲历记

导人必须亲自蹲点，要蹲在一个大队从头到尾做完全部工作，并且要蹲两次；（3）把放手发动群众放在第一位，提出是不是放手发动群众和贫下中农，是彻底或者不彻底进行运动的根本分界线；（4）解决群众中存在的问题，必须首先解决干部中存在的问题，团结95%以上的群众，是团结95%以上的干部的基础；（5）整个运动都由工作队领导；（6）民主革命不彻底的地区，必须认真地进行补课工作；（7）整个运动大体分为两个阶段，第一阶段主要是解决"四清"问题和对敌斗争问题，第二阶段主要是组织建设。

这七个方面的修改和补充，最重要的是第五点。修正草案中虽然仍然肯定绝大多数的农村基层干部是好的或基本上是好的，并把原来以县为单位处分干部一般控制在2%以内的规定，改为"一般地控制在百分之一左右，最多不超过百分之二"，但对农村干部中的问题估计得严重多了，并明确提出对农村基层组织和干部要在扎根串连、调查研究以后，分别情况区别对待，可以依靠的就依靠，不可以依靠的就不能依靠，整个运动都由工作队领导。这样，实际上就把基层组织和干部撇在了一边。实践证明，这是导致农村社会主义教育运动迅速向"左"转，严重扩大打击面的一个重要措施和步骤。

在"后十条"修正草案下发前后，少奇同志还采取了下列这些在实际上不能不加剧运动向"左"转的措施：

9月1日，少奇同志起草了中央《转发〈关于一个大队的社会主义教育运动的经验总结〉的指示》，正式将"桃园经验"下发。

10月12日，少奇同志起草了中央《批转李雪峰同志给刘少奇同志的信》的批示，同意李雪峰同志信中提出的"反对右倾"的意见，强调要及时地提出反对"怕左不怕右、宁右勿左的问题"，并提出对已经烂掉了的地委、县委、区委、公社、大队和厂矿企业及其他机构，应当进行夺权斗争，迅速加以解决。

10月24日，少奇同志起草了《中央关于社会主义教育运动夺权问题的指示》，转发了由陈伯达一手搞的、以天津市委名义写的《关于小站地区夺权斗争的报告》。

11 月 12 日，少奇同志起草了《中央关于在问题严重的地区内贫协行使权力的批示》，提出在基层干部躺倒不干、领导权被蜕化变质分子掌握和地富反坏分子或新生资产阶级分子所掌握的情况下，经工作队批准可由贫协组织取而代之，或由工作队组织贫协取而代之。

11 月 18 日，少奇同志起草了《中央关于检查不合中央当前指示精神、妨碍当前运动的文件的通知》，要求各地、各部门立即检查过去发的指示和规定，凡同中央两个十条和最近指示有低触者，"应当宣布废除，或者进行修改和补充，而不要不加过问，让这些不合中央当前指示精神的文件妨碍当前的运动"。

11 月 13 日，党中央还印发了经毛主席、少奇同志等同意，书记处会议通过的《中央关于农村社会主义教育运动中工作团的领导权限的规定（草案）》，规定在凡有地委以上党委负责同志领导的工作团集中进行社会主义教育运动的地方，当地县委和县人委即由工作团党委领导，该县各区委和区公所、公社党委和公社管理委员会也接受工作团分团党委和工作队党委的领导，并说本规定原则上适用于城市和企业事业单位的社会主义教育运动。

这些文件的下发，进一步促使了运动中"左"倾错误的发展。其中影响最大的，是"桃园经验"和天津小站地区夺权的"经验"。

"桃园经验"，是王光美同志 7 月 5 日在河北省委工作会议上的报告，以后又在许多地方讲过。当时陈伯达极力主张将这个报告印发各地党委和工作队员，少奇同志也同意报告的内容，他亲自向党中央和毛主席写信报告了这个经验总结，并代中央起草了转发这个报告的批语。8 月 27 日，毛主席批示："此件先印发到会各同志讨论一下，如果大家同意，再发到全国去。我是同意陈伯达和少奇同志意见的"。中央工作会议讨论同意后，9 月 1 日中央正式转发了这个报告。报告过分夸大了农村阶级斗争的形势，说桃园党支部"基本上不是共产党"，"是一个反革命的两面政权"，支部书记是一个钻进党内的"坏分子"、"国民党分

17

『四清』运动亲历记

子"；强调要找真正的根子。这实际上是强调所谓扎根串连，采取一种秘密工作方式。这种工作方式后来使不少工作队员谨小慎微，生怕扎错了根子。

关于天津小站地区夺权的"经验"，是陈伯达一手搞的。8月4日，他给党中央写信，送上小站地区三个"反革命集团"的社会关系分布网，并附有三个"反革命集团头子"的历史大事记各一份。8月12日，中央转发了这封信及所附材料。9月25日，天津市委写出《关于小站地区夺权斗争的报告》，错误地认为：小站地区的政权是"三个反革命集团"建立的"反革命的两面政权"，他们长期"进行反革命复辟活动。在社会主义教育运动以前，这里的天下还不是我们的，或者在很大程度上还不是我们的"。10月24日，中央发出《关于社会主义教育运动夺权问题的指示》，转发了这一报告。指出："凡是被敌人操纵或篡夺了领导权的地方，被蜕化变质分子把持了领导权的地方，都必须进行夺权的斗争，否则，要犯严重的错误"。这个指示和小站"经验"的下发，更加助长了当时已经盛行的夺权风，重复了土地改革中"搬石头"的错误，即把广大基层干部一脚踢开的错误。

在"后十条"修正草案和这些文件、"典型材料"的指导和影响下，从1964年秋铺开的农村社会主义教育运动，急转直下，"左"的倾向更为明显和突出。各个试点县都集中了上万人的工作队，完全撇开农村基层干部，在许多地方错误地进行"夺权"，使不少农村基层干部受到不应有的打击。例如，山东省曲阜县东郭大队是名副其实的红旗单位，支部书记郭守明是全省著名的劳动模范。在他领导下，全大队发生了巨大的变化，群众生活有了很大的提高。可是据1965年1月31日陈少敏同志向谭震林同志的汇报，工作队根本不从实际出发，不是帮助郭守明等同志克服缺点，改进作风，而是发动群众整干部，将所有大队干部隔离反省，郭守明全家被斗，担任民兵连连长的大儿子被撤职，给这里的工作造成很大的损失。又如，青海省一个公社，工作队认为需要撤职处分的干部占总数的47%，其中地富反坏占21%，蜕化变质的占26%，打击面显然太宽了。

在许多地方，甚至多次发生打人、捆人等现象，自杀、逃跑等事件经常发生。例如北京郊区通县，去了2万多人的工作队，有110多个工作队打了人，自杀的有 70 多起，死了 50 多人。山西洪洞县，也死了四五十人。

点上的"左"倾，很快影响到面上的"四清"。据荣高棠同志 1965 年 2 月 9 日向党中央写信反映，山东烟台地委提出退赔要达到"双十指标"，即干部退赔的东西，要达到每个社员平均分到 10 斤粮、10 元钱。为了达到这个指标，乳山县在 1964 年 12 月连开了 18 天三级干部会，并限 3 天退完。县委在动员时说："如果不立即退赔，就要考虑地主、富农、反革命分子、坏分子和新资产阶级分子这五顶帽子，哪一顶给你戴！"不少干部为了不戴帽子，只好卖掉基本口粮、房子、衣服、被褥等来退赔。泰安专区平阴县的退赔工作也搞得很厉害，从动员到退赔前后只有 9 天，既不去查证核实，也没有政策界限，交代多少就退赔多少。有些地方在砍干部多占工分时，从 1958、1959 年算起，甚至连"农业六十条"规定的补贴工分也砍掉了，东平县有些大队砍得每个干部平均每天只剩下 3 分。上述违反政策的做法，在干部思想上引起很大的混乱，许多基层干部躺倒不干，使冬季生产受到很大影响。另据山东菏泽专区成武县的干部反映，那里有些单位还用"参观"的名义到干部家中搜查，退赔面过宽，要求过急过严，有的连身上穿的棉裤也被迫脱下退赔了，只剩下一条小单裤；有的把全部家当甚至连茶缸子都上交了，床上只剩下一片席。

不仅许多基层干部受到打击，在重划阶级的过程中，一部分群众也被拔高了阶级成分，受到错误的处理。关于划阶级的标准，由于中央始终没有作出统一的规定，多数地方普遍过严。例如，贵州省委认为，全省有一半以上的地区民主革命不彻底，需要重新划分阶级，并且审查社员成分，清洗一切混入的敌人，甚至提出重新成立人民公社。对于清查出来的地主、富农，其房屋、家具依法没收，债务一律废除，有破坏活动的应老账、新账一齐算。土改时对待富农与地主有所区别，现在除政治上应稍有区别，经济上应一样对待。这些规定，比土地改革的时候还要严厉，而且对富农与地主基本上不加区分，这就使那些错划了成分的人受到更严重的打击。

在这种形势下，城市的"社教"运动也受到了影响。如上海市向 133 个单位派驻了 15000 人的工作队，有的单位发生打人、罚站、挂牌游行、擅自搜查等现象，甚至采用录音诱供、监视、侦查等方法，经济退赔不仅靠毛估推算,而且追算时间过远。彭真同志1965年1月21日下午在人民大会堂的报告中也批评说:前段时间北京的学校发生了乱斗的现象,很紧张,特别是有些中学,乱斗一气,罢考罢课,打人,结果有的学校三四天就自杀好几个。工厂也发生这种情况,有一个工厂两天就自杀两个。

工业交通各部的"五反"运动,本来已经于1963年结束,这时又在有的部如建筑工程部重新搞。1964年,全国工交系统组织了13万人的工作队,在1800个全民所有制企业开展运动,18个部委有45名正副部长带领22000多名干部蹲点。各省市区和第二轻工业部,还在730个集体所有制企业中开展了运动。

根据中央书记处的决定,国家经委党组代中央起草了《关于放手发动群众,进一步深入开展城市社会主义教育运动的指示》。写出的稿子,强调"以阶级斗争为纲",所在单位都要划分阶级,要反对右倾思想等等,反映了"左"的精神,但没有完全照搬农村"四清"的提法。9月19日,我将这个稿子报送小平同志,并写了一封信,表示了我对某些问题的不同看法。我在信中提到:对基层组织依靠不依靠有很大争论;至于整个阶级如何划分,要另搞文件,目前搞不出。我还提出:这个稿子能否提交中央讨论,没有把握。后来,稿子又作了修改,10月28日由谷牧同志报送小平、彭真同志。但是,由于意见没有完全统一起来,中央没有批发这个文件。

(四)"二十三条"制定前后的思想分歧

1964年12月,第三届全国人民代表大会第一次会议在北京召开。党中央原想在会议期间请各地与会的一些领导同志讨论一下社会主义教育运动等问题,后来实际上开成了长达一个月的中央政治局工作会议。

这次工作会议的主要任务,是制定一个关于农村社会主义教育运动的文件,解决前段运动中出现的一些问题。会议先讨论了少奇同志在12月15日提出的关于农村"四清"、城市"五反"的几个问题,然后起草文件。12月23

日写出文件的第一稿，内容比较简单，共十六条。根据会上讨论的意见，又反复修改为十七条。毛主席批示"照办"、"照发"。12月28日，由彭真同志批发了中央811号文件，印发了这个"十七条"，会议就准备结束了。

但是，在这段时间，毛主席和少奇同志之间发生了严重的分歧。分歧主要表现在两个问题上，一是当时的主要矛盾和社会主义教育运动的性质，二是运动的搞法。

关于主要矛盾和社会主义教育运动的性质，从运动一开始就提出来了。少奇同志认为是"四清"与"四不清"的矛盾，或人民内部矛盾与敌我矛盾交织在一起。毛主席则把问题的性质看得严重得多。1964年12月12日，他在我报送的陈正人同志在洛阳拖拉机厂蹲点报告上的批示中，认为已经形成了一个"官僚主义者阶级"，这个阶级"已经变成或正在变成吸工人血的资产阶级分子"，是"斗争对象，革命对象"。

在12月20日政治局扩大会议上，少奇同志说：陶铸同志提出，当前农村的主要矛盾是富裕农民阶层跟广大群众、贫下中农的矛盾，是这样提，还是说原来的地富反坏跟蜕化变质的有严重错误的坏干部结合起来跟群众的矛盾？毛主席认为，地富反坏是后台老板，"四不清"干部是当权派。地富反坏那些人已经搞臭过一次了，所以不要管下层，就是要发动群众整我们这个党，先搞豺狼，后搞狐狸，这就抓到了问题。少奇同志提出：主要矛盾就是"四清"与"四不清"的矛盾。陶铸同志表示赞成。毛主席则说，不以人的意志为转移。他还引用杜甫"挽弓当挽强，用箭当用长，射人先射马，擒贼先擒王"的诗句，说明就是要搞大的，大的倒了，狐狸慢慢清。群众就怕搞不了大的。但是，少奇同志仍然坚持："四清"与"四不清"的矛盾是主要的，运动的性质就是人民内部矛盾跟敌我矛盾交织在一起。毛主席反问道：什么性质？反社会主义就行了，还有什么性质？

根据毛主席的意见，"十七条"中明确指出：关于运动性质的几种提法，即"四清"和"四不清"的矛盾，党内外矛盾的交叉或者是敌我矛盾和人民内部矛盾的交叉，社会主义和资本主义的矛盾，"后一种提法较适当，概括了问题的性质"，"重点是整那些走资本主义道路（包括贪污盗窃、投机倒把）的当权派"。但是在讨论中，与会同志的意见仍然不一致。针对这种情况，毛主席在 12 月 28 日的讲话中强调说："我们常委会谈过，也跟几位地方的同志谈过，恐怕还是以第三种提法较好。因为我们这个运动，它的名称就叫做社会主义教育运动，不是叫做什么"四清"、"四不清"教育运动，不是什么党内外矛盾交叉或者敌我矛盾和人民内部〔矛盾〕交叉的教育运动。一九六二年，北京一个月，北戴河一个月，搞出一个公报，就是讲要搞阶级斗争，要搞社会主义，不要搞那个资本主义"。1965 年 1 月 5 日，当陶铸同志谈到形势的新特点时，毛主席又说："从七届二中全会以来，一直是讲国内主要矛盾是资产阶级同无产阶级、资本主义同社会主义的矛盾，从杭州会议以来整个运动是搞社会主义教育，怎么来了个"四清"和"四不清"的矛盾，敌我矛盾与人民内部矛盾的交叉？哪有那么多交叉？什么内外交叉？这是一种形式，性质是反社会主义嘛！重点是整党内走资本主义道路的当权派"。

关于社会主义教育运动的搞法，前已说过，少奇同志强调秘密扎根串连，实行大兵团作战，对干部开始不能依靠等等，结果导致了一系列"左"的做法。对少奇同志的这些主张，毛主席在会上从一开始就表示了不同意见。在 12 月 20 日中央政治局扩大会议上，毛主席虽然说"现在还是反右"，"不可泼冷水"，但又强调"不可搞得打击面太宽了"，要"把那些几十块钱、一百块钱、一百几十块钱的大多数四不清干部先解放"。他说："我提这个问题有点'左'。我就是怕搞得太多了，搞出那么多地主、富农、国民党、反革命、和平演变，划成百分之十几二十，如果二十，七亿人口就是一亿四，那恐怕会要发生一个'左'的潮流。结果树敌太多，最后不利于人民"。

在这个期间，还发生了三件事，给我印象很深。一件事是毛主席过生日。在 12 月 26 日这一天，毛主席邀请部分中央领导同志、各大区主要负责同志及少数部长、劳模、科学家，在人民大会堂过了生日。毛主席让几位科学家和劳动模范跟他坐在一桌，其他中央常委和政治局同志坐在别的桌子上。他一开始就讲：今天我没有叫我的子女们来，因为他们对革命没有做什么工作。随后就陆续批评社教运动中的一些错误认识和提法，说什么"四清"、"四不清"，党内外矛盾交叉？这是非马克思主义的；指责中央有的机关搞"独立王国"；还谈到党内产生修正主义的危险。席间鸦雀无声。

第二件事是毛主席在 12 月 28 日的讲话。他是自己拿着《党章》和《宪法》到会的。在讲了社会主义教育运动的性质和工作态度这两个问题之后，他接着说：请你们回去找《党章》看一下，《宪法》第三章也看一下，那是讲民主自由的。不要犯法呀，自己通过的，又不遵守。还说：我们这些人算不算中华人民共和国的公民？如果算的话，那么有没有言论自由？准不准许我们和你们讲几句话？

第三件事是"十七条"的停发。12 月 30 日，毛主席将"十七条"中关于走资本主义道路的当权派的一段话作了如下修改："这些当权派有在幕前、有在幕后的"，"在幕后的，有在下面的，有在上面的"，"在下面的，有已经划了的地主、富农、反革命分子和其他坏分子，也有漏划了的地主、富农、反革命分子和其他坏分子"，同时批示："照改的（第二面倒数三行）文字，重印。请少奇同志阅后交机要室办。这是伯达同志建议的，我同意。如你也同意，则请交办"。12 月 31 日经少奇同志同意，中央办公厅发出 814 号文件，通知停止执行中央 811 号文件，指出这个文件"中央尚在修改中，请停止下发，并自行销毁"。由于这个文件停发，会议又继续开了下去。

1965 年 1 月 3 日晚，毛主席在一个小型会议上不点名地批评了少奇同志。他说"四清"工作队集中大批人员，是搞"人海战术"；学习文件四十天不进村，是搞"繁琐哲学"；反人家的右倾，实际"自己右倾"；不依靠群众，扎根串联，结果"冷冷清清"；第二个十条"太长了，太繁了"；提出"四清"运动"一是不要读文件，二是不要人多，三是不要那样扎根串联"，要依靠群众，清少数人，"有则清清，无则不清。没有虱子就不要硬找"。根据毛主席讲话的精神，将文件作了大的修改，内容变为二十三条，题为《农村社会主义教育运动中目前提出的一些问题》。在修改过程中，毛主席加写了一些很严厉的话。如："不说是什么社会里'四清'、'四不清'矛盾，也不说是什么党的内外矛盾交叉。从字面上看来，所谓'四清'、'四不清'，过去历史上什么社会里也能用；所谓党内外矛盾交叉，什么党派也能用；都没有说明今天矛盾的性质，因此不是马克思列宁主义的"。1 月 14 日，由彭真同志将文件送毛主席审阅后，正式

"四清"运动亲历记

发出，会议至此结束。

毛主席对少奇同志的批评这样尖锐，除了在主要矛盾、社会主义教育运动的性质及如何搞法这些问题上发生了严重分歧这个主要原因外，与当时正在召开的三届全国人大一次会议和各地反映的情况，以及陈伯达在此期间所起的不好作用有关。在这次人大会议上，周总理在《政府工作报告》中，充分肯定了调整国民经济以来取得的巨大成就，代表们也普遍认为各方面的形势越来越好。1964年12月27日下午，朱德同志在会上说："对基层政权也要一分为二，有好的有坏的。当权派，点上摸的情况是好的不多，应该还是好的多"，"这次人代会反映的问题也很多。两个会议两种反映，一分为二"。1965年1月5日，在宋任穷同志讲到现在形势一年比一年好，生产一年比一年好时，毛主席插话说："在人代大会上讲的一片光明，在工作会议上讲的一片黑暗，对不起头来嘛！"三届全国人大一次会议的这种气氛，各地对"四清"运动中"左"的做法的反映，都很容易引起毛主席对少奇同志的不满。而陈伯达看到毛主席对少奇同志不满意，便在1964年12月27日下午的发言中，顺着毛主席的话，从"理论"上加以发挥说：所谓清不清，历代就有这个问题，不能说明矛盾的性质；国民党也说有党内外矛盾的交叉，因而人民内部矛盾与敌我矛盾交叉也不能概括矛盾的性质，所以主席的概括是正确的，性质不清楚，就会迷失方向。他这个发言，受到毛主席的欣赏。后来毛主席修改"二十三条"时，特别把这个意思写了进去。原来制定的十七条的停发，也是由陈伯达建议的。很显然，陈伯达的发言和建议在毛主席和少奇同志已发生的分歧中，起了不良的加剧作用。

党内高层领导中发生的这些思想分歧，影响是深远的。最严重的是使毛主席产生了对少奇同志的不信任，从而埋下了发动"文化大革命"的种子。毛主席1966年8月5日在八届十一中全会上写的那张《炮打司令部——我的一张大字报》中，就把"一九六四年形'左'实右的错误倾向"，作为少奇同志的一条罪状。10月25日，毛主席在中央工作会议上还回顾说，在制定"二十三条"的时候，就引起了他的"警惕"。1970年12月18日，当斯诺问毛主席从什么时候明显感觉到必须把刘少奇从政治上搞掉时，毛主席也回答说是制定

"二十三条"那个时候。

对中央领导层中的这些分歧，广大基层干部和群众是不知道的。运动的重点"是整党内那些走资本主义道路的当权派"的新提法，当时并没有引起大家普遍和足够的重视。倒是"二十三条"中关于尽早解放一批干部、退赔可以减缓免等规定，发生了很大的影响。因此"二十三条"下达以后，各地纠正了"四清"运动中一些"左"的做法，解放了一大批干部，使运动开始向好的方面发展。

到 1966 年上半年，全国结束"四清"运动的有 694 个县、市（其中包括少数只搞了一部分的地区），占总数的 32%；已搞了 40% 以上的有辽宁、河北二省；北京、上海二市基本结束。加上随后开展的单位，全国开展"四清"运动的重点地区超过三分之一以上。其他地区，则普遍开展了面上的运动，即"小四清"。全国的厂矿企业，大体上也是这种情况。县以上各级机关和大、中、小学校及文化单位，则普遍开展了社会主义教育运动。

各地的"四清"运动虽然仍在抓紧进行，但是从 1965 年下半年开始，毛主席对这场运动已经不太感兴趣了，认为这场运动连同文化战线的批判，都不能解决根本问题，因而转向酝酿和发动"文化大革命"。

"文化大革命"开始以后，各地的"四清"运动已无法搞下去了。1966 年 12 月 15 日，中央发出《关于农村无产阶级文化大革命的指示(草案)》，规定"把四清运动纳入文化大革命中去"，"四清"运动实际上也就不了了之。

在几年的时间中，前后有几百万各级干部和教师、学生、知识青年参加工作队，投入了"四清"运动。他们满怀革命热情，到农村、企业认真实行"三同"，与广大贫苦农民和职工同吃、同住、同劳动。由于他们和广大干部、群众的努力，这场运动的确取得了一定的成绩，对于解决干部中存在的不正之风和经济管理等方面的问题，起了好的作用。在运动过程中，工农业生产一直是向前发展的，没有受到大的影响。

另外还应该看到，这场运动虽然发生了严重偏差，但由于是有领导地、分期分批地进行的，中央对一些政策做出了正确或基本正确的规定，对运动中的偏差也进行过一些纠正，因而这场"四清"运动没有发展成为全局性的错误，

25

「四清」运动亲历记

它与"文化大革命"的错误有联系，但又毕竟是有所不同的。

不容否认，这场运动的确犯了"左"的错误。这个错误主要表现在两个方面，一是严重扩大了打击面，特别在 1964 年下半年，使许多基层干部和一部分群众受到不应有的打击和错误的处理，影响了他们的积极性，甚至留下了一些后遗症，后来这些问题同"文化大革命"搅在一起，加剧了一些地区和单位的混乱，甚至发生严重的武斗。二是在一些问题上颠倒了是非，把本来正确的或基本正确的东西当作错误加以批判。例如，三年困难时期许多地方实行的包产到户、自负盈亏，本来是搞活农村经济、有利于发展农业生产和改善农民生活的生产责任制，在"四清"运动中却当作"单干风"、"修正主义"、"资本主义"加以批判。又例如，三年困难时期恢复和发展起来的集市贸易，本来是搞活经济、搞活流通的必要的正确的措施；一些地方为解决农民生活困难而多留一些自留地，也是必要的正确的措施，可是在运动中都被加以批判和"纠正"。在工业方面，许多规章制度特别是《工业七十条》的有关规定，本来是正确的，在"四清"运动中却当作资本主义的"管、卡、压"加以批判，并认为很多企业单位"烂掉"了。记得当时任公安部部长的谢富治在一次关于"四清"的大会上说，工业企业烂掉的占一半以上，有的城市占三分之二，听者无不心惊。对烂掉的当然要进行所谓夺权，这就不能不造成混乱，影响工业生产的正常秩序。

从以上可以看出，尽管"四清"运动在性质上和错误的程度上与"文化大革命"不同，但同样是以"左"的思想为指导的，并为"文化大革命"的发动做了某些思想理论准备。按照这种"左"的指导思想发展下去，"文化大革命"这场灾难也就难于避免了。

（摘自薄一波：《若干重大决策与事件的回顾》（修订本），
人民出版社 1997 年版，第 1140—1172 页）

开展社会主义教育运动

宋任穷

关于社会主义教育问题，中央在 1961 年就发过通知。1962 年党的八届十中全会再次提出要进行社会主义教育。当时东北局和三省省委对农村社会主义教育也都一般地作了部署。1963 年 2 月 11 日，我到北京参加中央工作会议，会上重点讨论农村社会主义教育和城市"五反"问题。毛主席在会上介绍了湖南开展社会主义教育运动及河北保定地区清理账目、清理仓库、清理财物、清理工分（简称"四清"）的经验。后来，社会主义教育运动通称为"四清"运动。毛主席说：要把社会主义教育好好抓一下。社会主义教育，干部教育，群众教育，一抓就灵。我当时觉得毛主席的意见是对的，决心也很大，看来社会主义教育这篇文章是应当好好地作一作了。

东北地区有的地方的"社教"在 1962 年冬就已经进行。辽宁省锦县县委在 1963 年 3 月，将全县农村开展社会主义教育的情况向锦州市委、辽宁省委和东北局写了报告。这个县的"社教"运动坚持以正面教育为主，采取领导干部讲和群众自我教育相结合的方法，着重对群众进行阶级教育，提高了群众的阶级觉悟，解决了群众中的许多思想问题，取得了显著的效果。我觉得锦县的

"四清"运动亲历记

做法很值得推广。3月27日东北局转发了锦县的材料，批语中肯定了"社教"运动坚持正面教育的做法。中央工作会议之后，东北局对东北地区农村社会主义教育作了进一步部署。为了取得经验，派东北局农委副主任褚凤岐同志带人到辽宁省锦县余积公社蹲点。运动搞了一段之后，各地在工作中普遍地注意了对群众进行正面教育，特别是对青年进行阶级教育。有的在试点中还取得了一些经验。我们几位书记认为，坚持正面教育是"社教"运动必须坚持的重要一环。4月10日，我以个人名义，给毛主席和中央写了一个报告，主要汇报了两个问题：一是在社会主义教育中坚持正面教育、群众自我教育问题；二是对青年进行阶级教育的问题。毛主席认为我的报告所讲的问题值得注意，决定转发。5月2日，主席写了批语，批转了河南省委和我的报告。批语讲到我的报告时说："宋任穷同志所讲的用村史、家史、社史、厂史的方法教育青年群众这件事，是普遍可行的"。指出："社会主义教育是一件大事，请你们检查一下自己在这方面的认识和工作，检查一下是不是抓住了要点和采取的方法是否适当，查一查是否有很多的地、县、社没有抓住这方面的工作。如果有的话（看来一定是有的），应当在农忙间隙，在不误生产的条件下，抓住进行"。"特别要注意分步骤的方法、试点的方法和团结大多数、孤立极少数的政策"。1963年5月2日，我到杭州参加毛主席召开的有部分政治局委员和各中央局书记参加的小型会议。浙江省委第一书记江华和陈伯达、胡耀邦也参加了会议。会议研究农村社会主义教育问题，讨论通过了《关于目前农村工作中若干问题的决定（草案）》（简称"前十条"）。在讨论修改这个文件过程中毛主席几次讲话反复启发我们统一对"社教"的认识，明确"社教"的要点。主席说："要点就是阶级，阶级斗争，社会主义教育，依靠贫下中农，四清，干部参加劳动这样一套"。在会上，主席还表示对我在给中央的报告中提到的"衙门口朝南开，有理无钱莫进来"的话感兴趣，这也说明主席当时还是很强调阶级斗争的。会上主席先后批示过的20件材料，作为这个《决定》的附件（我给主席写的报告作附件之二印发）。11日晚，主席思考"社教"问题一夜未睡。12日早5时40分，主席找我们六个大区的书记去谈问题。他再三叮嘱我们不要急，注意总结经验，"不要一哄而起，不要打无把握之仗"。主席还说：只要我们注意掌握正面教育，分期分批试点，团结百分之九十五的群众和干部，干部要洗温水澡，要帮助干部下楼。要划清界限，有强的领导，就可以搞好。

杭州会议之后，东北局于 5 月下旬召开了全体委员扩大会议（也称三级干部会议）。会议后半段，县委书记、大企业党委书记也参加了会议。会议主要解决对"社教"的认识问题（尤其是地县两级）和是否抓住了"社教"的要点及采取的方法是否适当的问题。这次会议之后，各地都按毛主席的指示和"前十条"的精神，重新安排了农村社会主义教育的试点工作，先后在东北地区的 26 个社、队进行了试点，三省省、地、县三级派出的工作队有 6200 多人。东北局和三省省委的一些负责同志参加了试点。我在会后也到锦县的余积公社蹲点。回想起来，当时我们东北局和省委负责同志对"社教"都是持认真谨慎的态度，不敢有丝毫的大意。为了交流"社教"试点的经验，7 月 5 日东北局在辽宁省锦州市召开了八个试点单位的经验交流会。我主持了会议，候补书记强晓初也参加了会议。在座谈会上我们强调试点单位的搞法无论是先进行阶级斗争还是先搞"四清"，阶级斗争要贯彻运动的始终。我们还特别强调要依靠基层组织，团结百分之九十五以上的干部和群众。提出不要把干部抛在一边，要帮助干部洗澡下楼，对待犯错误的干部要实事求是，要历史地全面地看干部。在团结百分之九十五以上群众的问题上，我们特别明确指出：要分清两类矛盾，运动中不要整群众。在讨论运动中若干政策时，对干部的贪污退赔问题、对盗窃投机倒把问题，强调要实事求是，注意掌握团结两个百分之九十五的政策。这一时期的运动虽然在指导思想上比较"左"，因处于试点阶段，大家都比较谨慎，大多数单位搞的还是比较稳的，运动没有出现大的波折。根据中央的指示，东北局于 3 月成立了增产节约和"五反"运动领导小组，马明方同志任组长，顾卓新同志任副组长。县以上机关和工交财贸部门相继开展了"五反"运动。

1963 年 9 月 6 日，中央召开工作会议针对前一段试点中有些地方发生的违反政策和简单化的偏差，会议制定了《关于农村社会主义教育运动中一些具体政策的规定（草案）》（即"后十条"）。我们都感到"后十条"中关于团结百分之九十五以上的干部和群众的规定，与我们前一段运动中的思想是比较合

29

"四清"运动亲历记

拍的。

随着运动的进展，从得到的信息中我逐渐感到，中央有些领导同志对形势和农村阶级斗争现状的估计上有了变化。1964 年 5 月，我到北京参加中央工作会议。会议讨论社会主义教育运动问题已不是去年讨论"后十条"时强调团结两个 95% 的那种气氛了。毛主席在会上说：全国有三分之一的基层单位的领导权不在我们手里。刘少奇同志说："四不清"不仅下面有根子，上面也有根子，而危险性在于上层。当时与会同志也都同意这样的估计。都作好了城市农村"社教"要搞四五年的思想准备。中央工作会议之后，主席和少奇同志连续对"社教"运动作出指示，强调领导干部要下去蹲点，提出"四清"不只是经济方面的问题，而是经济、政治、思想、组织四个方面的问题统统要搞清，并要求省、地委集中搞一个县。

根据中央工作会议精神，东北地区的社会主义教育运动从 7 月开始全面展开。全区农村第一批进行系统社教的有 12 个县，另有 5 个公社、4 个大队。城市开展 232 个单位。各县成立工作团，公社成立工作队。工作团有省委领导同志任团长，东北局、省、市、县都抽调了大批干部组成万人工作团。我带东北局农委、财委的部分同志到辽宁省金县三十里堡公社蹲点。马明方同志到沈阳五三厂、顾卓新同志到沈阳七二四厂蹲点，黄火青、吴德、强晓初同志也都到农村蹲点。9 月 18 日中央发出《关于印发农村社会主义教育运动中一些具体政策规定的修正草案的通知》(简称第二个"后十条")。这个第二个"后十条"对形势估计更加严重，认为"敌人拉拢腐蚀干部建立反革命的两面政权"是"敌人反对我们的主要形式"，"这次运动，是一次比土地改革运动更为广泛、更为复杂、更为深刻的大规模的群众运动"。强调有些地区还要进行民主革命的补课工作。这个文件改变了前一个"后十条"中依靠基层组织和基层干部的规定，明确提出对农村基层组织和干部要在扎根串连、调查研究以后，分别情况区别对待，可以依靠的就依靠，不能依靠的就不依靠，整个运动都由工作队领导。因此，运动一开始"左"的倾向就较为突出，运动中温度不断升高。9 月 1 日以后中央连续转发了《关于一个大队的社会主义教育运动的经验总结》(即"桃园经验")、《关于社会主义教育运动夺权斗争的指示》和谢富治在沈阳冶炼厂蹲点的报告等文件，这些文件对促使运动向"左"发展都起了推波助澜的作用。这个时期，东北地区的"四清"运动搞得也比较"左"，各工作队（包括我蹲点的地方）把基层干部的问题看得都很重，把干部甩在了一边。

年末，中央政治局召开工作会议后，中央发布了《农村社会主义教育运动中目前提出的一些问题》（简称"二十三条"）。"二十三条"虽然提出运动的重点是整党内那些走资本主义道路的当权派，但当时我们对于这个提法还只是一般地理解，并没有引起足够的重视。我们倒是感到"二十三条"中要求尽早解放一批干部、关于经济退赔的规定等都很符合我们的想法。那是由于两方面的原因。一个是我们多数同志经过一段时间的实践，已开始感觉到对基层干部整得过火了，整的面太大，问题看得过重。另一个是彭真同志讲话对我们的影响。当时，彭真同志在北京的干部会议上有个关于"四清"问题的讲话，调子比较温和，特别强调了要团结两个百分之九十五的问题和抓紧生产斗争的问题。彭真同志讲"破坏生产运动就是破坏我们的整个事业，那非追究不可。……在搞社会主义教育运动的时候，同时抓紧生产，千万不可放松生产"。东北地区放了彭真同志讲话录音后产生了好的影响（这件事，在"文化大革命"中也被作为对抗中央，推行修正主义路线的罪状进行了批判）。因此，"二十三条"传达后，各地开始纠正了前段运动中存在的一些"左"的做法。很短时间即解放了大多数干部。工作队和基层干部、群众在思想上都觉得很满意。1965年2月，我在金县工作团队长座谈会上的讲话中明确要求工作队要依靠群众和干部的大多数，"要把解放干部大多数作为一条方针。对犯错误干部的问题要重证据，重调查研究，结论要实事求是"。在政策上对经济退赔要求既不能马马虎虎，又要合情合理；关于划阶级问题，强调要严格按照中央过去的规定办。5月，东北局根据三省省委和重点县社教工作团对农村"社教"运动中关于经济退赔、清理阶级成分、地主富农浮财和房屋处理、不反社员群众、团结中农、组织处理等八个问题的意见搞了个规定发到各地。我在东北局书记处会议上再次强调：抓对青少年教育的问题；强调在"四清"新铺开的公社"一进村就要搞三结合"，要团结两个百分之九十五。这都反映了"二十三条"下达后在实际工作中发生的一些变化。

31

「四清」运动亲历记

我在金县三十里堡蹲点八九个月，当时化名叫张坦。我们确实坚持了与群众同吃同住同劳动。我住在三十里堡公社的供销社，吃饭同职工一样排队买饭。我除经常到生产大队参加干部群众会听情况外，还经常参加一些大田和果树的劳动。当时参加劳动不是摆样子，而是真干，一干就是半天，与群众混得很熟。群众同我们讲话也很随便，什么话都讲。有些群众还当面问我"你是大干部还是小干部?"有的群众看到经常有人到我的住地汇报情况，便猜测说"肯定是个大干部"。

在金县"四清"期间，我们还特别强调作好地富子女的工作。富农女儿孙云杰入党很说明这个问题。孙云杰是金县亮甲店公社葛麻大队一个富农的女儿。她是大连机车厂子弟小学的教师，1962年她响应号召回乡参加农业生产。她思想进步，劳动积极，表现很好，要求入党。大队党支部和工作队想发展她入党，又有些拿不准。辽宁省委书记处书记、金县工作团团长王良同志征询我的意见。我考虑到这样做符合当时中央关于有成分论，不唯成分论，重在政治表现，对剥削阶级家庭出身的子女要给出路等指示精神，当即表示同意。不久，孙云杰被批准入党。"四清"结束后，她被调到县里任团县委副书记。这件事当时国内有的报纸作了报道，在全国引起很大反响。后来阿尔巴尼亚、越南等国有的青年也来信询问。现在看来，这件事做得还是对的。

这一时期的城乡"四清"，按中央打歼灭战的方针，中央机关派出34位负责同志和2800多名工作人员到东北地区参加城乡"四清"蹲点（其中95%在城市蹲点）。我记得公安部的谢富治、严佑民在沈阳冶炼厂，交通部的孙大光和刘亚雄在大连港务局，中央监委的马国瑞在辽宁金县大连湾；一机部的段君毅和周子健在长春第一汽车厂，石油部的康世恩和徐今强在大庆油田。从当时中央机关派出大批干部参加"四清"蹲点，也可以看出中央对搞好"四清"的决心是多么大！

金县"四清"结束前，1964年6月4日，我同三十里堡公社党委、镇委两个新的领导班子开了个座谈会。因这天正是农历端阳节，东北局办公厅的同志把座谈记录整理为《端阳话"四清"》。这次座谈的话题，是从新领导班子怎样巩固和发展"四清"运动成果，如何做好领导工作谈起的。我鼓励他们脑子里要时时刻刻想到群众，今后要坚持"三同"；上边来人不搞吃喝招待；不要让群众称"官衔"，手脚干净才能得到群众的拥护。我还要求他们要有朝气，有闯劲，不要做"量不了米，也丢不了口袋"的领导。后来这篇《端阳话"四清"》还转发到全区各社教工作团队。

金县"四清"结束后，在金县农村政治工作会议上，发现了一个能正确对待运动的干部——衣春枝。衣春枝是金县杏树屯公社柳家大队妇代会主任。她在运动中能正确对待群众的批评，即使受到误解时，也毫无怨言，不泄气。我于1965年11月3日，写了一篇《关于推荐衣春枝同志讲话的建议》，建议在全区已经结束和正在进行"四清"的各县、各企业单位，组织干部和党员学习衣春枝同志的讲话。

1964年3月间，我到辽宁省盖平县（今盖县），听了该县太阳升公社何屯大队党支部书记李铭新关于培养接班人问题的汇报。我当时感到培养接班人是个很重要的问题，一个农村党支部书记能思考这个问题，并且有具体的计划和行动，确实很有政治远见。营口市委将这个大队培养接班人的做法向省委和东北局写了报告。我于5月13日就这个问题给中央和毛主席写了 封题为《关于农村支部培养接班人问题——汇报一个有政治远见的党支部》的信。5月18日，毛主席将这封信连同营口市委的报告一并指示印发正在召开的中央工作会议。我的这封信和何屯大队培养接班人的材料，后来还转发到东北地区各级党组织。

东北地区第二批"四清"运动从1965年7月陆续开始。农村开展30个县、7个城市郊区，零90个公社，派出工作队21万多人。这次开展的单位，多为重点产粮区、"小三线"地区和边海防县。城市开展1950多个单位，很多是大型骨干企业，同国防、战备有关的或准备内迁的企业以及问题较多的较大单位：第二批"四清"，根据毛主席和中央军委要求军队干部参加地方"四清"的指示，沈阳军区抽调军区部队和代管单位共3万余人，分别编入各工作团队。

第二批"四清"，我到辽宁省海城县牌楼公社下房身大队蹲点，化名孙云，马明方同志到辽宁省营口县官屯大队蹲点。因为有第一批试点的经验，这批运动进展较快，我们在指导上也略感从容一些。虽然总的还是按"二十三条"精神办，有些工作队开始把干部的问题看得过重，但比第一批纠正的要快一些。干部解放的快，建立领导核心比第一批抓得早。对运动中的有关问题的处理上也更强调"准"字。我在 1966 年 1 月东北局召开的"四清"工作会上，讲话中要求：核实定案要讲究实事求是，不要怕翻案，不要追求"千字号"、"万字号"。划成分问题，对漏划的地主富农，不一定一律划回去，可划可不划的不必划，要区别对待，即使非划不可的，也只能划本人。不提倡挖金银财宝，小量的即使本人主动交出的也不要收，大量的收不收要经工作团党委批准；小开荒、自留地超过标准的，按"六十条"办，比规定超过稍多一点的不要收回，个别超出过多的，收回时要经工作团党委批准。虽然第二批"四清"运动总的指导思想还是很"左"的，但在具体问题的对待上比第一批略微松动灵活一些。我们在总结第一批"四清"工作时，各地都反映存在运动和生产结合的不够紧的问题。我们研究在第二批运动中应该解决这个问题。在海城蹲点时，就这个问题我征求了海城县委书记高路宾的意见并同鞍山市委第一书记王鹤寿同志交谈过。后来听了鞍山农村社教工作团郭延俊同志的汇报，又参加了 1 个公社的片会，我发表了关于揭生产斗争盖子的意见。我说，在运动中群众最担心最关心的问题，一是能不能建立起一个好的领导核心，一是经过运动生产能不能上得去，因此，在揭阶级斗争盖子的基础上，要拿出一段时间，集中地揭生产斗争盖子。通过放手发动群众，学习大寨精神，以大寨为样板，揭问题，找差距，查原因，进一步激发干部和群众的积极性，使运动更好地落实到坚持思想革命化，开展以"八字宪法"为内容的农业技术改造和科学实践，改进人民公社经营管理以及农村各项建设上来。这个问题我是想了很久的。有一次在杭州开会讨论"前十条"时，我问过毛主席，现在这样强调阶级斗争，为什么还把生产斗争放在阶级斗争的前面，生产斗争在三大革命运动中占什么样的位置，主席说：在人类历史上阶级斗争是短暂的，生产斗争是永久的。我当时理解生产斗争是人类社会永恒的主题，忽视抓生产斗争是不对的。不久，我给顾卓新、喻屏、强晓初同志写了一封信，建议三省都能在运动中增加揭生产斗争盖子的内容。东北局转发了我的信和我在海城的讲话要点，要求点上的"四清"

单位和面上的都要开展揭生产斗争盖子的工作。我在海城看到经过揭生产斗争盖子，工作队、公社和大队干部都敢抓生产了，长远的规划也得到了落实，确实解决了农业生产和农村建设中存在的一些问题。这个问题本来当时也未跳出阶级斗争的窠臼，可是在"文化大革命"中也难逃厄运，被当作"唯生产力论"而横遭批判。

东北地区第二批农村"四清"运动于 1966 年五六月间结束。第三批运动原定开展 29 个县，工作队于五六月陆续进点。但是由于"文化大革命"已经开始，各地的"四清"运动很难进行，不久工作队先后撤出。

这场"四清"运动，对于解决干部中存在的不正之风和社队经营管理方面的问题起了一定的作用。但是由于整个运动，不论是贯彻"前十条"、"后十条"还是"二十三条"，都是在"左"的思想指导下进行的，对基层干部的总体估计上有片面性，对干部中的问题看得过重，使许多基层干部受到了错误处理。对于当时一些"左"的做法，从总的方面来讲，我个人不仅是同意的，而且是贯彻执行了的。八十年代初，我任中共中央组织部部长期间，曾对当时的辽宁省委书记任仲夷同志讲，在"四清"运动中我蹲点的几个地方，凡是搞错了或者搞过了的，都应当由我负责，请省委予以纠正。

（摘自宋任穷：《宋任穷回忆录》，解放军出版社 1994 年版，第 390—402 页）

"四清"运动亲历记

开展"四清"运动

江渭清

一、从"七千人大会"到"千万不要忘记阶级斗争"

经过广大干部、群众奋发努力，江苏同全国一样，到 1961 年年底，各方面工作开始重新走上轨道，工农业形势有所好转。

当年 11 月 16 日，中共中央发出《关于召开扩大的中央工作会议的通知》，决定由中央、中央局和省、地、县三级领导干部，共七千多人参加会议。这次扩大的中央工作会议，后来人们习惯地称为"七千人大会"。我们党在全国执政以后召开如此规模盛大的党内会议，这是首次。

我带领江苏的省、地（市）、县及部分重点厂矿企业的领导同志，赴京参加了会议。当时大家曾想：中央为什么要在这个时刻，召开这样一个大会呢？对此，毛主席在会议讲话中作了很中肯、很透彻的回答。他说：违背了客观规律，就一定要受惩罚：过去三年，土地瘦了，人瘦了，牲畜瘦了，也可以说，三年"大跃进"，带来了"三瘦"的大惩罚。他又说：未有先学养孩子而后嫁者也，未有先学会社会主义的具体政策而后搞社会主义的。重要的问题在于善于从实践中学习，从失败中吸取经验教训。我领会，中央请全国几级领导干部都来参加会议，其目的就是要大家一道来认真总结三年"大跃进"的经验教训，以便统一思想，做好工作，战胜困难，脚踏实地地前进。

"七千人大会"于 1962 年 1 月 11 日正式开幕。在这之前，先开中央工作会议（1961 年 12 月 20 日至 1962 年 1 月 10 日），确定"七千人大会"的主要议题是，讨论和修改刘少奇同志代表党中央作的《在扩大的中央工作会议上的报告》（简称"书面报告"）。报告肯定了几年来社会主义建设的成就，着重指出了工作中的缺点错误，特别是"高指标"、"共产风"的严重错误。这个报告，曾印发给全体代表反复讨论，经过几上几下修改。所以，刘少奇同志于 1 月 27 日向大会作报告时，不是拿着"书面报告""照本宣科"，而是就经过讨论修改的报告要点，作了若干说明。我印象最深刻的，一是对三年"大跃进"的成绩和缺点的评估，不是用"一个指头和九个指头"的关系去套，而是强调有多少错误，就说多少错误；二是对造成"三年困难"的原因，不是笼统地归结为"自然灾害"，而是指出有不少地方是"三分天灾，七分人祸"。报告中的这些提法，得到了绝大多数代表的赞同，表明了我们党勇于面对现实，实事求是地总结历史经验，彻底纠正"左"的错误的决心。

"七千人大会"原定 1 月 28 日结束，会期 18 天。听过刘少奇同志的报告，大家都作了返程的准备。但是，毛主席把代表们留住了。他于 1 月 29 日下午作了简短讲话，他最后要解决的中心问题，是有些同志有些话还没有讲出来，所以要把大家留下来，"白天出气，晚上看戏，两干一稀，大家满意"。由于当年春节是 2 月 5 日，毛主席就请七千人一起在北京开会过春节，开个"出气会"，"有什么气，出什么气，有多少气，出多少气，不管是正确之气，还是错误之气，决不打击，不报复"。让大家出完"气"，舒舒服服回去。接着，毛主席于第二天（1 月 30 日）下午作了长篇讲话。他旁征博引，古今中外，从写《史记》的司马迁讲到我们党内斗争，其中心是民主集中制问题。这样，会议实际上分成了两段。前段讨论和修改刘少奇同志所作的"书面报告"，1 月 29 日转入后半段，重点是讨论和学习毛主席的重要讲话。围绕讲话精神，周恩来、朱

37

"四清"运动亲历记

德、邓小平等其他中央领导同志，都在会上讲了话。2月7日下午，在毛主席亲自主持下，由邓小平同志宣读并通过了关于刘少奇同志报告的决议，大会宣告闭幕。

多少年过去了，真是岁月蹉跎，但"七千人大会"召开的情景，宛然就在眼前。当时，困难很大，生活艰苦，但从上到下，不泄气，无怨言。全党团结，举国一致，卧薪尝胆，发愤图强。毛主席鼓励大家"出气"，就是要大家说真话，对"大跃进"的缺点、错误进行认真的反思，以便更好地前进。会上，毛主席、刘少奇和党中央其他领导同志与各地代表一道，发扬民主，畅所欲言，认真地开展批评与自我批评，充分体现了以毛泽东同志为核心的第一代中央领导集体，是从谏如流，勇担责任，为国操劳，为民分忧，给我们所有亲身与会的同志留下了难以磨灭的记忆，至今仍为我们这些健在的老人津津乐道。

会议期间，我不断地与省委在家的同志联系通气，把毛主席与其他中央领导同志的指示精神及时传回省里，做到会内会外结合。记得农历除夕前一天（2月3日），我听过周总理关于1962年八项任务的重要报告，立即打电话向省委传达其要点，一是基本建设要"放下架子"；二是坚决精简；三是争取农业增产；四是保证木、煤、矿、运；五是清理物资；六是保证市场；七是贯彻各项政策条例；八是建立新秩序，加强党的民主集中制和"三八作风"。我还在电话中强调，此次会议提出贯彻中央"八字方针"，1962年是关键，是最紧张的一年，也是愉快的一年。为此，各级领导都要遵照毛主席所说的："要浪漫主义一点，还要现实主义"，看远景，抓现实，万丈高楼平地起，认清目标，脚踏实地前进，把周总理提出的八项重要任务落到实处。

"七千人大会"结束以后，我返回省里，先后于3月上旬和4月中下旬，主持召开了省委常委扩大会议和省、地（市）、县三级干部会议，进行传达贯彻。中央在"七千人大告"后，又发出了包括陈云同志在中央政治局常委扩大会议（即"西楼会议"）上所作的关于当前经济形势及如何克服困难的重要讲话等一系列文件。我们组织参加全省三级干部会议的同志，认真学文件，并仿照"七千人大会"的做法，鼓励大家畅所欲言，发扬民主，开展批评和自我批评，研究克服困难的措施、办法。

4月28日，我在三级干部会议结束时，围绕着如何正确对待困难的态度问题讲了话，要求省、地（市）、县各级干部以身作则，从我做起。越是困难，越要艰苦朴素；越是困难，越要谦虚谨慎，顾全大局，增强团结，任劳任怨；越是困难，越要加强对干部、群众的思想教育工作，耐心细致地处理好人民内部矛盾的问题，避免简单粗暴。我还根据省委派出的工作组对18个县所作调查，严肃指出：有的地方，群众饿肚子，稀饭都喝不上，干部却多吃多占，大吃大喝，搞特殊化，出现了"大干部送上门，中干部走后门，小干部找窍门"，这股不正之风，理所当然引起群众不满而"骂山门"。告诫各级领导，务必与群众同甘共苦，并作了自我批评，我说："这些年来我也不像过去那样注意生活刻苦了，多少放松了自己，应当引以为戒"。我指出，只有干部做出好样子，才能上下齐心合力，把大困难变为中困难，中困难变为小困难，尽快改变困难局面。应该说，60年代初那样严重的困难，之所以能比较顺利地走过来，这是与从中央到地方各级领导干部同广大群众甘苦与共、齐心奋斗分不开的。

1962年下半年，由于贯彻执行了中央以调整为中心的八字方针，加强了农业战线，各方面工作进一步走上轨道。我前往北戴河，参加了于7月25日至8月24日举行的中央工作会议、8月26日至9月23日举行的八届十中全会预备会议，前后达两个月。在此期间，我省遭受多次台风、暴雨袭击，特别是9月初的14号强台风和特大暴雨，致使全省近2000万亩农田严重受涝，苏北里下河地区一片泽国。经请示中央同意，我赶回南京先抓生产救灾和"四秋"工作，然后传达贯彻八届十中全会精神。

当时，全国的经济形势，确是"去年比前年好一些，今年又比去年好一些"。江苏尽管相继遭受严重旱涝灾害，除苏北重灾区以外，其他地区生产情况也在继续好转，许多县（市）1962年粮食产量达到或者接近正常年景水平。"大跃进"中被破坏的生产力有所恢复，农村经济又开始复苏。但是，就在经济形势趋于好转之时，八届十中全会提出了"千万不要忘记阶级斗争"的口号，开展了对"黑暗风"、"单干风"、"翻案风"的批判，致使政治风向再度发生逆转，正在进行的纠"左"又变成了反"右"。接着，按照毛主席关于"反修防修"、防止"和平演变"的指示精神，党中央决定在全国城乡进行社会主义教育运动

"四清"运动亲历记

（即"四清"运动），开展大规模的阶级斗争。

二、进行农村"社教"试点

1962 年 11 月 15 日至 12 月 15 日，在南京召开了中共江苏省第四次代表大会。其中预备会开了 24 天，正式会议开了 6 天，来自全省各地和各条战线的 535 名代表出席了大会。

这次省党代表大会是在党的八届十中全会精神指导下召开的。我作了关于党的八届十中全会精神的传达报告，除了传达全会的决定、决议和有关工作部署，中心是传达毛主席从北戴河中央工作会议到全会召开期间所作的关于阶级、形势、矛盾问题的几次讲话，并结合江苏的情况，提出了贯彻意见。华东局第一书记柯庆施、省委书记处常务书记刘顺元，也分别在会上讲了话。会议选举产生了中共江苏省第四届委员会和中共江苏省监察委员会。会议闭幕那天，毛主席抵达南京，接见了全体代表和省市机关、驻宁部队、厂矿企业的部分干部，号召大家"团结起来，努力奋斗，克服困难，争取胜利"。

第四次省党代会除了在组织上完成了省一级党的领导、机构和监察机构的选举，积极方面的成果是，进一步提高了江苏全党克服困难的信心，明确了坚持贯彻"以农业为基础、以工业为主导"的发展国民经济总方针，继续努力执行以调整为中心的"八字方针"的指导思想，同时通过认真学习和讨论中央《关于进一步巩固集体经济、发展农业生产的决定》和《农村人民公社工作条例（修正草案）》两个文件，大大提高了纠正分配中的平均主义、维护生产队的权力和加强农业这个基础的自觉性。所有这些对推进江苏经济形势的进一步好转，尤其是促进农业生产的恢复发展，发挥了积极作用。另一方面，在党的八届十中全会"左"的思想指导下，在阶级斗争要"年年讲、月月讲、天天讲"的影响之下，这次党代会上也灌输了不少"左"的东西。特别是柯庆施以政治局委员和华东局第一书记身份出席大会，坐镇督促，给我们省委压力很大。他从"大跃进"以来，总觉得我江渭清思想右，江苏省委右，所以在会议讲话中摆出一副老"左"姿态，离开经济建设，大讲"反修防修"和"阶级斗争，两条路线斗争"，把在干部、群众中进行社会主义教育强调到吓人的"高度"。

第四次省党代会结束以后，省委于 12 月 20 日发出《关于在农村中开展社会主义教育和加强人民公社建设工作的指示》，对全省农村社会主义教育运动作了部署，并决定由省委农村工作部组织工作组到句容县城东公社试点。

这里，有必要指出，党中央、毛主席一直很重视对农民的教育问题，这是必要的。但随着形势的变化，教育的内容和方法也不断地改变。早在 1955 年农业合作化运动中，毛主席就提出"严重的问题是教育农民"。1956 年冬、1957 年春，全国不少地区发生闹"退社"的风潮，党中央在"反右派"开始后，即明确提出"向全体农村人口进行一次大规模的社会主义教育"。1959 年庐山会议后，农村虽然没有搞"反右倾"，但针对批判所谓"富裕中农"思想，党中央再次提出在农村中进行一次社会主义教育。1961 年 11 月 13 日，党中央又发出《关于在农村进行社会主义教育的指示》，重点是纠正"五风"，改造所谓坏人当道的"三类队"，阶级斗争的火药味已比批判"富裕中农"思想浓了，但还没有到全面开展阶级斗争的地步。农村干部、群众反映："运动年年有，不在三九在四九"。江苏这几次农村"社教"，都是以整风整社形式出现的，除了改造"三类队"那次伤害过一些基层干部，运动的发展基本平稳。

这次进行农村社会主义教育，情况有所不同，是毛主席在八届十中全会上严厉批判了"单干风"、"黑暗风"、"翻案风"的基础上提出来的。毛主席把这"三股风"，都提到了资产阶级向无产阶级进攻的高度，提到了抵制和反对党中央领导的高度。柯庆施在会上添油加醋，围攻邓子恢同志，说："单干风"、"黑暗风"，越到上面刮得越厉害。在江苏省第四次党代会的讲话中，他又重复了这些话。这更增加了对我和江苏省委的压力。尽管这样，我同省委书记处的其他几位同志商量，大家感到这几年农村运动不断，干部已经折腾得够了，生产形势才开始好转，经不起再折腾了，决定把农村"社教"的着眼点放在巩固发展集体经济上面。所以省委在关于农村开展社会主义教育的指示中，没有突出强调批判斗争，而是强调以正面教育为主，并提出了两方面要求。一是在思想上，通过向农村干部、社员进行社会主义教育，达到认清形势，提高觉悟，明

41

确方向，鼓舞干劲，发展集体生产的目的；二是在组织上加强人民公社的建设，重点是加强党的建设和生产队的建设，要求把生产队建设成为"集体思想好，执行政策好，团结互助好，经营管理好，增产增收好"的"五好"生产队。

为了及时指导扩大试点，省委于1963年2月11日向各地、市、县委转发了《句容县委关于城东公社进行社会主义教育的情况报告》，根据城东公社的试点经验，省委在批示中进一步明确：农村社会主义教育必须以全面贯彻《农村人民公社工作条例（修正草案）》为中心，着重解决三个问题：一是广泛进行社会主义方向的教育；二是切实整顿社队干部的思想作风；三是划清若干具体政策界限，特别是不能把正当的家庭副业、正当的集市贸易和政策规定范围内的自留地，当作"资本主义"，以免造成混乱。省委在批示中强调，进行社会主义教育必须坚持先党内、后党外的原则；强调运用回忆对比的方法，启发农民进行自我教育；强调进行社会主义教育必须与当前生产紧密结合，再次指出农村进行社会主义教育的目的是要发展农业生产，争取农业丰收。

就在这个时候，中央召开工作会议。我和刘顺元同志赴京参加了这次会议。会上，毛主席批发了湖南、河北省委关于社会主义教育的两个报告，提出了"阶级斗争，一抓就灵"，强调要用社会主义重新教育干部、教育群众。会议根据毛主席的讲话精神，作出了在城市开展"五反"（反对贪污盗窃、反对投机倒把、反对铺张浪费、反对分散主义、反对官僚主义）运动的部署，规定各级领导干部要首先在运动中"洗手洗澡"，并规定各省、市、自治区都要在农村进行社会主义教育的试点。

我同顺元同志商量，按照毛主席的意思，显然是要用阶级斗争的方法来搞"社教"了，搞得不好，很容易混淆两类矛盾，还是稳妥一点为好。顺元同志也是这个看法。于是，我们回南京后，在向省委常委传达中央工作会议精神时，讲了我同顺元同志两人的看法，常委们也都赞成搞稳妥一点。

2月底，省委召开常委扩大会议，传达并研究贯彻中央工作会议精神。会后，省委向中央作了《关于社会主义教育运动的情况报告》，对进一步开展全省农村"社教"，提了四个要点：（一）明确指导思想，把重点放在阶级教育方面，主要解决农村两条道路斗争问题；（二）坚持先上后下，先党内后党外，层层培训骨干，进行正面教育；（三）教育的内容要结合当地实际，完整地宣传和贯彻中央的方针、政策及各项有关规定；（四）加强对落后队的领导。应该说，这是我们经过调查研究，在总结经验的基础上提出来的，着眼于教育，着眼于按照党的方针、政策办事，是比较稳妥的。但是，与当时中央批发的其他省的一些典型材料相比，省委的这些要求，被认为"对两条道路的斗争抓了，对阶级斗争这个纲没有高高举起"。为此，我在省委召开的一次会议上作了自我批评。

这年 5 月初，我前往杭州，参加毛主席召集的有各中央局书记和部分中央政治局委员参加的小型会议，研究制定关于农村社会主义教育的文件。毛主席反复修改了文件，加写了关于"人的正确思想是从哪里来的"一段论述，还亲自审阅批发了东北局宋任穷同志和河南、湖北、湖南等省委的几个报告，浙江省委关于干部参加劳动的 7 个材料，共 20 件作为附件，经中央政治局讨论通过，于 5 月 20 日正式发出，这就是《中共中央关于目前农村工作中若干问题的决定（草案)》，共提出了 10 个问题，称"前十条"。在"前十条"中，规定农村社会主义教育的主要内容是清理账目、清理仓库、清理财物、清理工分，简称"四清"。农村社会主义教育运动一般也就称作"四清"运动。城市社会主义教育运动，则仍以"五反"为主要内容。

三、贯彻"前十条"和"后十条"

杭州会议以后，我向省委常委传达了会议精神，并下去分别向地委和部分县委作了传达。6 月 10 日，省委召开常委扩大会议，我在讲话中说："前十条"归纳起来实际是五个问题，即阶级斗争问题，社会主义教育问题，组织贫农、下中农的阶级队伍问题，"四清"问题，干部参加劳动问题。开展社会主义教育运动要抓住这五个重点。我还讲了毛主席在"前十条"开头写的关于"人的正确思想是从哪里来的"一段话，这是认识论问题，要求大家结合《矛盾论》、《实践论》认真学习。我又对"前十条"中毛主席关于阶级斗争、生产斗争和科学实验是建设社会主义的三项伟大革命运动，进行社会主义教育，是一次伟大的革命运动的指示，谈了自己的理解。我强调说：阶级斗争、生产斗争、科学实验是不可分割的，社会主义教育和搞好生产是完全一致的，决不能"为教育而教育"，应当把社会主义教育与当前鼓足干劲、向自然灾害作斗争，克服困难、争取农业丰收联系起来，农忙少搞，农闲多搞，不能因为搞社会主义教育而影响生产。我还针对各地同志的思想实际，讲了如何正确对待"前十条"20个附件中有关兄弟省区的经验，指出：既要虚心学习，又要从实际出发，抓住精神实质，不要照搬硬套某些具体做法。

我们江苏农村的"四清"怎么搞？我说：省、地（市）、县各级领导都要深入下去，蹲点抓典型。要按照毛主席在一次谈话中说的，第一，千万不要着急，先搞试点，把情况摸清楚；第二，千万不要伤人过多，"四清"试点中要坚持"说服教育，洗手洗澡，轻装上阵，团结对敌"的方针，团结95%以上的干部和95%以上的群众；第三，要想尽方法，争取今年的农业生产比去年好一些。密切结合生产，不要关门搞运动。城市的"五反"，也要贯彻这些精神。增产节约与"五反"密切相联，决不能因为搞运动而打乱了工矿企业的生产秩序。

我的讲话，表达了省委对全省农村"四清"和城市"五反"的基本要求。当时，我觉得开展这场运动是有必要的。通过运动，切实解决一些地方确实存在的"四不清"问题，特别是干部中存在的所谓"政治上和平共处，组织上稀里糊涂，经济上马马虎虎"的问题，这对于防止党内腐败，对于密切党和群众的联系，对于推动社会主义建设，都有重要意义。我所担心的，始终是怕运动伤人过多，还有一条是怕运动防碍生产。所以我一再交代，必须做到"运动、生产两不误"，必须继续贯彻"调整、巩固、充实、提高"的八字方针，通过运动，进一步促进全省农业生产全面好转。

根据杭州会议精神，省委决定按照"前十条"的规定，在省、地、县三级扩大"四清"试点，全省共组织了7000人的工作队，搞了67个公社，占全省公社总数（1847个）的3.6%。省委直接在吴县唯亭公社和江都丁沟公社试点，江都花荡公社作为省委试点的"副点"，以进一步摸清农村阶级斗争情况，训练和培养骨干，取得经验，指导全省分期分批开展"四清"。与此同时，城市机关、企事业单位的增产节约和"五反"运动，也分期分批地展开，揭发了一批贪污盗窃案件，考察和了解了干部。"五反"运动搞得比较好的单位，在政治思想上、组织建设上和经营管理上，都取得了一定成效，出现了新的气象。

10 月下旬，省四届二次党代表会议在南京召开。我在代表省委向大会所作的工作报告中，回顾和总结了四届一次党代会以来的工作，提出 1963 年冬季和 1964 年工作的基本任务和要求，着重讲述了继续深入开展农村"四清"和城市"五反"问题。省委的要求是，农村"四清"一定要完整地按照"前十条"的规定精神，有领导有步骤地展开，并提醒领导上必须注意掌握好几个问题，这就是：领导带头，洗手洗澡自觉革命；进行阶级教育，帮助干部、群众提高觉悟，划清敌我界限和是非界限；认真搞好"四清"，解决干部和群众的矛盾，改善干群关系，实行民主办社、勤俭办社；坚持说服教育，团结"两个95%"，对干部队伍要有一个基本估计，要看到绝大多数干部是好的或者基本上是好的，即使对犯错误的干部，也要耐心做好思想工作，不追不逼，不搞批斗大会；完整地贯彻阶级路线，在组织贫农、下中农的同时，要做好团结中农和其他劳动人民的工作；正确开展对敌斗争，防止混淆两类不同性质的矛盾；从抓生产、生活入手，妥善安排生产和运动，做到"两不误"、"两高涨"。

我代表省委提出的这些要求，比较完整地体现了"前十条"的精神。这些讲话精神传达到点上，绝大多数基层干部觉得放心了，社员群众也觉得这样做好，尤其是中农和其他劳动人民终于也安下心来。

11 月，毛主席正式批发了中央政治局扩大会议讨论通过的《中共中央关于农村社会主义教育运动中一些具体政策的规定（草案）》，即"后十条"。这是基于在有些省、市和地区的运动试点中出现了打、跪、罚等违法现象，发生了自杀、逃跑等事件，中央认为有必要对运动中一些具体政策做出明确的规定。我们在学习和贯彻中感到，前后两个十条的基本精神是一致的，"后十条"对团结"两个95%"作出了更具体的政策规定，这对于防止扩大打击面，保证运动健康进行，是很有必要的。但是，它的基本指导思想是要"挖修正主义

"四清"运动亲历记

根子",所以阶级斗争的弦越绷越紧。在"后十条"中提出了"一纲五点",即"以阶级斗争为纲,抓住五个要点"(对敌斗争,社会主义教育,组织贫、下中农队伍,"四清",干部参加劳动),作为运动的基本方针和主要内容,把阶级斗争放到了"纲"的位置,这就不可避免地要导致阶级斗争扩大化,而且随着运动的发展,必然要把阶级斗争形势看得越来越严重。有的地方,在运动试点中发生的混淆两类不同性质的矛盾的"左"的错误,不但未能有效地遏制,反而因为有了这个理论根据而有所发展。

根据"双十条"的精神,省委在 12 月上旬作出了关于 1963 年冬和 1964 年春农村"四清"运动部署,决定在过去一年试点的基础上,展开第一批公社的运动。省、地、县三级共组织 19000 人的工作队,搞 125 个公社,占全省公社总数的 6.7%;一般一个县搞一两个公社,部分县搞三个公社。实际上是扩大试点范围,目的在于使各级党委取得系统开展农村"四清"运动的领导经验。

除了系统开展"四清"的公社以外,全省约有 90% 的公社围绕生产这个中心,进行面上的社会主义教育。具体做法是,通过宣读讲解和组织学习"双十条",使干部、群众懂得农村"四清"的意义、目的和方针、政策,鼓励犯有"四不清"错误的干部主动改正错误,消除顾虑,安定人心,改善干群关系,调动积极性,搞好冬春生产和灾区的生产救灾工作。

1964 年 3 月上旬,省委召开了农村社会主义教育运动座谈会,总结经验,修订部署,研究第二批运动怎样搞得"好一点、快一点、多一点",并拟定了一些具体政策的补充规定。我在座谈会结束时讲话,肯定了第一批公社开展运动的经验,要求机关、企事业单位的"五反",也要总结经验,以便搞得更好些,并对进一步加强农村"四清"、城市"五反"运动的领导问题,提出了意见。在这次座谈会的基础上,省委作出《关于农村社会主义教育运动几个问题的总结》,对全省社会主义教育试点、第一批系统开展运动和面上进行社会主义教育工作所取得的成果、主要做法和基本经验,作了比较全面的总结。与此同时,省委发出《关于全省农村社会主义教育运动部署的补充规定》,部署分期分批开展农村"四清"运动。当时的计划是,1964 年夏收以前搞第二批,大约 13% 的公社;夏收以后到秋收以前搞第四、第五批,大约 17% 的公社;秋收以后到来年春耕以前再搞两批，每批大约 20%的公社；剩下 200 多个公社，争取在 1965 年年内搞完。据此，要求除保持现有 19000 人的"四清"工作队以外，再抽调 11000 人，包括现任大队党支部书记、转业军人、师范学院应届毕业生等，全省组成 3 万人左右的"四清"工作队，以适应运动发展的需要。

3 月下旬，中央相继发出《关于在全党组织干部宣讲队伍，把全党全民的社会主义教育运动进行到底的指示》和《关于继续抓紧进行"五反"运动的指示》。在关于组织干部宣讲队伍的指示中，明确提出全党全民的社会主义教育，至少需要三至四年完成。要求从中央委员到县级党委委员，除年老体弱者以外，一律要"充当宣读员，至少一至两次"。省委于 4 月 13 日召开省级机关处以上党员干部会议。我在会上全文宣读了中央的两个指示，着重讲了如何提高对运动的认识、加强对运动的领导和改进领导方法问题。第二天，省委发出《关于加强领导，把农村社会主义教育运动进行到底的通知》，要求全省各地、市、县委和"四清"工作队对照中央指示精神，认真检查是不是真正理解了农村社会主义教育运动的伟大革命意义，是不是真正树立了把运动进行到底的决心，是不是坚决按照"双十条"的要求，确实解决了问题。《通知》强调，必须善始善终结束第一批公社的运动，凡是搞得粗糙的地方，要认真补课；同时要坚持质量第一的原则，组织好第二批公社的运动；对全省农村的"四清"要求搞深搞细搞透搞到底，完整地按照毛主席提出的六条标准，其中包括"要看是增产还是减产"这条重要标准，进行验收。决不能草率了事，"走过场"。

四、刘少奇视察"四清"运动

在江苏省农村"四清"运动开展过程中，曾发生过这样一件事情，就是刘少奇同志来南京视察和我对他几次讲话的"顶撞"。为重温历史经验，我想回顾一下前因后果。

事情还应追溯到 1964 年 5 月 15 日至 6 月 17 日在北京召开的中央工作会议。这次会议开了一个多月，除了讨论、制定《中华人民共和国贫农下中农协会组

47

织条例（草案）》，还讨论了政治、经济、军事以及文化教育等问题，重点是讨论研究如何进一步深入开展农村"四清"和城市"五反"问题，明确了城乡社会主义教育，就是社会主义革命，就是"反修防修"。会上印发了陈伯达在天津小站和王光美在河北桃园大队的"四清"材料，以及中共甘肃省委和冶金工业部党组关于白银有色金属公司夺权的报告。毛主席在这次会上第一次提出了培养接班人的问题。刘少奇同志在讲话中联系农村"四清"、城市"五反"中揭发出来的问题，反复阐述了苏联变修的教训，提出了如何防止"和平演变"、保证不出"修正主义"的问题。少奇同志讲到苏联搞了 40 年，出了赫鲁晓夫修正主义，要大家想一想，我们中国会不会搞修正主义？他说，凡是不注意，一定会搞。毛主席接着说：小站、白银已经搞修正主义了，全国有三分之一的领导权不在我们手里。由此又提出了"追根子"的问题。按照少奇同志的说法，"朝中有人"，"危险在上面"，"四不清"不只下面有根子，上面也有根子。一些省、市的同志还在讨论中提出，不但城市"五反"要重新"划阶级"，农村"四清"也应像过去老区搞土改那样"搬石头"。显然，"四清"运动中的阶级斗争，又要升温了。

会后，中央决定由刘少奇同志挂帅，建立"四清""五反"指挥部，并负责修改"后十条"。少奇同志坐镇指挥以后的"四清"运动，内容范围扩大了，包括清政治、清经济、清组织、清思想，所以称之为"大四清"，而将此前的农村"四清"称之为"小四清"。"大四清"的基本路子，就是不久之后由中央转发的王光美同志在河北桃园大队蹲点搞"四清"的经验总结，即《关于一个大队的社会主义教育运动的经验总结》，大家称之为"桃园经验"。

为了传达贯彻这次中央工作会议精神，我主持省委常委会议，研究确定召开省委四届四次全会。会议于 7 月 2 日开始，6 日扩大到县委书记。7 日，我向全体到会同志原原本本传达了毛主席、刘少奇同志关于防止"和平演变"、反对修正主义、搞好城乡社会主义教育运动的讲话和邓小平、彭真等中央领导同志的发言。会议结合江苏实际情况，对如何贯彻落实中央工作会议精神作了深入讨论，作出了进一步深入开展农村"四清"和城市"五反"的部署。

省委四届四次扩大会议召开之时，适逢刘少奇同志来南方视察"四清"

运动。当少奇同志到济南时，华东局曾派魏文伯同志专程前往迎接，然后陪他到安徽。在刘少奇同志一行抵达合肥后，魏文伯同志来电话向我和省委打招呼。一个总的精神是，刘少奇同志对前一段"四清"运动很不满意。魏文伯同志在电话里说："渭清同志，你要小心！这次少奇同志脾气大得很。他在山东已经发了脾气，到合肥发了大脾气"。提醒我要有思想准备，要在刘少奇同志到南京后"注意"。

7月14日，刘少奇同志到了南京。少奇同志这次来南京，没有住招待所，而是住在省委办公大楼，在办公室里临时搭了个铺。当天下午，我和在家的李士英、彭冲等省委负责同志向他汇报工作。主要由我汇报传达贯彻中央工作会议精神，部署农村"四清"和城市"五反"的情况，并向他送了《城市社会主义教育运动情况》、《农村社会主义教育运动情况》等书面材料和省委四届四次扩大会议的简报。在我汇报时，刘少奇同志曾有许多插话，省委办公厅专门整理了《少奇同志在听取江渭清同志汇报时的谈话》记录。接着，刘少奇同志亲临省委四届四次扩大会议，分别于7月15日和17日作了两个下午的讲话，我们也都整理成记录，印发省委和其他到会同志学习。

刘少奇同志讲话，有些是谈工作问题，如阐述两种劳动制度、两种教育制度，提出各级党委都要重视培养接班人，大胆选拔年轻干部，包括知识分子干部等。他在讲话中还强调"发展生产是我们的主要目标"，指出：我们共产党人领导各族人民打倒蒋介石，解放全中国，过去搞土改，现在搞社会主义教育，目的都是为了发展生产。这些都是很对的。他讲话的中心是阐述为什么要搞社会主义教育。他认为，现在，不仅国际上出了赫鲁晓夫修正主义，而且国内也出了不少"修正主义"。农村"四清"、城市"五反"，就是把国际上反对修正主义的斗争同我们国内"反修防修"的斗争联系起来。从这个基本精神出发，他在几次讲话中对当时城乡社会主义教育，包括我们江苏的"四清"运动，提出了批评。归结起来，集中在三个估计上：一是对"大约三分之一领导权不在我们手里"的估计，他认为，"也许不止三分之一"，有些地（市）、县领导同志没有调查，不了解实际情况，就说没有那么多，这是对"和平演变"、"资本主义复辟"的警惕性不高，是很危险的。二是对干部队伍状况的估计。他认

49

"四清"运动亲历记

为，"真正有严重问题的"、"四不清"的，占基层干部的多数，不是少数；没有多少问题的、可靠的、团结了95%群众的干部很少，不是多数。因此，如何认识对基层干部"又依靠又不依靠"的关系，应该是"靠得住就靠，不可靠就不靠"，而且"要等基层干部改变了，再来依靠"。三是对运动情况的估计，他认为，社会主义教育已经搞了一年多，"农村、城市都没有搞好"。这个革命运动比土改、合作化、公私合营更广泛、更深刻、更复杂，因此没有充分时间不行。

刘少奇同志在讲话中向大家透风，"后十条"要修改。他反复强调只有团结95%群众，才能团结95%干部。要放手发动群众。群众尚未发动，先交代具体政策，就会变成束缚群众手脚的"框框"。他指出："四不清"不光是经济方面的，还有政治"四不清"、思想"四不清"、组织"四不清"。所以，"四清"不只清经济，还要清政治、清思想、清组织，这就比较全面包括了"大四清"的内容。他再次强调，要"追根子"，认为生产队有严重问题，一定是大队有人保护。大队有严重问题，一定是公社有人保护。公社有严重问题，一定是县委、地委有人保护。地委有严重问题，一定是省里、中央有人。工厂、机关也一样。处长有严重问题，一定有部长保护。"四不清"的根子在上面，不可不追。

刘少奇同志针对在场的省、地（市）、县几级领导干部，严厉批评了许多领导同志浮在上面，不蹲点，就是下去也是"面上跑跑，听听汇报，指示指示"。（我插话说：是"蜻蜓点水"）他反复强调，农村"四清"、城市"五反"，各级领导都要蹲点。他还认为：现在情况变了，搞调查研究，光靠开调查会不行了，只有领导亲自带工作队，蹲到点上去，直接掌握运动，才能取得第一手材料和经验。他又说：你当书记的，生病也生得，休息也休得，离职学习也离得，甚至死也死得，为什么离开自己职务蹲半年点就不行？他要求省、地、县三级领导都要分期分批，轮流下去蹲点，并提出：省、地（市）、县委书记以及其他负责人，都要参加两批农村"四清"，搞两个大队，从扎根串联到整顿组织，取得比较完整的经验。还要参加两批城市"五反"，搞两个单位的运动。有了两个大队、两个工厂的经验，才有资格当省委书记、地（市）委书记、县委书记。

刘少奇同志是我们尊敬的领导人。我个人在抗日战争时期，就亲聆过他的教诲。我至今仍然认为，他批评我们有些同志进城以后满足于听汇报、看报表、不调查、不研究，是很中肯的。他提醒各级领导，都要下决心，蹲下去，深入实际，深入群众，在蹲点中取得对各方面工作的第一手材料和领导运动的直接经验，也是非常必要的。按照刘少奇同志的这些指示精神，我们省委常委很快作出分期分批下去蹲点的安排，并要求县委书记以上领导干部都要在一两年内经过蹲点，取得比较完整的经验。省委确定我和许家屯、彭冲及省级各部门48名负责人，第一批下去蹲点，接着下去蹲点的省委常委，还有宫维桢、辛少波、欧阳惠林、曾如清等同志。除彭冲同志分管工业和城市"五反"，蹲在南京307厂以外，其他省委领导同志均到农村。那时，我化名"江淮"，以普通社教工作队员的身份，蹲在句容县天王公社蔡巷大队一个姓陈的下中农家里。随同我在蔡巷大队蹲点的，有欧阳惠林等同志。

但是，在刘少奇同志几次讲话中，对于城乡阶级斗争状况所作的估计，特别是"不止三分之一单位的领导权不在我们手里"的估计，超过了毛主席关于全国有三分之一的领导权不在我们手里的估计。对毛主席的估计，我已觉得过头了，对少奇同志的估计，我认为显然更过于严重。对于基层干部状况和社会主义教育成绩的估计，以及"桃园经验"中撇开基层干部搞"扎根串联"、"访贫问苦"的一套做法，我也有不同看法，或者持保留态度。记得在刘少奇同志7月17日下午讲话以后，我曾向他当面直言了自己的看法。

我讲了学习他讲话的体会，对他所说城乡社会主义教育都没有搞好，我认为江苏不是这个情况。少奇同志说：过去一年多，"小四清"打了败仗嘛！我说：不能这么讲。据我们了解，已经开展社会主义教育的社队，60%打了胜仗，是有成绩的；30%比较一般，成绩不够显著；只有10%不够好，需要补课，或者要重搞。

我对他讲话中所说好的、没有"四不清"问题的基层干部是少数，公社、大队干部大部分烂掉了，也讲了不同看法。我说：基层干部多数是好的、比较好的，江苏没有发现烂掉的社、队领导班子。少奇同志说：你这是没有下去，不知道实际，讲的还是三年前的老情况。我回答说：我经常下去，对本省情况

51

『四清』运动亲历记

是知道的。毛主席也说干部的大多数是好的、比较好的。少奇同志打断我的话，问我对王光美同志向参加省委四届四次扩大会议的同志所作的关于"桃园经验"的报告有什么看法。这是因为，王光美同志作报告时，我没有到会，请了省委其他常委主持会议，可能少奇同志认为这是对"桃园经验"重视不够。特别是"桃园经验"基本的一条，是认为社、队干部烂掉了，有的是"和平演变"变过去的，有的本来就是地、富、反、坏，都不能靠。所以，他听我讲干部大多数是好的和比较好的，就很反感，并进而问我：究竟赞成不赞成王光美同志的报告？我说：从江苏的实际出发，学习精神实质。符合江苏情况的，就学习运用；如果不符合江苏情况，就不照搬。少奇同志说：那你们江苏就不执行了？我说：不盲目执行。

当时，刘少奇同志听我讲了看法并未发脾气。第二天晚上，临他离开南京前夕，我偕同我爱人徐敏，去看望他和光美同志。少奇同志与我个别交谈，严肃地说：你昨天讲的那三个不同意见（即农村"四清"、城市"五反"是有成绩的，基层干部多数是好的，对王光美同志的报告不能盲目执行），是不对的。我坚持原来的看法，这就引起了"顶撞"，少奇同志发了脾气。

尽管发生了"顶撞"，我和省委仍然十分重视少奇同志对江苏"四清"和其他各项工作的指示。我在会议结束时的讲话中，对搞好城乡社会主义教育运动，除了贯彻中央"集中力量打歼灭战"，加强领导、整顿队伍、缩短战线、适当延长时间等指示精神以外，特别强调要按照刘少奇同志的讲话精神，省、地（市）、县各级领导都要下去蹲点。对我们过去没有很好地蹲点，作了诚恳的自我批评，强调：少奇同志对我们不蹲点的批评，"一针见血"、"十分正确"，并检查了所以不蹲点的根本原因，是由于怕艰苦。同时，从江苏实际情况出发，对如何传达贯彻中央工作会议精神和少奇同志几次讲话精神，也向大家作了交代。主要是：关于"三分之一单位的领导权不在我们手里"的问题，对基层干部"又依靠又不依靠"的问题和"搬石头"的问题，应由县以上领导掌握，对下不传达。我们认为，这样做，有利于城乡社会主义教育运动的稳步健康开展。

五、刘少奇同志的一封信

但是，事情并没有完。刘少奇同志对包括我在内的，从中央到地方许多领导同志不蹲点的批评，还只是开头。

刘少奇同志离开江苏以后，我们即于7月27日专门召开地、市委书记会议，按照少奇同志的讲话精神，部署第二批农村"四清"的结束工作。8月15日、19日，省委相继发出《农村社会主义教育运动部署的意见》和《关于在城市全民企业中开展社会主义教育运动的意见》。作出这些安排之后，我于8月下旬赴京参加中央召开的会议。这是个小型座谈会，有六个大区的书记和江苏等八个省委的负责同志，共14人参加。会议只开了四天，主要议题有两个：

一是讨论修改"后十条"，刘少奇同志7月视察南方几省"四清"途中，主持修改了"后十条"。毛主席将修改稿批印给参加会议的同志，要求大家提出"再修改"的意见。其中最重要的修改，是补充了毛主席提出的衡量社会主义教育运动搞得好不好的六条标准。同时，再修改稿也将少奇同志在南京讲的一些重要观点，作为具体的政策规定写进去了，如领导干部要亲自带工作队蹲点，要把放手发动群众放在第一位；团结95%群众是团结95%干部的基础；整个运动都要由工作队领导，等等。

二是讨论研究关于运动的部署。会议明确提出了"集中力量打歼灭战"的原则。按照少奇同志的提法，这次运动要上下左右一道解决，所有根子都要挖出来，所以要"彻底革命"，非集中力量打歼灭战不可。座谈中，少奇同志还提出"反右倾"的问题。他说：这次社会主义教育运动，我们有些同志怕干部躺倒不干，怕影响生产，东也怕，西也怕，就是不怕"修正主义"，不怕"和平演变"，不怕脱离群众。这是个什么问题？本质是什么？他要我回江苏以后，同省委常委同志一起想一想，讨论一下。他又说：前几年"宁左勿右"，现在又"宁右勿左"，这对运动的阻碍相当大。他特别提到涟水县高沟公社的问题，那里曾发生原来的社、队干部对"四清"运动中新的领导骨干和积极分子"打击报复"，"反攻倒算"。这就是省委四届四次扩大会议揭发的所谓"高沟事件"，除发了会议简报以外，当时的淮阴地委书记张景良同志还就此事在会上作了专题发言，受到少奇同志赞赏。7月29日，王光美同志曾打电话给我，传达少奇同志对"高沟事件"的指示：这是一起"反党、反人民、反社会主义性质的现行反革命事件"。这次中央召开的座谈会上，少奇同志重申对"高沟事件"要作"现行反革命处理"，要以此为典型追上面的"根子"。

鉴于此次座谈会议十分重要，时间又较短，我于8月28日会议开始以后，就打电话向省委通报会议的主要精神，传达中央对"后十条"所作的修改补充，同时要求省委转告各地、市委，要按照"集中力量打歼灭战"的原则，重新调整城乡社会主义教育运动的部署。

但是，就在此时，刘少奇同志找我个别谈话，说他看到"江苏的一个通知"，要"学习江渭清同志的讲话"，问我："为什么不学中央、毛主席的指示，要学江渭清的？"显然，这是对我和省委极为严肃，也是极为严重的批评。我回答说，不晓得有这样一个文件，待我请省委查一查。经查，在省委办公厅7月28日拟发的《关于善始善终搞好第二批农村社会主义教育运动的通知》开头，确有要"各级党委和工作队，都要认真学习和研究这篇讲话"（即7月27日我在地、市委书记会议上的讲话）。当时正在北京开会的华东局第一书记柯庆施，曾连打了三个电话给我，要我非作检讨不可。我觉得，这个通知是省委办公厅拟发的，我和书记处其他同志事先均未具体过问，不好直接检讨，便叫随我赴京开会的秘书打电话给省委办公厅，指出：《通知》"要认真学习江渭清同志在地、市委书记会议上一篇重要讲话，这是一个严重的政治性错误"，应该强调认真学习中央工作会议精神和毛主席、刘少奇同志以及其他中央负责同志的指示，而江渭清同志讲话中对全省城乡社会主义教育运动的部署意见，只能作研究参考。电话责成省委办公厅立即转告地、市、县委，把这个《通知》作废。今后任何时候，都要认真学习中央和毛主席的指示，因为党的路线、方针、政策和任务，都是中央制定的。

9月1日，省委办公厅发出《关于在〈关于善始善终搞好第二批农村社会主义教育运动的通知〉中所犯错误的检查》，按照我在电话中的意见，检查了"这是一个严重的政治性错误"，检讨了未经我和书记处同意和审批，擅自拟发通知,这是一种"无组织无纪律的错误行为"。其实,省委办公厅作为省委的一个办事机构,是完全有权力发这样的通知的,不存在"擅自"的问题。这是在当时非常特殊的情况才作出了这样的处理,总算对这件事作了一个交代。

9月5日,我主持召开省委常委会议,传达中央座谈会精神和毛主席、刘少奇同志的讲话,并决定召开省委四届五次全会。大家按照少奇同志对我们没有认真蹲点的批评和要我们保持清醒头脑的指示,检查了我们几年来对党中央、毛主席和中央其他领导同志的指示"跟得不快,跟得不紧,跟得不好",对怎样进行"新形势下的阶级斗争认识不高",决心"彻底批判和克服右倾思想",把社会主义教育运动进行到底。

9月7日至13日,我们召开了由各地、市委书记参加的省委四届五次全会。我在会议开头作了8月中央座谈会精神的传达报告。会议过程中,我主持召开了一次省委常委会,根据毛主席和少奇同志的指示精神,专门检查了我们对一年来城乡社会主义教育运动存在着"成绩估计过高,时间要求过急";对干部队伍内部受封建主义、资产阶级的腐蚀和资本主义势力的影响估计不足,对运动中充分发动群众的认识不够;怕运动时间过长,大批撤换基层干部会影响生产等"右倾思想"。为着更集中时间和精力在下面蹲点,我提出并经常委会同意,在我蹲点期间,第一书记职务由书记处书记陈光同志代理。会议结束时,我又结合代表们在讨论中提出的问题作了结束讲话,比较详尽地分析了全省农村第一、二两批"四清"运动和城市"五反"运动的情况和问题。提出在城乡社会主义教育运动中,贯彻执行"集中力量打歼灭战"的方针和部署。

会议结束以后,省委发出了《关于城乡社会主义教育运动部署的报告》。这个报告,曾上报中央、华东局并发各地、市、县委,实际上是省委四届五次全会的决议,强调只有贯彻执行"集中力量打歼灭战"的方针和部署,才能集中工作队的力量,加强领导,像少奇同志要求的那样,比较快地取得全面、系统的经验,"使农村城镇,各行各业,上上下下,里里外外,统一部署,全部解决,消灭死角,无一遗漏",达到毛主席提出的搞好社会主义教育运动的六项标准。为此,全会决定对全省城乡社会主义教育运动的部署,加以重新调整,要求从当年秋冬起,农村每个专区集中搞好一个县,全省搞好七个县(即

55

『四清』运动亲历记

新沂、涟水、大丰、邗江、海安、句容、太仓），在一个县范围内，分批开展运动。在省辖市，首先集中力量把主要行业与产业的运动分批搞好，其余企事业和街道居民，以区为单位开展运动。为了"集中力量打歼灭战"，必须组织强大的工作队。全省组织了一支6万人左右的农村社会主义教育工作队和一支2万人左右的城市社会主义教育工作队，以后随运动的深入发展，逐步壮大这支队伍。要求机关干部除老弱病残和其他不适宜参加工作队的人员以外，区以上机关按三分之一、公社按五分之一、企事业单位按10%—15%的比例抽调。另外，选拔一批优秀的农村知识青年、复员军人、回乡职工以及城市企事业工人和不脱产干部参加工作队。工作队要以开展运动的县、市为单位建立团部，由所在地区的地委书记担任团长。省委抽调7个常委（其中4个书记）和65个部委、厅局长以上干部下去蹲点，其中少数人担任工作团副团长。与此同时，省委决定成立"农村社会主义教育运动办公室"和"城市社会主义教育运动办公室"，协助省委掌握运动情况，研究有关政策，处理日常工作。

为了认真贯彻中央、毛主席的指示，诚恳接受刘少奇同志对我们的批评教育，省委四届五次会议开始以后，我于9月8日以个人名义给刘少奇同志写了封信，向他报告了全会召开的情况、全省城乡社会主义教育运动的部署，以及根据他的指示，正在讨论对"高沟事件"的处理；同时，再次检讨了省委办公厅通知要各地、市、县委学习我的一篇讲话，是个严重的错误，并由我承担了领导责任。

我的上述信件和省委关于城乡社会主义教育运动部署的报告相继发出以后，刘少奇同志于9月30日给我写了一封信，开宗明义，严肃批评我给他信中关于"在任何时候、任何问题上，我们都必须学习中央、毛主席及中央其他领导同志的指示，否则，将犯更大的错误"等说法，"不完全正确"，是出于对他在北京与我谈话的"某种误解"。由此，提出了"我们应当向谁学习的问题"，并列举当时中央批转各地学习解放军的政治工作、学习大庆油田的建设经验和王光美同志的"桃园经验"等，指出"我们的原则，是向一切有真理的人学习"。信中还说：你是中央候补委员，大区书记之一，又是省委第一书记，职位也是很高的。为什么要各地、市、县委学习你的一篇讲话，就是"严重错误"

呢？问题不在这里。问题在于这篇讲话的内容是不是值得各级干部学习。他认为，我的这篇讲话是"不值得学习"的，"基本上是一篇教条主义的讲话"。其实，少奇同志之所以给我写这封复信，并不仅限于批评"教条主义"。根本的原因，是在于他认为，包括我本人在内的省委领导和江苏许多地、县委的负责人，"都已经严重地脱离实际，脱离群众"，因而在领导工作中，"就不能不犯主观主义的错误"。他在复信中重提，8月中央座谈会期间同我的谈话，说：

> 我和你在北京的那次谈话中，我向你提出了这样的问题，我说：你在抗战时期就是在江苏打游击的，解放以后，你一直在江苏工作，从前你作省委副书记，以后作省委第一书记，也有许多年了。我问你：你了解江苏的情况，是比十年前更多了，还是比十年以前更少了呢？毛主席说，我们有些干部"高官厚禄，养尊处优，骄傲自满，固步自封"，你和江苏的许多同志是不是除外的呢？对于第二个问题，你当时就回答，你和江苏的同志不能除外。对于第一个问题你当时不好回答我，在我作了进一步的解释之后，你最后也承认，你对于江苏社会上当前的许多重要情况，特别是当前阶级斗争的情况，比十年以前是了解得更少了，而不是更多。严重的问题就在这里。

复信联系当时正在开展的城乡社会主义教育运动，还写道：

> 你了解本省的情况，很多是老的情况，大部分已经过去了。你对于已经发生了很大变化的新的社会、政治、经济、思想和党本身的当前的情况，并不是了解很多，而是很少，或是了解得错了。你实际上比过去了解当时的情况更少了，但是你自以为比过去多了。对于外省的先进的经验也觉得没有十分必要去认真学习。因此就骄傲自满，固步自封。你们必须重新了解本省的情况，重新组织革命的阶级队伍，才能进行当前的革命斗争。

57

　　少奇同志在信中认为，"这个问题不仅是你们那里有，中央许多部门，许多负责同志，许多省、市、自治区党委，地委、县委的负责同志不同程度都有这个问题"。于是，他通过这封信，将7月份在南京讲话时就提到过的"到底是你们省委、地委、县委领导基层干部更多一些，还是基层干部领导你们更多一些呢？"这样一个问题，重新提了出来，并且认为"是基层干部领导你们更多一些，而且是那些不大好的基层干部领导你们更多一些"，"你们常委是接受一些不好的基层干部的包围和领导"。他还以亲自主持修改"后十条"为例，强调各级领导干部要"下决心长期下去蹲点"，要"直接地去接近群众"，倾听多数群众特别是贫下中农的呼声，而不是只听基层干部的汇报。按照信中的说法，这样做，"就可以解决框框问题，即教条主义和经验主义问题"；不这样做，"则官越大，真理越少，官做得越久，真理也越少"。

　　少奇同志最后要求，把他这封信"送给江苏省委常委各同志阅读，并在适当的时候在省委会议上讨论一下"，提出意见，然后将讨论情况向他报告。

　　我接到刘少奇同志这封信，感到问题越来越复杂，越来越严重。立即召开省委常委会议，原原本本宣读了这封信，并表态接受少奇同志的批评，要求常委同志联系我的思想作风和工作开展批评，并遵照少奇同志信中所嘱，建议将此信扩大印发省委各委员、省委各部委、省人委各厅局党组和地、市、县委常委同志学习和讨论，对我提出批评和意见。省委常委会认为，"少奇同志的批评，不只是对江渭清同志个人的，同样也是对省委所有常委同志和各级许多领导干部的"，一致同意我的建议。10月15日，省委发出《印发刘少奇同志答江渭清同志的一封信》的文件。16日，省委常委正式开始学习少奇同志的信。20日，中央发出《关于认真讨论刘少奇同志答江渭清同志的一封信的指示》，批转省委印发的少奇同志这封信及附件（包括我给少奇同志的信）。在此期间，中央还批转了《李雪峰同志给少奇同志的信》，要求在"四清"运动中开展"反右倾"。省委即于10月19日至26日，召开地、市委书记和社教工作团正、副团长参加的常委扩大会议，讨论贯彻"反右倾"精神。28日，省委常委会复会，学习和讨论少奇同志的信。我在会上作了检查。常委同志开展了批评与自我批评。省委常委会议结束以后，我于11月12日向刘少奇同志写信报告了学习和讨论他这封信的情况，附报了我在省委常委会上的检查。16 日，少奇同志给我复信，认为"态度是好的"，"检查还不深刻"，再次希望我和省委其他同志，"凡能够蹲点的都去认真蹲点"，并要求在"蹲完一期点，取得了一些经验之后"，再开常委会，进行学习和检查，以便提高认识，"逐步克服脱离实际、脱离群众的状态"。

为贯彻刘少奇同志的这些指示精神，省委于 11 月 18 日在向中央、华东局上报《中共江苏省委常委学习讨论〈刘少奇同志答江渭清同志的一封信〉的报告》的同时，向县委以上各级党委发出了这份《报告》和我在省委常委会上的检查，要求县委以上的领导干部继续学习和讨论少奇同志的这封信，对我和省委其他同志提出批评。

这就是曾经转发全党，并对江苏和全国"四清"运动有过相当影响的《刘少奇同志答江渭清同志一封信》的主要内容和大致经过。

六、贯彻"二十三条"

那么，刘少奇同志在给我的第二次复信中，为什么既肯定我"态度是好的"，又认为"检查还不深刻"呢？

这是因为，我在省委常委会上作的"初步检查"中，虽然表示"毫无保留地接受少奇同志的批评"，但只是一般地检查了 5 月中央工作会议以后，"特别是 7 月少奇同志来南京作了极为重要的指示以后，自己对于中央、主席和少奇同志的指示接受不快，领会不深、不全，没有在实际工作中迅速地、全面地反映出来"。具体来说，表示"接受"这样几个方面的批评：一是对全省城乡社会主义教育运动的成绩和经验，估计有错误。省、地、县三级领导干部未能认真蹲点，自始至终把一个点里的运动搞完，结果，"不了解情况，自以为了解情况；没有经验，自以为有经验；搞失败了，自以为有成绩"。二是对运动的部署有错误。第二批运动基本没有搞开，我们却要"善始善终"结束。结果就不能像刘少奇同志指示的那样，把重点放在如何重新了解情况，重新发动群

"四清"运动亲历记

众，重新组织革命的阶级队伍，重新进行试点，重新取得经验，把运动重新搞起来；而是把重点放在如何结束第二批运动，"舍不得重新部署"。这实际上是要"自己另搞一套"。三是对运动中的突出问题，如涟水"高沟事件"，"认识不鲜明、不坚定，措施不果断，处理抓得不紧"，没有像少奇同志指示的那样，坚定地明确地指出这是严重的反党、反人民、反社会主义性质的"现行反革命事件"，因而在对此事的批语中"含糊不清"，说成是"客观上纵容包庇了坏人坏事"，"实质上是反对社会主义"，没有着重地强调放手发动群众，大张旗鼓地镇压现行反革命的破坏活动，也没有明确指出要追查上面的根子。四是 8 月中央座谈会以后，我虽然在省委常委会和省委四届五次全会上，传达了少奇同志在北京与我谈话的主要内容，但没有认真贯彻他反复强调的"反右倾"精神，特别是"没有很好联系本省实际情况，进行分析，没有真正认识到右倾思想是当前党内的主要危险"。

我的上述表态和检查，得到了省委常委的一致赞同。省委还按照我检查的几条，向中央、华东局作了学习少奇同志一封信和贯彻"反右倾"精神的检查报告。当时，除由华东局派夏征农同志前来参加省委常委会议以外，中央还派了薛暮桥、张彦两同志来江苏检查和指导"四清"运动，并曾写信批评我和省委的检查"笼统"、"一般化"，没有"把认真讨论少奇同志答江渭清同志的信同反右倾结合起来"，没有"抓住省委在指导运动中的一些突出的错误事件进行分析和解剖"，没有"对省委过去提出的一些错误的条条杠杠进行系统的批判"，一句话，省委没有"主动揭盖子"。这也正是刘少奇同志之所以要我下去蹲点一段时间以后，再认识和检查"错误"的原因所在。

就在刘少奇同志给我第二次复信一个月以后，即 1964 年 12 月，第三届全国人民代表大会第一次会议在北京隆重开幕，刘少奇当选为国家主席。在此期间，举行了中央政治局召集的全国工作会议。

如前所述，8 月中央座谈会结束后，我就到句容蔡巷大队蹲点了。那时，省委组织了社教工作团，由省委常委欧阳惠林担任团长，宫维桢、胡宏等同志都曾参加过工作团的工作。省委的日常活动，包括书记处的一些会议，就由省委其他同志来蔡巷与我沟通或交换意见。可能由于我在蹲点的缘故，这次中央政治局召集的全国工作会议，各大区书记、省委书记，华东地区包括魏文伯、谭启龙、江华等同志，都到会了，但未通知我参加，准备由陈毅同志到华东局来向我传达。后来是会议开始时，毛主席叫通知我赶到北京参加会议的。

会议于 12 月 15 日正式开始。主要议题是，讨论和研究全国"四清"运动，特别是贯彻"双十条"以后出现的新情况和新问题。1965 年 1 月 14 日通过了《中共中央政治局召集的全国工作会议讨论纪要》。这个文件，就是由中共中央印发，一直张贴到城乡基层的《农村社会主义教育运动中目前提出的一些问题》，共分 23 题，所以简称"二十三条"。它明确规定，"上述各条，原则上也适用于城市的'四清'运动"（从此不再称城市"五反"）。过去的中央文件，包括"双十条"在内，凡与"二十三条"有抵触的，一律以"二十三条"为准。这样，"二十三条"就成为指导全国城乡"四清"运动的纲领性文件。

会议期间，毛主席曾找我谈话，问到刘少奇同志对我批评，检讨了没有？我回答说，开始不检讨。少奇同志给我写信以后，作了检讨，但不深刻，还要再检讨。

毛主席听我这么说，就以他惯有的幽默口吻，说：没有什么了不起，就是这么回事。你感到批评对的，就检讨；不对的，就申诉；申诉还解决不了，就等历史作结论。

毛主席还曾当着我和刘少奇同志的面说："少奇同志给你的一封信，是错误的。你的意见是对的，少奇意见是错的"。

尽管毛主席给我平了反，我和省委其他领导同志，还是一如既往地尊重少奇同志，认真地对待少奇同志对我们的批评，用以鞭策自己，改进工作。直到 1965 年 11 月 16 日，毛主席来江苏视察战备和全省工作，找我和陈光同志谈话时，我们汇报了要按照毛主席关于反对固步自封、骄傲自满的指示和少奇同志答复我的一封信的精神，进一步检查省委的思想作风。他老人家听了惊讶地问："你们还要作检讨？"我诚恳地回答说："主席的指示，少奇同志对我的批评，给我教育很大，每检讨一次就有一次收获"。毛主席说：好嘛，你们就检讨嘛！接着他叮嘱：检讨也要"一分为二"，不要说得一无是处。

检讨也要"一分为二"，显然是针对少奇同志的批评信而言的。再回过头

61

『四清』运动亲历记

看当时，在中央政治局召集的全国工作会议讨论和制定"二十三条"的过程中，最为大家关注的，就是关于"四清"中提出的矛盾性质和运动的搞法，由此暴露了毛主席与刘少奇同志之间存在着严重的意见分歧。毛主席曾对少奇同志指导"四清"的一些提法和做法，提出了尖锐的批评。不过，我们各省工作的多数同志是从搞好"四清"运动的正面意义上理解毛主席的批评，学习毛主席提出并被写进了"二十三条"的那些重要提法和意见的。例如，关于矛盾的性质，不是"四清"与"四不清"的矛盾，而是"社会主义与资本主义的矛盾"，我们在思想上是赞同的。对于首次出现于"二十三条"的"这次运动的重点，是整党内那些走资本主义道路的当权派"，我们当时只认为主要是针对城乡基层那些"四不清"干部说的，没有也不可能料想到沿着这个思路竟会导致产生"文化大革命"那样严重的灾难性后果！

我从北京返回以后，立即召开了省委工作会议，传达贯彻中央政治局召集的全国工作会议精神。1月22日，我在省委工作会议结束讲话中，结合自己参加会议的感受和学习"二十三条"的体会，从江苏实际情况出发，"一分为二"地分析了形势，明确指出：不能因为城乡"四清"运动中揭发了严重的阶级斗争，而否定当前大好形势。全省工农业生产、财贸市场的情况，都大大好于"四清"开始时的1962年。在城乡社会主义教育运动中，大批领导干部下乡下厂蹲点，坚持"四清""三同"（即同吃、同住、同劳动），发扬了我党密切群众的优良传统，促进了各级干部作风的转变，"四清"运动的成绩是显著的。这就在广大干部中，澄清了刘少奇同志来南京讲话和给我的一封信以后，在对形势和"四清"成败估计上的一些混乱认识。

根据"二十三条"的精神，我还对"讨论少奇同志一封信"和贯彻"反右倾"精神以后全省城乡"四清"运动出现的问题，作了自我批评。首先强调对"四清"运动的性质，应统一到"二十三条"的提法上来。我在蔡巷蹲点期间，工作队曾参照中央批转广东省委的一个报告，提出"四清"要解决的主要矛盾，是"农村中正在形成的特权阶层同广大群众，特别是贫下中农的矛盾"。这是错误的，事实上并无这样一个"阶层"。这样提法，容易混淆矛盾的性质，扩大打击面，应予纠正。

第二，关于干部问题。我强调指出，如何正确估计基层干部状况和如何正确对待基层干部，这是一个问题的两个方面。对他们肯定一切和否定一切，都是片面的，不对的。必须按照"二十三条"，"一分为二"地全面看待干部，肯定干部的多数是好的和比较好的。不能把他们说成"漆黑一团"、"一无是处"。即使对犯有"四不清"错误的干部，也要实行党的"惩前毖后，治病救人"的一贯方针，重在说服教育，讲究批评的方式方法，退赔和处理要"合情合理合法"。

第三，关于工作方法，要求所有"四清"工作队，必须坚持走群众路线，依靠"两个大多数"（即群众大多数和干部大多数）。对"扎根串联"的那套做法，明确提出了不同意的看法。我认为，"搞扎根串联，只在少数人中间转圈子，丢掉了大多数，这是一种神秘化的冷冷清清的做法"。只靠少数人在上面发号施令，而不是通过"四清"运动发现和培养积极分子，形成基层领导核心，这是不可取的，不能再这样搞了。

第四，关于"集中力量打歼灭战"。我认为，贯彻"打歼灭战"的原则是一回事，"集中力量"过多是另一回事。当时，省、地、县派出工作队已达 7 万多人。如此"大兵团"集中在少数几个县"打歼灭战"，显然是搞绝对化了，并讲了省委对集中过多的城乡"四清"工作队，作适当调整的意见。

最后，我还对省、地、县各级的领导方法，提出了要求，这就是点与面要兼顾，抓好面上的工作。"二十三条"指出，全国范围内，"四清"运动重点以外的面占绝大多数。江苏也是这样，开展"四清"的重点县只有 7 个，90%的县都还没有开展"四清"。做好面上的工作，这是决定全局的。我重申"四清"运动要自始至终抓生产，要通过"四清"使工农业生产和其他各项工作都得到进一步发展。各级领导干部，除蹲好一个点以外，必须加强对面上工作的领导。

省委工作会议结束以后，我就前往蔡巷，听取了句容社教工作团举办骨干训练班的汇报。在训练班上，我讲了学习"二十三条"的体会，特别是对"四清"的标准问题、干部问题、工作方针和领导方法问题、集中力量打歼灭战等问题结合实际，讲了我的看法。我强调一定要坚持按照"二十三条"规定的六条标准检查"四清"是否达到了要求，缺一条不行。我最担心的始终是"四清"

"四清"运动亲历记

后增产还是减产，这是个杠子、实杠子，是看得见、摸得着的，任何大话空话都掩盖不了，所以感到压力很大。我再三告诫大家务必把生产抓得很紧很紧。

再一个重要问题是要"一分为二"看干部。对他们的错误要凭事实说话，既不缩小也不扩大，实事求是地作具体分析。我举例说，基层干部在办食堂时搞强迫命令，群众意见很大。实际上，食堂是我们叫办的，强迫命令是上面瞎指挥引起的，就不能怪基层干部。诸如此类的问题，要分析其根源，领导上要恰如其分地挑担子。对犯有错误的干部，要注重说服教育，前阶段"反右倾"，有人提意见，说我江渭清要求对犯错误的干部"一次说服不了，两次；两次说服不了，三次、四次"，这是"右"。还说我江渭清右倾的根子，主要是因为思想上有个"换思想不换人"的"框框"。我说，不说服教育，光压光打，行不行？不帮助改造思想，把所有的人都换掉，行不行？所以，不仅要正确估计干部队伍状况，还要正确对待干部，包括犯有轻重不等错误的干部。否则，就会犯扩大化的错误。

我在讲话中再次本着自我批评的精神，对在句容县和蔡巷大队"四清"中曾贯彻中央批转的"桃园经验"，搞"扎根串联"，作了检查。说明那种做法是土改时提出来的，那时候在贫雇农中扎根串联，是为着反对地主。今天如果只讲在贫下中农中扎根串联，那就只能是反对我们的干部了。结果，不仅把基层干部撇到了一边，往上延伸，就会连地委书记、县委书记都不敢靠了。这样搞下去，势必上下之间、同志之间互相不信任。所以，"二十三条"不提"扎根串联"，强调要走群众路线，要依靠群众大多数和干部大多数，包括犯错误的干部。还有运动中"查三代"，如果查下去，不光机关干部，就连贫下中农也没有几个"纯"的了。我还结合讲了领导方法，指出各级领导干部蹲点，要同调查研究结合起来。还要注意点面结合，个别与一般相结合，领导与群众相结合。要坚持唯物论的反映论，端正思想方法，克服绝对化、片面性、形而上学；有右反右，有左反左。对前一阶段"四清"中出现的缺点和问题，要由领导上首先是我承担责任。

在省委工作会议以后，市、县各级也召开相应会议，宣传贯彻"二十三条"。3月初，省委向中央、华东局作了《关于各县召开四级干部会议学习

"二十三条"的情况报告》。4月中、下旬，省委召集在江苏蹲点的中央、华东局机关和军队的负责同志，各社教工作团长，各地、市委书记参加的工作会议，总结了农村"四清"运动的基本情况，以及取得的成绩和体会，并按照"二十三条"的精神，对今后的运动提出了原则意见。总的要求是，坚持六条标准，争取搞得快一些，打算再用大约三四年时间，分期分批搞完全省农村"四清"。为此，我们重新提出了要既好且快地开展农村社会主义教育运动的要求。到1965年7月底8月初，全省有7个县、88个公社、12个县属镇和徐州、南京等市的323个单位结束"四清"。接着，新的一批开展"四清"，有14个县（包括上批未搞完的6个县），7个市的郊区，251个公社、17个县属镇。已经结束和这一批新开展"四清"的县市，共占全省总县数的23%，11个市同时开展城市"四清"，共850个单位，37万职工，占全省职工总数的35%。

1965年11月4日至12月6日，省委召开四届七次扩大会议，我在会上传达了中央工作会议精神，要求总结三年以来的工作，正式提出"工业学大庆，农业学大寨"的口号，并传达了中央书记处指示，"四清"运动必须坚决地、认真地搞好。运动中一些具体政策，由各省、市、自治区党委自己决定。接着，于12月10日至16日召开了中共江苏省四届代表大会三次会议。我在大会结束时的讲话中，对当时刚刚提出的所谓"突出政治"，讲了自己的看法，认为必须落实到贯彻"二十三条"，搞好城乡社会主义教育，抓好当前生产上。重申各级干部和"社教"工作队员，都必须抓生产，大忙时一定要以生产为中心。

江苏"四清"运动后期在"二十三条"的指导下，纠正了某些"左"的错误做法，这是得人心的。但总的来说，"四清"是在"以阶级斗争为纲"的指导思想下开展的，消极因素还是很多的。值得庆幸的是我们在运动领导的掌握上，始终强调"运动、生产两不误"，从省到县建立了抓运动和抓生产的两套班子。所以，直到"文化大革命"爆发为止的几年时间内，全省工农业生产和其他各项建设事业，一直保持良好发展的势头。

（摘自江渭清：《七十年征程——江渭清回忆录》，

江苏人民出版社1996年版，第464—507页）

"四清"运动亲历记

回忆"四清"运动

曾　志

　　1964 年年底，中央召开了工作会议，我已经调到省委分工负责工交企业，也参加了。这一年，中央已明确决定，主席退居二线，国家主席由刘少奇担任，党内一线工作也由刘少奇主持。所以工作会议的大部分工作都是刘少奇做的。会议期间，少奇同志让陶铸去跟李雪峰同志讲一下，由李雪峰出面召开一个会议，听王光美介绍"四清"运动中的"桃园经验"。参加会的绝大多数同志都去听了，江青则在屏风后走来走去地听着，看样子江青对此不满意。

　　这次会议，主席没有出面就结束了。会后江青请我和陶铸在人大小礼堂看《红灯记》，开演前，在休息室见到了主席。主席问陶铸："你们的会开完了吗？我还没参加呢就散会啦？有人就是往我的头上拉屎尿！我虽退到二线，还是可以讲些话的嘛！"我和陶铸，其实已隐约感觉到了，主席说的"有人"二字，这个"人"恐怕就是指刘少奇，但是我们不敢相信，也不愿相信。主席又问陶铸："你们开会的人是不是都已经走了？""有的走了"。"告诉他们走了的赶快回来！"主席斩钉截铁地命令道。

观看《红灯记》时，江青对陶铸说："有人反对京剧改革，我就是要搞京剧改革！"又是一个"有人"！但这又是指谁呢？我和陶铸都不敢去多想。

参加中央工作会议的各省书记们，又都被召了回来。这次是由主席亲自讲话，他不紧不慢，却相当严肃地说："'社教'只讲'四清'（清政治、清思想、清经济、清组织），没有阶级立场，没有阶级分析。关键的是要清查新生的资产阶级，新生资产阶级有的在党内，也有的在党外；有在台上的，也有在台下的；有前台的，也有后台的"。（大概意思如此）这是什么意思？大家都感到问题严重，跟不上主席的思想。主席怎么说就怎么做便是了。

这次会后，重新制定了农村社会主义教育运动"二十三条"。

会议刚开完，恰逢主席寿辰。汪东兴和江青操办了寿宴，请了一些参加会议的同志来吃饭，一共三桌。我和陶铸、李富春及胡耀邦是最早到的一批。不一会儿主席走了进来，他环视了一下四座，说："东兴同志讲罗长子（罗瑞卿）和陶铸让我请客，好嘛，今天我就来请。李敏要同我来，我说你不下乡，李讷呢，李讷下去搞'四清'了，她没有资格来"。

突然，主席扭头对坐在身旁的李富春说："你们什么事情都不向我讲，你们搞独立王国！"主席不像是在开玩笑，室内的气氛顿时就紧张了起来。我们相信，这决不是批评李富春。幸好这时江青过来招呼大家入席，她将钱学森、陈永贵、董加耕和邢燕子安排在主席左右；罗瑞卿、陶铸和我也分在这一桌；而刘少奇、胡耀邦、李富春和各大区书记以及江青自己，则分坐另外两桌。吃饭过程中，主席一边喝酒，一边谈话，这晚话说得格外多，很多话是"话中有话"，时间久远了，我已记不全主席谈话的内容，但有句很厉害的话我却至今记忆犹新，那就是"有人搞独立王国，尾巴翘得很高"。那晚丝毫没有寿宴的气氛，个个都紧张而困惑，主席这是怎么了？室内一点声音都没有，安静得怕人，只听主席一个人在那儿嬉笑斥责，根本不敢去做任何的猜想。陶铸后来说："我们那时哪敢往少奇身上想啊！"不幸的是，主席矛头所指，恰恰就是刘少奇。而一年多后，1966 年，终于爆发了旨在打倒刘少奇的"文化大革命"。

散席后，主席才向钱学森和陈永贵介绍我："曾志同志，井冈山的，现在

67

井冈山没有几个人了"。

（摘自曾志：《一个革命的幸存者——曾志回忆录》，
广东人民出版社 1999 年版，第 431—433 页，题目为编者所加）

华北地区

河北新城"四清"运动

张承先

我在河北省委工作期间，亲身经历了一件具有全国性影响的事，这就是河北新城的"四清"运动。这场县一级的"四清"运动对全国"四清"和"二十三条"的产生，有着重要影响。

（一）河北"四清"运动发展的过程

1963年，河北省保定地委在农村开展社会主义教育和整风整社运动中，进行了"四清"（清仓库、清账目、清财务、清工分），解决农村基层干部"多吃多占"问题和开始出现的"贪污盗窃"现象，这对改善干群关系，改进社队的领导管理，收到了良好的效果。这年4月，保定地委写了关于在农村进行"四清"的报告，邢台地委写了关于建立贫下中农组织的报告。这两个报告受到了毛主席的重视，批转全国。由此在全国农村开展了"四清"运动。

对广大农村干部和群众进行社会主义教育，一直是毛主席关心的一个大问题。八届十中全会以后，他更加重视研究农村如何进行社会主义教育。毛主席把在农村进行"四清"运动提到反修防修的高度。他总结各地经验，亲自主持制定了《关于目前农村工作中若干问题的决定》，于1963年5月20日下发，后被简称为"前十条"。其主要内容是：①坚持马克思主义的认识论。他强调要深入进行调查研究，并发表了《人的正确思想是从哪里来的?》这篇重要论述。②强调阶级斗争。他认为中国社会出现了严重的尖锐的阶级斗争，有些地方的社队领导权，实际上已经落在地主、富农分子手里。③防止出现修正主义。他明确指出如果不搞阶级斗争、生产斗争和科学实验，那就不要很长时间，马列主义的党就一定会变成修正主义的党，整个中国就要改变颜色。④充分发动群众，依靠贫下中农，建立贫下中农组织和革命队伍。⑤进行"四清"，解决干群之间的矛盾，但在运动中要团结大多数，让多数人"洗手"、"洗澡"轻装上阵，退赔要合情合理。关于团结的比例，明确提出要团结百分之九十五以上的干部。⑥干部要参加劳动，转变工作作风。⑦不要性急，要训练干部，经过试点，有领导、有步骤地进行社会主义教育运动。⑧运动的目的是建立一个好的党，好的干部队伍和美好社会。

在贯彻"前十条"中，出现了一些违反政策的现象。根据毛主席的指示，中共中央又于1963年11月发出《关于农村社会主义教育运动中一些具体政策规定（草案）》，后被称为"后十条"。其主要内容是：继续强调抓阶级斗争、防止修正主义，并对团结百分之九十五以上的干部、群众做了许多政策性规定。

关于团结百分之九十五以上的干部，该文件认为这是团结百分之九十五以上群众的一个前提条件。运动应该"依靠基层组织和基层干部"。工作队的任务主要是给基层干部当参谋、出主意，进行指导和帮助，启发基层干部分析问题，确定方针和方法，而绝不能包办代替。对基层干部，总的精神是教育为主，在具体做法上要划清政策界限，做好教育工作。在经济退赔和组织处理工作中，对给处分的干部要坚持实事求是，处分的面要严格控制。

关于团结百分之九十五以上的群众，文件强调：第一，必须分清敌我矛盾和人民内部矛盾的界限，并且正确处理人民内部矛盾；第二，必须团结中农特别是正确对待上中农；第三，正确对待地、富、反、坏分子问题；第四，正确对待地富子女。为了达到这些要求，文件提出了许多政策界限，明确规定：除个别情况特殊的地区以外，都不要重划阶级，不需要一般地进行清查漏划地主、富农分子的工作。"后十条"还强调要结合社会主义教育运动，整顿农村党组织。

毛主席强调领导干部都要下去宣讲"双十条"，使中央的"社教"运动精神和运动中的方针政策，直接和广大基层干部群众见面。"双十条"的广泛宣传贯彻，得到了广大干部和群众的拥护。

刘少奇同志非常重视农村的"四清"运动，把在农村开展"四清"运动看做是反修防修的重要措施。他认为靠听汇报、看材料未必能获得实际情况，力主领导干部亲自下基层蹲点。他派王光美同志到河北省抚宁县卢王庄公社桃园大队蹲点，探索一个公社在公社、大队、生产队三级同时开展"四清"运动的经验。1963年7月初，河北省委召开工作会议。会议期间，刘少奇同志到河北省视察。省委请刘少奇同志给大会作报告。少奇同志说：我没有什么可讲的，光美同志有些经验可以在会上讲一讲。7月5日，王光美同志做了关于桃园"四清"运动经验的报告。报告中强调了农村阶级斗争的严重性，说桃园党支部基本上不是共产党，是一个反革命两面派政权，支部书记是一个钻进党内的"坏分子"。"四不清"干部对付工作队的办法是"喂、顶、拖、混"，要想办法摆脱他们。要找真正可以依靠的根子，实行扎根串联，组织阶级队伍。群众敢不敢起来，就看工作队对基层干部的态度，"点头哈腰都有阶级斗争"。她还指出犯有严重"四不清"错误的干部，在上面都有根子，只注意下面的根子、不注意上面的根子是不行的，应该切实查一下上面的根子。王光美同志的报告在干部中引起了很大的震动。抚宁县委书记感到压力很大。许多干部特别是在第一线工作的县委书记有些议论，对报告的提法有不同意见。当时主持会议的省委书记刘子厚同志，在报告结束时高度评价了这个报告，说是一个"马列主义的报告"，使人吃了一惊。会后，当少奇同志问到对报告的反映时，子厚同志回答说"反映很好"。桃园"四清"经验在河北省被认定后，由帮助王光美同志在桃园蹲点的省委研究室干部肖风同志整理，形成了《桃园大队社会主义教育运动的经验总结》。9月1日，少奇同志起草了中央指示，转发了这个"经验"。这就是在全国影响很大的"桃园经验"。有一次毛主席视察经过天津，在同省委谈话中顺便询问"桃园经验"怎么样，当时认为是主席重视"桃园经验"，省委书记刘子厚同志就回答说："很好"。

此外，河北还出了一个"小站经验"。当时陈伯达在天津市（当时属河北省）南郊区的小站公社西右营大队蹲点。他仅凭手摸窗棂上无土为根据，就主观臆断大队支部书记、劳动模范张凤琴为富农，并指责南郊区委书记刘晋峰包庇富农分子，并均给予处分。1963年8月4日，他给中央写信，送上小站地区三个"反革命集团"的社会关系分布网，并附有三个"反革命头子"历史大事记各一份。小站原来是受表扬的先进单位，因此，对陈伯达的这个报告，天津市的干部是有争议的。天津市委在讨论"小站经验"时，感受到了很大压力，被迫按照陈伯达的观点，写出了《关于小站地区夺权斗争的报告》，认定小站地区的政权是"反革命两面政权"。10月24日，中央发出了《关于社会主义教育运动中夺权问题的指示》，并批转了这个报告。

"桃园经验"和"小站经验"在全国影响很大。少奇同志改变了对"双十条"中"后十条"的某些提法的看法。他说，"后十条"关于团结百分之九十五以上干部的规定不那么妥当，强调放手发动群众不够，要修改。对于农村基层干部，开始不能依靠，等问题摸清以后才能依靠。要扩大"四清"的范围，提出"四清"不只是经济方面的问题，而是经济、政治、思想、组织四个方面的问题，统统要搞清。要在运动中集中兵力打歼灭战。少奇同志亲自主持对"后十条"做了修改，即后来发出的《关于印发农村社会主义教育运动中一些具体政策规定的修改通知》。重要的修改和补充主要有七个方面：①增加了毛主席提出的关于衡量社会主义教育运动搞得好还是不好的六条标准。②领导人必须亲自蹲点。要蹲在一个大队，从头到尾做完全部工作，并且要蹲两次。③把放手发动群众放在第一位。是不是放手发动群众和贫下中农，是彻底或不彻底进行运动的根本分界线。④解决群众中存在的问题，必须首先解决干部中存在的问题。团结百分之九十五以上的群众是团结百分之九十五以上干部的基础。⑤整个运动都由工作队领导。⑥民主革命不彻底的地区必须认真进行补课工

73

作。⑦整个运动大体分为两个阶段，第一阶段主要是解决"四清"问题和对敌斗争问题，第二阶段主要是组织建设。这七个方面的修改和补充中最重要的是在第五点，修正草案虽然肯定了大多数农村基层干部是好的或基本上是好的，并把原来以县为单位处分干部一般控制在百分之二以内的规定，改为"一般控制在百分之一左右，最多不超过百分之二"，但对农村干部的问题估计严重得多了。它明确提出：对农村基层组织干部要在扎根串联、调查研究以后，分别情况区别对待，可以依靠的就依靠，不可以依靠的就不能依靠，整个运动都由工作队领导。这样，实际上就把基层组织、基层干部撇在了一边。

1963 年 8 月 16 日，少奇同志给毛主席和党中央写了一封信。信中说，中南各省准备每个县搞一个区或相当于一个区的公社。现在这样分散进行，能否搞深搞透是难于保证的。当时华北局正在北戴河召集河北、山西开会研究"四清"问题。山西省委强调运动要抓两头带中间、以点带面。华北局书记李雪峰同意山西省委的意见。当时河北也没有提出不同意见。接到少奇同志南方来信后，会议展开了讨论。山西省委仍坚持原来的意见。华北局书记李雪峰继续支持山西的做法。在河北省委的讨论中，有的领导同志说少奇同志在河北抓点，搞出了"桃园经验"，河北应支持少奇同志的意见。10 月，中央召开工作会议，专门研究"四清"问题。河北省委书记刘子厚提前让肖风向少奇同志报告北戴河会上争论的情况。少奇同志找李雪峰同志交换了意见。在中央工作会议上，通过了对"后十条"的修正草案，即前面提到的《关于印发农村社会主义教育运动中一些具体政策规定的修改通知》。

（二）在河北省新城县开展"四清"运动的经过

1963 年 10 月，中央工作会议通过了《关于印发农村社会主义教育运动中一些具体政策规定的修改通知》后，少奇同志决定在河北省一个县的范围内，探索以集中兵力打歼灭战的方式开展"四清"运动的经验，并决定王光美同志继续在河北蹲点。经省委研究选择了保定地区新城县作为试点，并让我代表省委陪同光美同志抓新城"四清"的试点。

保定地委集中全区各县力量组成"四清"工作团；由地委书记李悦农任团长，在新城搞"四清"。每个县抽调的干部组成分团，由县委书记任分团长，负责搞一个公社的"四清"。保定地区"四清"工作团先在新城高碑店集中整训，学习中央文件，着重学习"桃园经验"，前后共近四十天。

在整训完毕后，即将进村时，各分团都提出了一个问题要总团答复，就是工作队进村后如何着手工作，即主要是对基层组织应保持一个什么样的态度。总团研究后向我请示，我经过认真考虑，根据历史上土改"搬石头"的教训，提出："对基层组织既不能完全依靠，也不能一脚踢开，要在经过调查研究后区别对待"。保定地委书记李悦农对农村情况很熟悉，有搞"四清"（小四清）的经验，很赞成这个提法，于是工作队就按这个精神分别进村开展工作。

进行整训期间王光美同志不在，在整训完毕分别进村后，她来到了新城。在听了总团对整训情况及进村工作布置的汇报后，她对入村工作的提法提出了批评意见，认为这样提态度不鲜明，对发动群众不利；强调工作队要摆脱基层干部，扎根串联，组织队伍。因此，工作队改变了原来进村工作的布置。当时，干部对新的做法形象地说是："小队以上干部一律推上楼，有枣没枣打三杆"。

在新城"四清"中，王光美同志除掌握全面情况外，还亲自蹲一个生产大队。李悦农和我都分别蹲一个大队。为了联系方便，选取了三个相互临近的村庄。王光美同志在高镇，李悦农同志在温屯，我在麻家营。我在麻家营蹲点中发现，群众对工作队进村来感到不摸底，不知到底出了什么大问题，对小队以上干部都被集训产生了紧张情绪。我们搞扎根串联，而群众多不敢接近工作队，而是躲着工作队，了解情况很困难，运动陷入沉闷状态。我感到把小队以上干部那么多人都甩到一边集训，搞得太紧张，不是办法，而且基层干部都有三亲六友，这些人也都感到压力很大，这是影响群众不敢接近工作队的原因。为了打开这种局面，必须讲明运动的目的和政策，把一些问题不大的干部经过"洗手"、"洗澡"，尽快解放出来。于是召开了解放大会，对一些问题不大的基层干部宣布解放，紧张局面马上发生了变化。群众和问题不大的干部敢于向工

"四清"运动亲历记

作队反映问题了，揭发出大队长的贪污问题。麻家营解放干部、打开局面的经验写成了简报。总团看到后认为这个经验不错，准备推广。就在这时，王光美同志主持召开了高镇、麻家营、温屯三村的碰头会，交流经验。麻家营"四清"工作队队长是省委宣传部副部长徐纯性同志，他问我在碰头会上怎么讲，我说如实汇报。在碰头会那天，光美同志说：请张老师（我化名张健，以河北大学教授的名义出现）先讲。我就让徐纯性同志汇报。当徐纯性汇报到解放干部的情况时，光美同志插话说：这样稀里糊涂地都解放了，还搞什么"四清"。接着让温屯汇报，温屯工作队队长见势不妙，就说温屯没有什么经验，高镇怎样做的我们照样做。光美同志问高镇的做法你们是怎么知道的，他回答说我们曾经派人去了解过，这样就过了关。李悦农同志赶紧通知总团停发麻家营的经验。

后来又遇到一个抽调民工搞水利工程的问题。新城县自然灾害多，生产比较落后，特别是白沟河南北贯穿全境，经多年防汛修堤，河堤高出地面，影响排涝。雨多发生沥涝，雨少又常发生干旱，生产很不稳定。保定地委想借新城"四清"之机，改变当地生产落后的面貌，就提出在白沟河上搞一个涝能排、旱能灌的水利工程。地委向我汇报后，我找到省委书记处中分管水利工作的阎达开同志商议，促成省府批准了这个工程并拨了款。到冬季施工要抽调民工上堤时，光美同志发现了，她批评说：把人都调走了还怎么搞"四清"，并给少奇同志打电话，反映了这件事。少奇同志据此向河北省委打招呼，认为这是对"四清"的干扰。连续发生这样几件事后，刘子厚同志派肖风到高碑店向我打招呼说："你要注意，光美同志认为你不贯彻'桃园经验'"。我听了以后，感到工作很难做。

在新城蹲点搞"四清"时，我彻底和贫下中农实行了"同吃、同住、同劳动"。经过一段时间的紧张工作和劳动，我患了急性前列腺炎，发高烧，根据医生的意见，我回天津住院治疗。我离开之前，李悦农同志感到压力很大，对我说："你走后我怎么办？"他患有高血压病，因精神紧张，上厕所时晕倒在地上，把头碰破了。实际上新城"四清"这段时间，在有些问题上是有争论的。李悦农同志也因此背上了不贯彻"桃园经验"的包袱。

（三）毛主席对新城"四清"运动的批评与
"二十三条"的产生

1964 年 12 月，中央召开工作会议研究、解决前一段社会主义教育运动中出现的一些问题，制定了一个关于农村社会主义教育运动的文件。我出席了这次会议。会议先讨论了少奇同志 12 月 15 日提出的关于农村"四清"、大城市"五反"的几个问题，经过讨论制定了"十七条"。会议就此准备结束了，忽然接到了通知说会议不要散，继续开，原议定的"十七条"停发。

在继续进行的会议上，对"社教"运动的性质和运动的搞法展开了讨论。会上我听到传达说毛主席在一个会上批评了新城"四清"，并点了我的名。他说：张承先我认识嘛，是个好同志嘛。他过去会搞群众运动，怎么现在不会搞了，越搞越蠢了呢?! 集中大批人马搞"人海战术"，学习文件四十天不进村，不依靠群众，扎根串联，结果是"冷冷清清"。他提出"四清"运动一是不要读文件，二是不要人太多，三是不要那样搞扎根串联，要依靠群众清少数人，有则清清，无则不清，没有虱子不要硬找。我听到后思想震动很大，向省委书记刘子厚提出："毛主席批评了我，我应当做检讨"。刘子厚同志对我说："不要检讨了，毛主席还表扬了你嘛! 说你是个好同志，过去会搞群众运动，只是现在不会搞了"。当时我意识到如果我做了检查，会使王光美同志陷于被动。多年后我看到薄一波同志写的《若干重大决策与事件的回顾》，提到 1965 年 1 月 3 日晚，毛主席在一个小型会议上不点名地批评少奇同志，从批评的内容来看，与会议上传达的对我的批评是相同的。这样看来，当时对我的批评实际上是针对少奇同志的。在讨论修改"十七条"的过程中，毛主席对少奇同志提出的"四清"运动的性质是党内外矛盾的交叉、主要矛盾是"四清"与"四不清"的矛盾等观点提出不同意见，认为没有抓住问题的本质，本质应当是社会主义与资本主义的矛盾。毛主席还强调不要在运动中打击面太宽了，要把那些有几十块钱、一百块钱、一百几十块钱的"四不清"问题的大多数干部先解放出来。他说：我提这个问题有点儿"右"，我就是怕搞得太多了，搞出那么多地主、富农、国民党、反革命、和平演变，划出百分之十几二十。如果是百分之二十，七亿人口就有一亿四千万，那恐怕会发生一个"左"的潮流，结果是树敌太多，最后不利于人民。根据毛主席的讲话精神，对"十七条"做了大的修改，内容变成"二十三条"，题为《农村社会主义教育运动中当前提出的一些问题》。在修改过程中，毛主席写了一些很严厉的话，如："不说是什么社会里'四清'、'四不清'矛盾，也不说是什么党的内外矛盾交叉。从字面上看来，所谓'四清''四不清'，过去历史上什么社会也能用；所谓党内外矛盾交叉，什么党派也能用，都没有说明今天矛盾的性质。因此不是马克思列宁主义的"。修改后的文件还强调基层组织绝大多数是好的，要注意掌握政策，团结干部与群众中的大多数，并重新明确了要在团结百分之九十五以上干部的基础上团结百分之九十五以上的群众，重点是整那些走资本主义道路的当权派（包括贪污盗窃、投机倒把）。关于退赔，提出要合情合理，实行减、缓、免政策。当时到会干部认为，"二十三条"纠正了前段运动中出现的"左"的错误。会议结束后，我回到新城广泛传达贯彻"二十三条"，干部群众听了欢欣鼓舞，如释重负，一扫过去紧张沉闷的气氛，很快打开了局面。

当时的"二十三条"在指导思想上仍然带有"左"的倾向，但具体政策、具体作法是反"左"的，否定了"桃园经验"。毛泽东同志在会上就亲自说过："我提这个问题有点儿'右'"。我亲身参加了新城"四清"，从毛主席的批评中受到了很大教育。当时认为，最深刻的经验有三条：（1）我们党已处于执政地位，搞运动必须在党的领导下进行，派工作组到基层只能起参谋作用、帮助作用，不能踢开党委闹革命。（2）必须强调在团结百分之九十五以上干部的基础上，团结百分之九十五以上的群众。团结绝大多数干部是团结绝大多数群众的基础。（3）要特别注意掌握政策，团结干部、群众的大多数，只有这样才能把坏人孤立起来、暴露出来。

（摘自张承先：《张承先回忆录——我亲历的党的宣传和教育工作》，

人民教育出版社2003年版，第114—122页）

我所经历的"四清"运动

王德彰

1964 年上半年,我作为大学四年级的学生,到河北省抚宁县参加了正在全国开展的"四清"运动。40 多年过去了,"四清"工作的一幕幕至今仍萦绕心头。

40 年后说"四清"

"四清"是简而统而言之,其所含全部内容是城市"五反"(反对贪污盗窃、反对投机倒把、反对铺张浪费、反对分散主义、反对官僚主义,亦称"新五反运动")和农村社会主义教育运动。这是我国于 1963 年初至 1966 年"文革"前开展的一场影响很大的政治运动,已写入了 1981 年 6 月 27 日党的十一届六中全会通过的《关于建国以来党的若干历史问题的决议》。

"四清"的提出,源于"阶级斗争"深化的论断。1962 年 8 月,在北戴河召开的中共中央工作会议和 9 月中共八届十中全会上,毛泽东"把社会主义社会中一定范围内存在的阶级斗争扩大化和绝对化,发展了他在 1957 年反右派斗争以后提出的无产阶级同资产阶级的矛盾仍然是我国社会主义的主要矛盾的观点，进一步断言在整个社会主义历史阶段资产阶级都将存在和企图复辟，并成为党内产生修正主义的根源"。(《关于建国以来党的若干历史问题的决议》)他在讲话中分析了当时国内阶级斗争的形势，提出要进行社会主义教育。毛主席的号召发出后，全国各地立即响应。此间，河北省保定地区（当时地委书记是李悦农，他在1976年唐山大地震中罹难）结合社会主义教育最早开展了"四清"，即清账目、清仓库、清财物、清工分；湖南省抓"阶级斗争"也积累了很多经验。1963年2月21日至28日中共中央在北京召开的工作会议上，毛泽东推荐了保定地区的做法和湖南的经验，并确定在城市开展"五反"运动。自此，农村"四清"和城市"五反"在全国城乡广泛开展起来。1964年12月，中共中央规定，城市"五反"和农村社会主义教育统一简称为"四清"运动，"四清"的内容也不囿于保定地区就经济清经济的"四清"，而改为政治含义更高的"清政治、清组织、清经济、清思想"。这场运动一直持续到"文革"风起而自动结束。

对于这场"四清"运动，《关于建国以来党的若干历史问题的决议》中明确作了这样的结论："一九六三年至一九六五年间，在部分农村和少数城市基层开展的社会主义教育运动，虽然对于解决干部作风和经济管理等方面的问题起了一定作用，但由于把这些不同性质的问题都认为是阶级斗争或者是阶级斗争在党内的反映，在一九六四年下半年使不少基层干部受到不应有的打击，在一九六五年初又错误地提出了运动的重点是整所谓'党内走资本主义道路的当权派'。……不过，这些错误当时还没有达到支配全局的程度"。这个结论是客观而中肯的，我作为参加过一段时间"四清"的过来人，对此有切身的体会。但也毋庸讳言，"四清"运动是在"以阶级斗争为纲"的"左"的思想指导下进行的，从"运动的重点是整所谓'党内走资本主义道路的当权派'"这个命题来说，"四清"是"文革"的"序幕"，"文革"是"四清"的继续和发展。

工作队进驻赵庄村

1964 年我正在南开大学中文系读四年级。是年春节过后，我从老家蠡县返校上课。入学后，学校并未安排上课，中文系开大会进行动员，要开赴抚宁县（当时抚宁县隶属唐山地区）参加"四清"运动。继而分班、组学习文件，提高认识，谈感想，表决心。

当时学习的文件主要是"前十条"和"后十条"。"前十条"即 1963 年 5 月《中共中央关于目前农村工作中若干问题的决定（草案）》，"前十条"对我国当时刚刚好转的形势作了"左"的估计，认为中国出现了严重的尖锐的阶级斗争，不抓阶级斗争，就会出现全国性的反革命复辟。认为"四清"运动的开展，是社会主义成败的关键。"后十条"即 1963 年 9 月《中共中央关于农村社会主义教育运动中一些具体政策的规定（草案）》。"后十条"同"前十条"一样，对我国阶级斗争形势作了夸大的估计，在"左"的错误上走得更远，提出在有的地区还要进行"民主革命的补课"工作。对运动的领导，也由原规定依靠基层组织和基层干部，工作队主要是当参谋，出主意，不能包办代替，改为"整个运动都由工作队领导"。还规定要搞访贫问苦，扎根串联，开展揭发斗争。"二十三条"稍晚，是参加"四清"结束回校后才学习的。这三个文件，都是"四清"运动的重要文件，一个比一个"左"。特别是 1965 年 1 月中央文件《农村社会主义教育运动中目前提出的一些问题》（即"二十三条"）中提出的"这次运动的重点是整党内那些走资本主义道路的当权派"的错误论点，成为此后"文化大革命"中把矛头指向党和国家的各级领导干部的理论根据。

我从小生长在农村，后虽在外地求学，但每年寒暑假必回乡和社员们一起下地干活。当年"困难时期"已度过，也不再以"瓜菜代"果腹，农民的心境也好起来，看不出农村有多么复杂的阶级斗争；村干部基本上也是凭工分分口粮，意识不到他们要"走资本主义道路"。通过学习文件，思想上很震惊，没想到农村的阶级斗争形势如此严重，认为中央的部署及时而英明，自己在"阶级斗争"问题的认识上，确实是落伍了。

81

"四清"运动亲历记

当年的大学生，完全是受马列主义、毛泽东思想的教育，提倡做"党的驯服工具"，没有任何杂念邪想，只要党说了，那一定是正确的；认识不上去，只能说明自己的思想有问题；对形势、对党的指示，若说三道四，定会打成"反动学生"而被劳教（当时我们中文系就处理了好几个这样的"反动学生"）。所以，在下乡前进行的学习中，同学们精神振奋，慷慨激昂，争先恐后地发言表态，表示要在"四清"第一线经受大风大浪的锻炼，接受党的考验，誓死为保卫社会主义江山而战。

经过一段时间的学习，中文系的师生整装出发。出发前，在校园主楼北侧举行誓师大会。我代表四年级同学发言表态。发言稿要求简短，从不会写诗的我不知怎么心血来潮，竟然写了一首诗念起来。全诗虽然想不起来了，但有些句子至今还记得，如"党啊，您指向哪里我们就打到哪里"、"大风大浪炼红心"、"刀山火海也敢闯"之类。在当时，这样的句子加上韵脚就是诗。大家严肃地听着，我是越念越劲儿……直至上了奔车站的大轿车，同学们才欢笑着议论开来。有个常发表诗作的同学笑着喊："王德彰，你的诗写得不错啊！'党啊，您指向哪里……'"话未说完，就引得同学们一阵哄笑。

从天津乘火车到秦皇岛，在市政府招待所住一夜，第二天上午乘北去的小火车到杜庄车站（杜庄是公社所在地）。车到后，那里早有五六位先期进驻赵庄的本县工作队员前来迎接。他们热情地接过我们中文系分到赵庄的4名同学的行李卷儿，一路欢声笑语，没走多远就到了赵庄。到村后，村党支部早已给我们在贫下中农家腾好了房子。一时，"工作队又来了天津的4个大学生"的消息在全村不胫而走。

"四清"工作的日日夜夜

驻杜庄公社赵庄的"四清"工作队人强马壮，领队的是本县某区的一位王书记，队员除我们南开大学的4个学生外，还有本县的共青团、妇联干部和中学教师5人，总共10人。负责全公社"四清'工作的是县公安局局长，不常见，他有时来赵庄作作指示，要点"子弹"（下面再详述"要子弹"），当时工作队里传说着他开展对敌斗争的许多传奇故事，人人敬佩。

赵庄在秦皇岛北面，离市区不远。这个村不大，二百来户人家。大都是丘陵地，村里无任何副业（那时也不许有任何副业），村民仅靠种地为生。这个村的民风朴实，待人热情，青年人很活跃，村里呈现着一种热气腾腾的景象，给我留下的印象很深。40多年过去了，至今我还与当年相识的一些青年人有联系，现在他们也都五六十岁了。

我们在赵庄的时候，王光美正在抚宁县卢王庄公社桃园大队蹲点搞"四清"，并催生出后来的"桃园经验"。当时我们并不知王光美在那里搞"四清"，只知桃园大队的"四清"搞得好，创造了许多经验。这些经验不断地传到每个村的工作队，供学习借鉴。所以，当年"桃园大队"不仅在河北，而且在全国的知名度都很高。

工作开始后，驻赵庄的10名"四清"工作队员分成5个小组，首先是访贫问苦，扎根串联，摸清阶级状况，为组织阶级队伍做准备；继而开展"四清"，让社员（主要是贫下中农）对大、小队干部背对背地揭发；接着，工作队员合并成大组，对大、小队干部集中而系统地进行阶级教育，"四不清"干部逐个"洗热水澡"，贫下中农对之开展斗争；最后是进行组织建设。——这几步，说起来简单，而在实际工作中却很麻烦，我们在赵庄搞了4个多月，也没有搞清楚。

我和同班的李瑞金同学分为一个组，根据暗访来的贫下中农名单，偷偷摸摸地入户扎根串联，访贫问苦，有点像电影里的"地下工作者"。但访了许多户，开始戒备心都很大，什么都不说，经再三启发，也都说不出个所以然。有些贫下中农说某某队干部"多吃多占"，或某某有"生活作风"问题，但说得都比较笼统，难以查实。有一次，工作队集中碰头时，谈到了一个意想不到的收获：有少数队干部和社员"开小片荒"，即在一些闲置的丘陵地的边边沿沿，开出三分两分的荒地，自己种粮自己收。当时这是个大是大非问题，开小片荒就是走资本主义道路。于是工作队一一核查，查实后按应产粮的折款定为"贪污"。比如某人开了二分荒地，按每亩产粮400斤计，二分地即产粮80

斤；每斤粮折款 8 分钱，1 年即是贪污 6.40 元；小片荒开了几年再乘以几，即是总贪污数。至于有人开了小片荒是不是真种了粮；抑或种了粮是不是达到亩产 400 斤，不管那些，账就这么算。按这种算法，一一落实到人，但开小片荒的人没有一个承认打了那么多粮食。所以，直到"四清"结束时，这个问题也就有始无终，不了了之。

说实在的，我们 10 名"四清"工作队员在赵庄风风火火折腾了几个月，什么大问题也没有抓出来，更看不出村里有什么"严重的尖锐的阶级斗争"。同时由工作队进行的清账目、清仓库、清财物、清工分，也清不出多大问题。因那时生产队很穷，没有什么家底。清出的问题，不外乎是有少数人开小片荒，生产队干部作风不民主，不下地干活照拿工分等各村都有的共性问题。抓不出大问题，上下都着急。所以，负责全公社"四清"工作的县公安局长有时来赵庄问我们"有什么子弹"，大家都说不出个一二三。公安局长要的"子弹"，是这么回事：即有的村群众背对背揭发出某个队干部的问题后，严格保密，直接告诉公安局长。公安局长即带着这个问题找某个队干部"攻心"，在攻心无果不主动交代问题时，公安局长突然把所掌握的问题甩出，即所谓"放子弹"。如果这个问题属实，一下子就打中了。有时子弹放得还挺准，所以许多人都称誉公安局长破案神奇。但有时揭发的问题并不准，"子弹"也就打不中。有一次公安局长来赵庄，他就很直率地对我们说，有个村给他提供的"子弹"不准，没打中，今后提供"子弹"一定要准确。

在赵庄搞了两个多月的扎根串联、背对背地揭发，运动进行到阶级教育和"四不清"干部"洗热水澡"阶段。为把这个阶段的工作搞好，按照上级的统一部署，几个公社的工作队、贫下中农骨干和所有大、小队干部，都集中到海阳公社（现海阳已划归秦皇岛市）。各村自带粮秣在海阳起火做饭，仅赵庄就浩浩荡荡去了几十号人。

在这次集中进行阶级教育之前，公社就点名让一些有问题的大队干部在大会上作检查发言，赵庄点的是大队长老杨（名字忘记了）。杨队长的问题，主要是作风不民主、有时多吃多占、不干活有时也记工分，没有什么大事。我和他多次接触，并在他家吃过几次派饭，比较了解。他文化不高，人很实在，平时话也不多。因为他的检查发言从某种意义上代表着赵庄"四清"成果，所以工作队很重视，遂确定由我替他写检查发言稿。我当时已是大四中文系学生，写篇文章并不怵，但替别人写检查发言稿却是一个很难完成的任务，因为这类发言必须要有事实，要站在阶级斗争的高度挖思想根源，谈对"四清"的认识，对错误的认识还必须有深度。谈对"四清"的认识这好办，有许多现成的话儿，但老杨并没有多大问题，尤其是他想怎样剖析自己，我更不知就里，所以很为难。找老杨谈，他也说不出什么，只说"你就看着写吧"。我挖空心思，昼夜兼程，费了好大劲儿才完成了这篇大作，也没人审查就交给了老杨。记得那天大会检查发言，老杨手捧稿子，不紧不慢、有板有眼，抑扬顿挫地照本宣科。声音也很洪亮，不像是检查，倒像一位级别不低的领导干部在作报告。他检查发言后，人们反映还不错。散会后，驻另外一个村的一位同学对我说："听说你们大队长的检查发言是你写的，这哪是检查，他不是像作报告吗?"我说:"他本来就没有多大事，你说怎么写?"

在海阳集中几天，生活很紧张，白天、晚上大都安排干部检查，贫下中农忆苦思甜。为深入进行阶级教育，有一天晚上组织大家看戏，是海阳文工团演出的歌剧《白毛女》。舞台上一律用实景，桌椅都是从各家借的，就连喜儿逃跑后藏身的苇丛，也都是真芦苇。扮演喜儿的那位女演员，体态虽稍胖，但扮相非常生活化，嗓音也很好。在"诉苦"一场演唱时，声泪俱下，泪水竟流了满面，相当感人，观众无不动情。这是我有生以来看过的所有京剧、歌剧、河北梆子《白毛女》中最感人肺腑的一出，因为它不像在演戏，倒像把生活场面不加修饰地搬上舞台。

与社员坚持"三同"

在我国，几十年间干部下乡搞运动或开展某项工作，历来都是实行"三同"（即与群众同吃、同住、同劳动），作为 20 世纪 60 年代初的"四清"运动，自然也不会例外。

85

『四清』运动亲历记

这次我们在赵庄，一律住在贫下中农家。当时，谁家住了工作队，是一件很荣耀的事，一是证明自己是贫下中农，二是说明是依靠对象。我住的一家共两口人，其中一位30多岁的青年，还未婚，人极老实，平时没有什么话儿，他和他的老母亲艰难度日。这是一家真正的贫农，在村里人缘很好。不过这位青年人只顾下地干活儿，不问世事，对村干部情况基本不知，自然访贫问苦时他根本说不出什么。

在"同吃"方面，这是我几十年间下乡参加过的历次运动（或工作）中最好的一次，吃得饱，也吃得好。我感觉，个中原因主要是这里民风淳朴，为人热情，不怕吃；还有一个原因是这个村从总体上看并不太贫困。我们入户吃派饭，两人一组，一天换一家（不唯贫下中农，中农亦可），主食馒头、玉米面饼子皆有，管饱，每顿都有菜。尤其是一种叫"焖子"的食品，系由肉汤、肉末加团粉熬制而成，这是在筵席上都拿得出手的佳肴。可能是因为在正月里，派饭时差不多每家都有，至今令我念念不忘。还有一种主食叫大一子，就是把玉米粒碎成小颗粒煮熟，过凉水冷却后再捞出来吃。我有生以来从未吃过这样的玉米食品，感到很新鲜，吃着也很筋道，只是将本来很热的东西冷却后再吃，难以下咽。开始我不好意思说什么，等过了一段时间混熟了，开饭时我向老乡提出："干嘛要把热东西弄凉了再吃？我吃不惯凉饭，能不能不过凉水了？"老乡一听笑了，说："我们这里有个风俗，招待客人时大一子才过水，你想吃热的，中！"自此以后，凡遇上吃大一子，我一定吃热的，别人照吃凉的。那时我26岁，饭量大，每顿都吃得很饱，比大学食堂强多了。每顿饭后，立马放下两毛钱和4两粮票，哪家也不推让。这是制度。

劳动也没什么累活儿，因是开春不久，主要是到村东一片名叫"东山"的丘陵地搂石头，即是把地里的小石头块儿用铁耙子搂出来，以使播种无碍。我自小在家干农活儿，耕耧锄耪样样精通，"搂石头"这样的小活儿以前虽未干过，但干起来可谓小菜一碟。老乡们都说我"会干农活儿"

这个村的青年人思想很活跃，跟形势也跟得很紧。村里有团支部，经常组织写黑板报、唱歌、读报活动，与其他地方一些闭塞的山村不可同日而语。有一次，团支部提出让工作队给村里的团员、青年讲团课。工作队一听，说这是好事，遂指定我来讲。我认真做了准备，从共青团的性质、权利和义务以及共青团员在工作、劳动中应发挥的作用等方面，写了个讲课稿，找个晚上时间就讲起来。但是，让谁听这次团课，工作队却颇费心思，因那时非常强调阶级和阶级斗争，所谓有问题的团员不能参加，不是贫下中农的青年积极分子也不能参加。按这个原则，挑了又挑，选了又选，最后才确定下听课人员名单，让团支部通知到本人。讲课前，有几个青年人闻知名单上没自己，死活不干，找到工作队哭着要求参加，我们只好应允了。晚上在一户农家讲课，前来听课的青年人非常踊跃，炕上炕下都坐满了人，屋外还站着许多人。那天我是侃侃而谈，讲到兴奋处，丢开讲稿大讲刘胡兰、董存瑞……课后不少人说：讲得真好。

"桃园经验" 和一出戏的命运

1964 年 5 月上旬我们回校后，休整几天即复课。因几个月的"四清"工作在头脑中留下的印象太深了，就是复课后我也一直关注抚宁县"四清"运动的进展情况。我与几个青年人的信函往来不断，回忆那段难忘的日子。当年第二学期开学不久，就学习到了 1964 年 9 月 11 日中共中央文件《关于一个大队的社会主义教育运动的经验总结》（即"桃园经验"）。中央的批示中说，"桃园经验"是在农村进行社会主义教育的一个比较完全、比较细致的典型经验总结，在许多问题上有普遍性，值得在全国推广。……虽然那时没有公开讲这是王光美在桃园蹲点搞出的经验，但坊间谁也心知肚明，王光美 1963 年 11 月至 1964 年 4 月在抚宁县卢王庄公社桃园大队搞"四清"，并化名"董朴"，公开身份是河北省公安厅秘书。据说毛泽东当年看了这个长达 10 万余言的讲稿很欣赏，亲自将这份总结批转全国。因为我们也是在抚宁县搞"四清"，"四清"运动的那几个步骤，也与"桃园经验"上讲的大同小异，所以读到这个经验感到很亲切。

"文革"中形而上学已发展到登峰造极的程度。一个人如果站住了，他过

「四清」运动亲历记

去的一切就都是正确的；如果被打倒了，他过去的一切也就都成为错误的乃至反动的。按照这种逻辑推演，因为刘少奇被打倒，王光美必然被打倒；王光美既然被打倒了，那么她那曾以中央文件转发全国的"桃园经验"一夜之间必然首当其冲成为"大毒草"；"桃园经验"既然是"大毒草"了，那么与"桃园"有关的事，自然也就都是错误的或反动的了。如此这般，就由"桃园"引发出一出戏的风波。

说来还真有点戏剧性。当年王光美"四清"蹲点的桃园大队曾发生过这样一件事：桃园大队第二生产队从相距 20 公里的榆关公社某生产队买进一匹高大的"菊花青"马。这匹马虽然看上去膘肥体壮，但它是一匹病马，没多久便露了馅儿。卖马的生产队感到这样做损人利己，有失公德，便向对方提出退款，将马拉回。而桃园大队风格更高，不仅不肯退马，而且还派人拉着牲口支援对方春耕。后来，那匹马果真死了，卖马的生产队执意要退款并另赔一匹马，而桃园大队坚决不收受……这样一件事，不用说当时，就是现在乃至今后也是值得颂扬的社会主义新风尚。所以，当时《河北日报》、《人民日报》均对此作了报道，在全国影响很大。1966 年初，山西省晋剧团根据这匹马的通讯，改编成一出大戏《三下桃园》，歌颂社会主义新风尚。晋剧我没看过，但 1966 年初我却在北京看过北京青年艺术剧院上演的话剧《春风杨柳》，也是演的这件事，只是剧名不同。话剧比戏曲更生活化，至今印象很深。

"文革"中传统戏一律被批为"封资修"，各剧种剧团必须演现代戏。因创演一出新戏很难，山西省晋剧团认为"文革"前夕排演的《三下桃园》主题积极，应继续上演，但为避王光美与"桃园"有关系之嫌，只将剧名改为《三上桃峰》，剧情未变。可他们犯了傻，王光美已经被揪出来了，这个时候怎么还能歌颂王光美蹲点的村的事呢？这不是灯蛾扑火吗？他们的政治嗅觉太不敏感，不但在当地继续上演，而且还拿到北京自投罗网。

1974 年 1 月 23 日至 2 月 18 日，国务院文化组在京举办华北地区文艺调演，山西晋剧团的《三上桃峰》竟然不知天高地厚地去参加"调演"。这出戏在调演中一经上演，立即激起轩然大波，"四人帮"的亲信借此制造了震惊全国的"《三上桃峰》事件"。2 月 28 日，《人民日报》发表初澜的文章《评晋剧〈三上桃峰)》，称《三上桃峰》是《三下桃园》的翻版，是"阶级斗争、路线斗争在文艺上的反映"，是"要为刘少奇翻案"。3月30日，于会泳在文化部批林批孔大会上的讲话中更进一步说，"《三山桃峰》为刘少奇翻案并非无意，而是有人支持、有人批准、精心策划出来的"。调演结束后，还专门将山西晋剧团留下，继续让他们演出以供全国批判。为批判而让演员演"毒草戏"，这也是旷世奇闻，所以演员们在演出中无法进入剧情，被逼得在舞台上哇哇大哭，直至戏无法演下去。因《三上桃峰》的事件发生地在河北，所以同年2月，省会石家庄专门召开批判《三上桃峰》的万人大会，随即在全省掀起了批判《三上桃峰》的高潮。

这还不算完，批判的范围在逐步扩大。由于《三上桃峰》的内容与马有关，所以那个时期凡在新编剧目中出现牛、马、羊等动物的，一律被"挖掘"出来进行批判。如湖南花鼓戏《还牛》，是根据1966年1月27日《人民日报》通讯《两头风格牛》改编的，剧情也是歌颂新社会新风尚，本来与桃园八竿子打不着，却也成了《三上桃峰》的"姊妹毒草"，大受批判。于会泳就说："'还牛'也好，'送马'也好，都是为刘少奇、王光美歌功颂德的一类货色！"

由"四清"而"桃园经验"，由"桃园经验"而"桃园"，由"桃园"而"送马"，由"送马"而"还牛"……一连串的株连，今天看来匪夷所思，但这确实是20世纪70年代初发生在共和国的重大事件。毋庸讳言，对这些批判，当年我都是亲自参加过的。当时有点不理解，"文革"结束后才彻底明白了。

（原载《文史精华》2005年第7期）

89

「四清」运动亲历记

小站"四清"

刘晋峰

中共八届十中全会后，党中央于 1963 年 2 月召开的中央工作会议上，正式决定在全国城乡发动一次普遍的社会主义教育运动，开展大规模的阶级斗争。具体部署为：在农村进行以"四清"（清理账目、清理仓库、清理财物、清理工分）为主要内容的社会主义教育运动；在城市开展"五反"（反对贪污盗窃、反对投机倒把、反对铺张浪费、反对分散主义、反对官僚主义）运动。后来改为城乡社会主义教育运动，统称清政治、清经济、清组织、清思想的"四清"运动。在这场大规模的运动中，天津市南郊区所属的小站地区被陈伯达视为"阶级敌人篡夺领导权、资本主义已经复辟"的典型地区，从 1964 年 1 月至 1965 年 9 月，在这一地区开展了大规模的骇人听闻的阶级斗争，使该地区成为"四清"运动的重灾区。

这场声势浩大的城乡社会主义教育运动的开展，是有着深刻的国际和国内背景的。

1957 年至 1963 年，国际形势发生了巨大的变化。首先是中苏两党交恶，继而中断了党与党之间的关系，两国的关系也下降到了冰点。中苏之间不断发生的矛盾和冲突，促使毛泽东同志认为苏联领导层已经变质，赫鲁晓夫已经背叛了马克思列宁主义和无产阶级革命事业，变成了修正主义。就在国际共产主义运动遭受挫折的同时，美国积极地推行其对社会主义国家的"和平演变"战略，即采取非战争手段，通过渗透和腐蚀，使社会主义阵营逐步瓦解，使社会主义制度向资本主义制度演变。据此，毛泽东主席认为中国也存在着资本主义复辟和出现修正主义的危险。

在国际形势风云变幻的情况下，国内阶级斗争理论也在不断升级。所谓"升级"，大致可以分为4个梯次。第一次，把已被政治上打倒、经济上消灭的剥削阶级重新升级为剥削阶级；把本是人民内部矛盾的一些问题（如所谓"右派"）升级为敌我矛盾；把不同阶级出身的知识分子一律升级为剥削阶级。第二次升级，就是提出"政治思想上的阶级"，即把思想认识的问题一律视为阶级斗争，并且视为"资产阶级向无产阶级的进攻"；第三次升级，不仅把完全正确的意见当成反党言论大批特批，而且把正常的党内意见分歧看成是无产阶级与资产阶级两大对抗阶级的生死搏斗；第四次升级，是"基本路线"的产生和形成，这次升级，把阶级斗争由"当前我国社会的主要矛盾"上升为"整个社会主义历史阶段的主要矛盾"，由一般强调阶级斗争上升为指导一切工作的"基本路线"，由有条件地谈阶级斗争上升到无条件的"年年讲、月月讲、天天讲"，这就为"四清"运动的开展定下了基调。

1962年中共八届十中全会闭幕后，毛泽东主席于下半年即开始了批"三风"的工作。即把当时党内关于国内形势的估计、关于恢复农业生产的办法、关于干部甄别等方面存在的意见分歧和不同主张，斥之为"黑暗风"、"单干风"、"翻案风"，并且用阶级斗争的观点加以分析批判，把斗争矛头直接引向党内和党的领导机关。

1963年2月11日至28日，中共中央在北京举行中央工作会议，讨论了关于在城市开展"五反"运动的内容。在这次会议上，毛主席介绍了湖南开展社会主义教育运动的经验和河北省保定地区搞"四清"的经验。

湖南的经验是指省委在传达贯彻八届十中全会精神的过程中，先是把注意力集中到纠正"单干风"上，继而把"单干风"与"牛鬼蛇神"紧紧相连，

91

"四清"运动亲历记

于 1962 年 12 月起，重点强调"彻底揭开阶级斗争的盖子，针锋相对地展开斗争，教育干部，发动群众，大张旗鼓地起'东风'，打击敌人，遏止'黑风'"，以此"把敌人和黑风整住"（《中共湖南省委关于社会主义教育运动情况的报告》，1963 年 2 月 8 日）。

河北的经验是指保定地委在传达贯彻八届十中全会精神中，先是"克服了自发单干倾向，遏止了'单干风'，继而于 1963 年 2 月开展了普遍的清账、清库、清工、清财"工作。这是"四清"这一特定名词的首次出现。

正是在这次的中央工作会议上，决定在农村开展"四清"，在城市进行"五反"运动。因此，也可以说，农村的"四清"运动是批判所谓"单干风"的继续，是作为贯彻八届十中全会关于阶级斗争理论升级为党的"基本路线"这一重大战略性变更的举措。

对广大农村干部和广大农民进行社会主义教育一直是毛泽东主席关心的一个大问题。早在 1957 年 7 月，即"反右"斗争开始后不久，毛泽东主席就表示："赞成迅即由中央发一个指示，向全体农村人口进行一次大规模的社会主义教育"。1957 年 8 月 8 日，中共中央即发出《关于向全体农村人口进行一次大规模的社会主义教育的指示》。1959 年庐山会议以后，中央再次提出要在农村中进行一次社会主义教育。根据这一指示，从 1960 年起，先后在农村开展了"三反"（反贪污、反浪费、反官僚主义）运动和整风整社运动。1961 年 11 月 13 日，中共中央又一次发出《关于在农村进行社会主义教育的指示》。在八届十中全会上，毛泽东主席为了"反修防修"，突出地强调阶级斗争，再一次提出要进行社会主义教育。

但是，八届十中全会以后，许多地方并没有立即开展社会主义教育运动。1962 年冬到 1963 年初，毛泽东主席外出视察工作，到了不少地方，只有湖南省委的王延春同志和河北省委的刘子厚同志分别在长沙和邯郸向他汇报了这个问题。因此，毛主席认为这个问题还没有引起全党的重视，于是决定在 1963 年 2 月召开的中央工作会议上，重点介绍和讨论这一问题。为了引起与会同志的重视，毛主席接连对湖南、河北省委关于社会主义教育和整风整社运动的两个报告批印会议讨论。2 月 25 日，刘少奇同志讲话时，毛泽东主席插话说：

"我国出不出修正主义？两种可能：一种可能，一种不可能。现在有的人三斤猪肉、几包纸烟就被收买，只有开展社会主义教育，才可以防止修正主义"。2月28日，毛主席又在会上强调："要把社会主义教育好好抓一下。社会主义教育，干部教育，群众教育，一抓即灵"。

此次中央工作会议之后，全国性的"四清"运动便逐步开展起来了。至1964年，中共中央连续转发了河北省抚宁县桃园大队"社教"运动的经验和天津市委《关于小站地区夺权斗争的报告》（后来证明这都是错误的文件），由此加剧了全国"四清"运动急速向"左"转的趋势。

时至今日，"四清"运动虽已过去了30多年，但许多经历过那场运动的人仍感到一种难以忘怀的酸楚。而生活在20世纪末的青年一代，对"四清"运动却感到陌生，许多年轻人甚至根本不知道共和国历史上曾发生过这样的荒唐事。

反思昨天，以史为鉴，无论对现在的人们和将来的人们，都会有所教益。这就是我回顾当年那段历史的初衷。

1964年1月，根据中共中央的部署，开始在全国农村地区开展社会主义教育运动，即"清政治、清经济、清思想、清组织"的"四清"运动，当时我担任中共天津市南郊区委员会书记。1月14日，市委召开郊区区委书记会议，部署"四清"工作。会上，市委决定把南郊区所辖的小站地区（包括小站公社、北闸口公社和小站镇）列为"四清"首批试点单位。会后，市委抽调了大批干部组成了三个"四清工作队"，分别派驻小站地区的3个公社，于1月17日正式开始了"四清"运动。

小站地区位于天津市区的东南，在南郊区的南部，东与葛沽镇相邻，南与大港区接壤，西与双闸乡隔河相望，北连北闸口乡。小站镇以盛产驰名中外的小站稻和从小站练兵起家连出三任民国总统而闻名。

小站地区原是一片盐碱低洼、芦苇丛生之地，很长时间内荒无人烟。公元1871年（清同治十年），时任直隶总督的李鸿章在马厂驻兵，由马厂至新城修筑驿路，并沿途设置驿站，小站即是其中所设一站。

1875年，李鸿章麾下的提督周盛传在小站地区屯田练兵，引水种稻。随

"四清"运动亲历记

着马厂减河的开挖和稻田区的开垦扩大，急需大批劳动力，因此，河北、山东、河南、安徽等地的贫苦农民纷纷移居小站地区，认耕领种、安家立业。与此同时，也有一些地痞流氓和游手好闲之徒趁机流入小站地区。从这一时期开始，小站地区人口日渐稠密。生产力的发展，人口的增加，促进了商业的发展，到 1885 年，又重新整建了小站市，设立了招商局，修建会馆戏楼，从此，小站地区开始兴旺起来。这个地区的村庄，按当时（1963 年）推算，一般只有七八十年的历史，绝大多数居民是从外地迁入的。据统计，小站地区的居民来自全国 15 个省、区、120 多个县，计有汉族、回族、土家族、维吾尔族、满族、苗族共 6 个民族。居民当中，大部分是当年逃荒来的贫苦农民，但也有一些地主、富农到这里来投机冒险。尤其是这一地区比周边地区解放稍晚，外地的一些地、富、反、坏分子和社会渣滓为逃避土改，曾纷纷潜入这一地区，使这一地区成了藏污纳垢之所。

民族的非单一性、籍贯和阶级成分的多元性，使这一地区的人员构成和阶级关系十分复杂。这就是当时小站地区在南郊区乃至天津市都居于比较特殊地位的重要因素之一。

"四清"工作开始后，时任中共中央政治局候补委员的陈伯达即来到天津，直接插手小站地区的"四清"运动。在不足一年的时间内，陈伯达窜来天津达 23 次之多，亲手策划、制造了大量的冤假错案，使一大批干部受到残酷迫害，把小站地区乃至南郊区的工作搞得一团糟，使党的事业和社会主义建设事业蒙受巨大的损失。

一、下车伊始，妄诬清白

1964 年 3 月 5 日，市委书记万晓塘通知我：陈伯达要在天津抓一个"四清"工作试点，已到了睦南道市委招待所，要我去迎接他，并陪他到南郊区去视察。当时在我心目中，陈伯达是中共中央政治局候补委员，是我党的马克思主义理论家，是中央首长。这样的人物亲自下基层抓试点，指导我们的工作，是我们求之不得的事。我立即赶到市委招待所，在市委领导的引荐下与陈伯达见了面。初次见面，陈伯达给我的印象是很严肃，很有些中央首长的架子和派头。慑于他的威严，加上他满口的福建话我也听不太懂，所以我只是跟他握了握手，说了几句表示欢迎的客套话，然后便驱车奔南郊西右营村。

离西右营村还有 1 华里左右的时候，陈伯达忽然下令让司机停车。他下了车，眺望着不远处的村落，嘴里叨叨咕咕说个不停。我听了半天才弄明白，他的意思是不要坐着小汽车进村，那容易脱离群众，让大家步行进村。我当时心里想，到底是中央首长，水平就是不一样。于是，我们在前面走，陈伯达在后面跟着，一行人步行进村。进了村，先一起听了"四清"工作队的汇报，然后来到大队党支部书记张凤琴同志家里。张凤琴贫农出身，是 50 年代初期的村妇代会主任和农业合作社社长，1958 年起担任村党支部书记。由于她工作出色，先后被评为劳动模范和全国"三八红旗手"，是一位很能干的基层干部。在张凤琴家，陈伯达只待了 20 分钟，跟张凤琴谈了一会儿话，又在屋里屋外转了转。张凤琴家当时新盖了三间土坯房，屋子里存有一些稻谷，这本来是几年来实行农业生产合作化、连年增产的必然结果，村里绝大多数社员和家庭经济情况都是这样，丝毫不足为奇。可是，陈伯达回到工作队就武断地下结论说："张凤琴不像贫农，她家比好多社员都富。她当了支部书记发了财，成了全村的首富。双层玻璃暴露了张凤琴。我看她贫农不贫、劳模不劳，是个政治化了的人物"。又说："一眼就可以断定她是敌人，你们搞吧，这不会错的！"陈伯达如此主观武断，是我始料不及的。他到了西右营村，只去了张凤琴家，又没到其他普通社员家里参观，在没有比较和参照的情况下，居然张口就说"她家比好多社员都富"，这个结论是怎么来的？真叫人百思不得其解。可这只是我当时的想法，以陈伯达当时的身份，他的话是没人敢反驳的。于是，在陈伯达这一番讲话之后，驻西右营村的"四清"工作队立即行动起来，根据"中央首长的指示"，匆匆忙忙地拼凑了张凤琴的"十大罪状"，把她确定为斗争的重点对象。

过了几天，陈伯达又要从天津市区到南郊区的坨子地村去视察。我和区委的几个同志专程去迎接并陪同视察。那天正好下着小雨，汽车开到离坨子地

95

『四清』运动亲历记

村约半华里左右的地方时，陈伯达又让停车。还是老一套——步行进村。避免"脱离群众"。因为下雨，地上积水较多。陈伯达一边含混不清地说着什么，一边把鞋和袜子都脱了下来，就那么光着脚绾起裤角步行进村。农村的土路被雨水一冲一泡，泥泞不堪，走起来一步一滑。陈伯达光着脚走这种路，一步一趔趄，简直寸步难行。我跟在他后面，哭笑不得，既不敢劝他上车，又不好让他再把鞋袜都穿上，只好吩咐两位同志一左一右地架着他走，差不多就是把他"抬"进了村。进村后，我给他引见了幸福之路大队党支部书记陈德智，并介绍了一下坨子地村（该村为幸福之路大队所属的一个自然村）的情况，陈伯达听着，也不说话，嘴里不停地"嗯嗯啊啊"地应着，不时打量一下陈德智同志。

不知不觉到了午饭时间，为了表示对中央首长的欢迎与尊重，村里给我们一行人做了几个菜，主食是米饭和馒头。不料陈伯达入座后看看桌上的饭菜却摇头表示不吃这个。我问他有什么忌口，便问他想吃什么，可以让村里的人现做。陈伯达咕咕哝哝地说了一大堆，大意是说下来搞工作不能大吃大喝，并说要吃就吃玉米面窝头。我只好让人去给他现蒸窝头。做好了的饭菜他不吃，我们自然也不能吃，大家就这么坐在那儿干等。过了一会儿，窝头端上来了，陈伯达伸手拿了一个，一块一块地掰开，分给我和在座的其他同志们吃。你一块，我一块，他一块，分到最后，他手里剩下一小块，装模作样地咬了两口就放在了桌子上，这顿饭就算是吃完了。陈伯达不吃了，我们也只好不再吃了。大伙等于都没吃饱，陪着这位中央首长饿了一顿。当天下午回到市委招待所，以"艰苦朴素"、"不脱离群众"为名"拒绝大吃大喝"的陈伯达撕下了假面具，在市委招待所为他而设的晚宴上山珍海味地大吃大喝了一顿，十足暴露了一个伪君子的面目。

在坨子地村吃完了"忆苦饭"，陈伯达又走马观花地转了一圈，回来就发"指示"，下结论，说："姜德玉（前任支部书记）十多年来就是采取一套反革命的两面手法来维持他的统治。他披着共产党员的外衣，戴着劳模的面具，表面上积极走社会主义的道路，实际上却与地富反坏勾结在一起，为反动阶级服务，对群众进行压迫剥削"。陈伯达到底看到了什么、听到了什么？凭什么对一位基层党支部书记、农业生产的劳动模范搞这样的诬蔑？当时我实在是想不明白。说陈伯达是"火眼金睛"，一搭眼就能知道谁是坏人？可是我就算肉眼凡胎，政治敏感性比不上陈伯达，但我毕竟是在南郊区当了十来年的书记（我自1953年起即担任中共南郊区委书记），这些基层党支部书记和劳动模范，都是在公社和区一级党委的培养下成长起来，我认识他们、熟悉他们，平时与他们的接触也比较多，我怎么就没察觉到他们都是隐藏在革命队伍中的"坏人"呢？这种疑问，当时自然是不能讲出来，只是在心里重重地画了一个问号，心情也因此而沉重起来。

陈伯达在坨子地村的一番讲话，被"四清"工作队奉为圭臬，姜德玉同志立即被确定为"四清"运动中的重点斗争对象。

3月31日，陈伯达又来到小站镇。同前两次到西右营和坨子地一样，他只是东转转、西转转，又听了一下驻小站镇"四清"工作队的汇报，当场就下了断言："这个张玉仑（小站镇党总支书记）出身土匪世家，是个混进党内的阶级异己分子"。"张玉仑所把持的政权，是个反革命两面政权，我命令在10天之内、最多半个月内撤掉张玉仑的职务，夺回政权"。这种语言，这种闭着眼睛胡说八道乱扣帽子的霸道行径与两年后开始的"文化大革命"中的造反派语言如出一辙。"文革"中，江青、康生之流采取的正是这种做法——随便给某位干部扣上几顶帽子，然后组织专案人员"量"着帽子的大小给人家罗织罪名。这叫"先定罪，后找证据"。陈伯达的这种恶劣作风在小站"四清"中流毒甚广。经陈伯达一手炮制的三个"反革命集团"的主要成员都是在1964年间就定性处理过的。但是直到第二年才凑出"材料"，强行定案。这种"先定案后处理，然后再凑材料找证据"的做法真是闻所未闻！

在陈伯达的一手操纵下，张玉仑很快就被罢了官。"四清"工作队按照陈伯达的"指示"内容，迅速给张玉仑拼凑材料，编造历史，进行残酷斗争。

二、一手炮制三个"反革命集团"

从1964年3月开始，陈伯达始终亲自指挥小站地区的"四清"运动。他初到小站，只走马观花地"视察"了3个村子，就妄下断言："小站地区像国民党统治区一样漆黑一团，农村没有几个好干部"。据此，他发出所谓的指示说："小站地区80%以上基层的政权不掌握在我们手里，要利用3个月的时间开展夺权斗争"。他发出这个"指示"的时候，小站地区的"四清"工作尚未完全铺开，真不知道那个"80%"的具体比率他是怎么"测算"出来的。而实际上，陈伯达在初到小站时只去了西右营、坨子地和小站镇三个村子。这三个村子，每个村各出了一个"反革命集团"。这就是说，陈伯达关于"80%"的推断还是"客气"的，在他心目中，小站地区真正是"漆黑一团"，是完全烂掉了。

在陈伯达的直接指挥下，小站地区"四清"工作队严格执行"中央首长"的"指示"，小站地区果然有80%的社队干部遭到了撤职、批斗，有的甚至被捕判刑，个别蒙受不白之冤的干部直到"文革"结束后才得到平反。以西右营村、坨子地村和小站镇为例，"四清"时共有干部191人，其中有137人被作为"打进革命阵营内部的阶级敌人"进行大会批斗；整个小站公社共有干部208人，其中136人被大会批斗。仅小站镇就有93名干部被强行送到板桥劳改农场集训、交待问题。西右营和小站镇共有28人被逮捕、判刑或扣留。一时间，小站地区生产停顿、民心惶惶，人人自危，真应了陈伯达的那句话，成了"漆黑一团"。

在陈伯达的指挥下，小站地区的"四清"工作是按以下步骤开展的：先夺权。他认为"80%以上的政权不在我们手里"，因此，亲自指挥策划了3个试点村镇的所谓"夺权斗争"。"夺权"之后，即转入了"清经济"阶段。"清经济"的基本要求和目标，一是经济联系政治，通过清经济划清政治思想界限；二是国家与集体、集体与集体、集体与社员的账目要三对口，做到，账目、单据、表格、物品、款项五相符；三是"一净四透"，即：手洗净，澡洗透，账目、财物、仓库清理透。同时处理"四不清"干部的经济退赔等。

"清经济"时，首先召开动员大会，发动群众揭发村干部的问题，同时要求干部"自我洗澡"（检查交待），干部之间还要"互相送礼"（互相揭发）。问题轻的、态度好的，在大会上检查后可以获得"解放"。检查不主动、不彻底的，请"四清"积极分子帮助"搓澡"，即在小组会上强力挤压问题。然后是查账，由查账小组审核财物管理，纠正违反规章制度的错误做法，揭发贪污盗窃、投机倒把等非法行为。第三步是查证落实，第四步是定案处理，对重点人物进行批斗，做好退赔工作。

"清经济"之后，转入"清政治"。首先进行的是"阶级复议"。当时陈伯达提出：小站地区阶级状况复杂，解放前藏污纳垢，解放后民主革命搞得也不彻底，阶级阵营很不清楚，有许多漏划的地主富农，有的人私自改变出身、成分，有的人甚至冒充贫农。因此要重新进行阶级复议。根据陈伯达的旨意，"四清"工作队组织成立了以"贫下中农协会"成员为主、吸收已过关的一部分干部参加的阶级成分评议小组（也称委员会）。要求各家各户自报阶级成分，填写登记表，写明解放前三年的生产资料占有情况、经营（生产）方式及生活状况。根据自报情况，公布第一榜。然后组织群众进行讨论、评议，重点抓两头，即漏划的地主、富农和错划的贫下中农，据此公布第二榜。第二榜公布后，对因有争议而未定成分的个别户进行调查及再评议，最后将评议结果统一报"四清"分团，经"四清"分团审批后分布第三榜。这次重新划定成分过程中，多数生产队划得过严，除一些领导干部横遭诬陷、被强行打成"地主分子"、"反动富农"和"土匪世家"之外，还有不少普通群众被凭空提高了阶级成分，受到打击和迫害。这次大规模清理阶级队伍后，小站公社戴帽"四类分子"计有902人，仅小站镇就有戴帽"四类分子"55人。对这些人，一般是进行大会批斗后，交群众就地监督改造。对这次被"清查"出来的所谓漏划地主和富农则一律实行扫地出门，其房屋、家具被没收，债权一律废除。对"有破坏活动"的地富分子，实行新账老账一块儿算，层层开会进行批斗，"批倒批臭"后，有的被公安机关逮捕，交法院审判后判处有期徒刑，有的交给群众监督改造。

至于"清思想"工作，则贯穿于"四清"运动的全部过程，通过宣讲"双十条"（中共中央下发的两个文件），清算"资本主义道路"，搞臭"资本主义思想"，使群众提高认识，划清敌我界线，采取人人过关的方式检查资本主义思想和行为。

最后是"清组织"。即整顿党的基层组织，建立领导核心，以"巩固四清

99

『四清』运动亲历记

成果"。由于陈伯达的亲自过问、插手，所谓的"整顿"变成了专整党员干部。据小站公社 76 个生产大队的统计，参加运动的干部有 1268 人，整出犯有各种错误和"罪行"的干部 960 人，改选的支部成员共 105 人，其中连任的只有 37 人。被开除党籍的 28 人，留党察看 15 人，劝退的 1 人，暂缓登记的 21 人，其他处分的 44 人。

1965 年 1 月 14 日，中共中央下发了关于《农村社会主义教育运动中目前提出的一些问题》，简称"二十三条"。文件肯定了农村干部中的大多数是好的或比较好的，要求尽快解脱他们，逐步实行群众、干部、工作队三结合，并指出："有些坏干部是会有集团的，但不把集团划得太多、划得太宽"。这个文件等于直接否定了陈伯达关于"小站地区漆黑一团"的错误估计。但是，即使这样，也未能改变陈伯达对小站地区"四清"工作的看法。南郊区在贯彻"二十三条"后（当时我已被撤掉区委的职务），对干部重新分类排队，并对经济退赔工作也作了一些调整，解放了一批干部。但对陈伯达亲自定的所谓三个"反革命集团"涉及的 246 名干部却一律未作纠正。这三个"反革命集团"的冤案一直延续到"文革"中后期。

"清经济"阶段初期，在组织社队干部"洗手洗澡"、发动群众揭发干部的"四不清"问题时，运动出现了"三岔口"，即群众发动不起来，干部不能自觉地交待问题，工作队思想上产生了苦恼和畏难情绪。致使运动陷入停滞。正是在这样的情况下，陈伯达窜到小站地区，亲自指挥小站地区三个试点单位的"四清"运动。他根本不做调查，就信口胡说"小站地区基层组织严重不纯，不少村子党的领导权落到坏人手里"，"这里的天下不是我们的，或者在很大程度上不是我们的"。他竭力夸大"敌情"，说"小站地区和国民党统治区一样"，要求工作队"当地干部无论好坏，工作队与他们要保持一定的距离，划清界限"。工作队在陈伯达的指挥操纵下，很快完成了开展夺权斗争的舆论准备工作，并进入了实施阶段。

陈伯达认为，要真正搞垮"反革命集团"，夺回党政大权并非易事，靠当时工作队的力量是不够的。因此，他强令中共天津市委收缩其他区县的"四清"工作队力量，抽调人员加强小站地区工作队。3 月下旬，市委陆续抽调了几千名干部加强小站地区"四清"分团的力量，市委书记王亢之、市委宣传部副部长方纪以及市公安局长江枫同志等带领 50 名干警也来到小站地区投入"四清"运动。在陈伯达的授意下，《红旗》杂志社编辑部抽出 10 多位同志来到小站地区，帮助搞"四清"。小小南郊区，仅"四清"工作队员即达 5000 余人。

三、"张凤琴反革命集团"的炮制

张凤琴出身于贫农家庭，解放前当过童工、讨过饭，后到西右营村当童养媳。她苦大仇深，政治觉悟较高，在土改工作中表现非常积极，被吸收入党。1952 年，张凤琴积极响应党的号召，组织了两右营村第一个农业生产互助组，转年又组织了西右营第一个初级合作社，先后担任村、乡妇联主任，初级社、高级社社长以及中共天津市南郊区区委委员、市妇联执委等职务，曾出席河北省党代会和全国妇女代表大会，曾多次被评为天津市农业劳动模范，并于 1960 年荣获全国"三八红旗手"称号。

就是这样一位勤勤恳恳为党工作的好同志，却被陈伯达几句话就打倒了。陈伯达说她"入党时自称贫农，实为富农。1954 年她丈夫于占海有地 4.9 亩、骡子 1 头、大车 1 辆、水车 1 台、小农具齐全……"为了给张凤琴罗织罪名，陈伯达连起码的历史事实和一般逻辑都不顾了。1954 年，全国解放已有 5 年之久，广大农民在政治和经济上早已翻了身，农民的日子过得好了，拥有了自己的土地和生产工具，这本来是共产党领导农民翻身得解放所取得的伟大成就，可是陈伯达作为中共中央的领导成员之一，居然把成就当"罪行"！按照他们的逻辑，贫农就必须永远一贫如洗，如果贫农在土改中分得了地主的土地和生产资料，那么贫农就不能再算是贫农，而要根据他所分得的包括土地、房屋在内的财产来重新划定成分和出身。按照陈伯达的这种荒唐的逻辑，则广大翻身农民都成了地主、富农，而土改中被分掉了土地和房屋的真正的地主、富农反而成了"贫下中农"。以陈伯达的"理论水平"而论，他不可能"糊涂"到这种地步。他之所以用如此荒唐的逻辑一口咬定张凤琴同志是"富农出身"，完全出于他个人的政治目的。"四清"工作队秉承陈伯达的旨意，为了把张凤琴的"富农成分"落实，想方设法拼凑"材料"，竟凭空捏造张凤琴"全家每年雇短工120个"，继而又把张凤琴和她的丈夫打成"混入党内的富农分子、地主阶级的代理人"。在政治上，硬说张凤琴"十几年来以反革命的两面手法，欺上压下，骗取领导信任，取得合法地位，一直保持了10年的劳模称号，窃取了省人民代表、公社党委委员等职，暗地里对抗党的政策，任用亲信，搞宗派活动，推行反革命的阶级路线，公开勾结地富分子，打击贫下中农、干部，并拉拢腐蚀党的干部"。陈伯达还污蔑张凤琴之所以连续10年获得劳模称号是"地主阶级代理人的有意栽培"，"是南郊区委执意要树立旗帜而一手提拔的"。

5月5日，陈伯达在谈到西右营"四清"工作的性质时又说："张凤琴的问题不是孤立的，是一帮子坏人勾结起来搞反革命。他们自称贫农、劳模、党员、干部，是挂羊头卖狗肉，公开干坏事，因为他们掌握了权力，上边有人支持"。6月底，陈伯达又连续两次到西右营村去催要张凤琴的材料，并提出"要把张凤琴的问题和与她有关的人联系起来，看看到底是什么关系"。又暗示工作队说："任何问题不提到一定的高度都是不能解决的"。从后来的事态发展来看，陈伯达的这些讲话是针对我这个区委书记的，即暗示工作队：刘晋峰是张凤琴等人的"黑后台"。

按照陈伯达的"指示精神"，"四清"工作队紧锣密鼓地把张凤琴与她有关的干部的问题整理成单项材料，又把相互关联的问题"串"起来（即把个别干部的错误硬性牵扯到张凤琴同志身上），拼凑成一个所谓的"以张凤琴问题为中心，以反革命活动为主线，以工作关系、历史关系和社会关系、亲戚关系相联系的张凤琴反革命集团"。为了扩大这个反革命集团，工作队把东右营、两右营、北义庄等3个大队的7名主要负责干部都说成是冒充贫农、混进党内的阶级异己分子，将他们打成"张凤琴反革命集团"的骨干分子，张凤琴本人则被打成"反革命集团"的头子，说她"把持东右营、西右营、北义庄3个村的党政大权，形成了一个反革命黑帮，实现了资本主义复辟"。

在陈伯达的"导向"指挥下，"张凤琴反革命集团"终于炮制成功。仅仅一两个月的时间内，东右营、西右营和北义庄3个村子成了"阶级斗争的第一线"，被列入"张凤琴反革命集团"的共有88人，超过了3个村干部人数的总和。

四、"张玉仑反革命集团"的炮制

张玉仑同志是贫雇农出身，解放前一直靠打短工、扛长活维持生计。解放后，他积极投身于土改和农业合作化运动，很快成为一名骨干分子并入了党，曾担任小站镇党总支书记。1955年，张玉仑在天津市南郊区首届人民代表大会上当选为区人民委员会委员。

1964年2月，"四清"工作队进驻小站镇。3月底，陈伯达来到小站镇。见了张玉仑一面，回到工作队就断言："张玉仑是个混进党内的阶级异己分子"。5月21日，陈伯达又来到小站镇，公然在"四清"工作队的队员们面前给张玉仑编造材料，他摇头晃脑地信口雌黄："1942年以前的20多年间，张玉仑家与土匪常来常往，是土匪们落脚联络的据点。日伪时期他又当过伪甲长，国民党统治时期，他还当过'反共锄奸组'的组长。张玉仑的叔叔是土匪，当过盐巡、贩卖私盐，给土匪'洗黑'……"然后，陈伯达又给张玉仑罗织了五条罪状，即：隐瞒土匪家庭出身及反动历史；混入我党，篡夺了基层党组织的领导权；勾结"四类分子"发展反动势力；利用职权包庇坏人，破坏党的政策；大搞资本主义复辟活动。他说张玉仑"惯用反革命两手，伪装积极，假报成绩，骗取区、社某些领导的信任，窃取了各种荣誉，一步步地篡夺了小站镇的领导权"。为了给张玉仑名下拼凑一个"反革命集团"，陈伯达又散布说："十多年来，张玉仑网罗了一些亲朋故旧，培植了一些心腹，作为他进行反革命活动的班底。在政治上，他积极排除异己，包庇重用坏人、安插亲信，培植个人的反动势力，把反革命分子、阶级异己分子、蜕化变质分子和贪污盗窃分子20余人安插在党总支、大队、街道和各工厂的重要岗位上，组成了张玉仑为首的以原来的党总支（此时张玉仑同志的党总支书记职务已被陈伯达限时撤掉）委员会成员为核心的反党集团，控制了小站镇党政军财的领导权"。并别有用心地污蔑说："张玉仑为了保持他在小站镇的反革命统治，极力从上面找靠山。他和区、社一些领导干部始终保持着密切的私人关系，并对这些人投其所好，拉拢腐蚀，骗取信任"。陈伯达的一派胡言乱语为工作队定了调，驻小站镇"四清"工作队为了使陈伯达炮制的"张玉仑反革命集团"被小站群众认可，在陈伯达的指挥下，多次召开大大小小的批斗会，精心策划、编造谎言，蒙蔽广大群众说："只有揪出反党、反人民、反社会主义的张玉仑反革命集团，才能把小站镇的党政大权夺过来，才能彻底解决小站问题。这是小站镇人民的第二次解放"。

就这样，在陈伯达"撤销张玉仑职务"、"夺取政权"的命令下，"四清"工作队收缴了民兵营的全部枪支（计1挺机枪、2支冲锋枪、15支步枪），强逼群众同张玉仑"展开更激烈的斗争"。5月29日，工作队以突然袭击的方式，将以张玉仑为首的小站镇党总支委员全部揪上台，当场宣布撤销张玉仑党内外一切职务，令其反省交待。工作队宣布："小站镇党总支实际上成了张玉仑反革命集团统治人民的工具，总支委员会基本上已经烂掉"。于是又决定：开除张玉仑的党籍，撤销全体总支委员的党内外一切职务。同时还决定逮捕张玉仑的三姐夫吴凤山、外甥吴寿臣，继而将"张玉仑反革命集团"扩大为"张、吴反革命黑帮集团"。

被列入"张、吴反革命集团"的共有89人，其中10人被定为骨干分子。1964年12月，张玉仑同志被逮捕，于1966年1月以"反革命罪"被判有期徒刑10年，直到"文化大革命"结束后才获得彻底平反。

五、"姜德玉反革命集团"的炮制

解放前，姜德玉同志靠租种地主的土地维持生活，是典型的贫雇农。建国后，他带头走农业生产合作化的道路，于1952年组织起天津县第一个农业生产合作社，历任合作社社长、大队党支部书记、公社副社长、党委委员、天津市政协委员等职。1954年，姜德玉被评选为天津市农业劳动模范；1956年荣获全国劳动模范称号，并出席了全国劳模大会，曾3次受到毛泽东主席和周总理的亲切接见。1959 年，姜德玉当选为河北省人民代表大会代表，并被聘为科学院研究员、河北省农学院教授。

姜德玉同志的问题，"四清"时并非初次触及。早在 1960 年和 1961 年两年间，陈伯达到小站时就捏造姜德玉的黑材料，说他是"假劳模"，是"恶霸地主并有血债"，当时陈伯达就责令天津市监察委员会对姜德玉进行专案调查，最后把姜德玉定为富农成分，清除出党，解除其省、市人民代表资格及其他一切职务。处理了姜德玉同志的问题后，陈伯达就谈到也要对我进行处理，因我当时正在养病，不在工作岗位上，他没能得逞。

"四清"运动开始后，陈伯达于 1964 年 5 月 21 日来到小站，说："姜德玉的问题原来处理得不彻底，他的势力没有倒，他还有一帮子人在台上，必须放手发动群众起来揭发斗争"。陈伯达坐镇小站地区，亲自策划，亲口给姜德玉凭空捏造黑材料，然后指令"四清"工作队去"落实、查证"这些黑材料。为了拼凑出一个"姜德玉反革命集团"，陈伯达竟指令工作队召开幸福之路大队贫下中农座谈会，当众散布谣言欺骗群众说："姜德玉 1962 年被清除出党，解除党内外一切职务，但这两年他在幕后还是指挥一切，当地的党政大权仍然操纵在他和他的集团手中"。并进一步编造姜德玉的新罪证："姜德玉解放前就效忠敌人，密告我地下工作人员"，"姜德玉窝藏包庇制造黄骅县第二次惨案的反革命分子兄弟二人，致使血债累累的反革命分子长期逍遥法外"。政治上诬陷迫害还嫌不够，其他方面陈伯达也不放过，非要把姜德玉同志彻底整垮整臭不可。姜德玉同志在农业生产方面是专家，长期以来他率领广大社员实行科学种田、推广先进技术，使水稻产量得到较大幅度的提高，对于这些有目共睹的成绩，陈伯达却说"姜德玉的水稻产量是靠上级在人力物力上的优惠、照顾，多施肥、多贷款的条件下才逐年提高的。他的劳模称号是骗取的。几年来姜德玉本人在其生产田、试验田上大肆弄虚作假，多报产量，骗取了市级模范和全国农业劳动模范的称号"。"他披着共产党的外衣，戴着劳模的面具，表面上积极走社会主义道路，实际上却与地富反坏勾结在一起，为反动阶级服务，对群众进行压迫和剥削"。"阶级敌人为了站住脚，进而巩固他们的统治地位，不仅要在上面找靠山，而且要在其周围选择臭味相投的人，勾结在一起，形成集团，

"四清"运动亲历记

进行反革命活动"。工作队为了迎合并"佐证"陈伯达的信口雌黄，编造材料说姜德玉从办互助组到成立农业生产合作社都把他的心腹安插在重要岗位上。凭借上述种种胡编乱造的材料，陈伯达下结论说："姜德玉是坨子地村的'姜半天'，是'寸地王'、'顶破天'，坨子地是'小台湾'，姜德玉在这里有至高无上的权力和权威。以姜德玉为中心，形成了一个反革命黑帮集团"。

7月8日，在陈伯达的授意下，公安机关以未经查证的"陷害我党地下工作人员"的新罪名公开逮捕了姜德玉同志。从7月12日到19日又连续召开群众大会和各种小型会议，给已被蒙冤逮捕的姜德玉继续捏造了许多莫须有的"罪行"。11月19日，召开全体社员大会，批斗大队党支部书记陈德智，宣布陈德智是"混进党内的阶级异己分子"，号召群众揭发、批判。批斗会连续开了3天，没有揭发出任何问题。"四清"工作队不甘心，便对陈德智同志采取了逼罚手段，不准出家门，进行打骂、罚跪等。在工作队的淫威逼迫下，陈德智同志始终坚持原则，不肯承认妄加在自己头上的罪名。就是在这样的情况下，最后仍然将陈德智开除党籍并撤职，理由只是"莫须有"的一条：陈德智受姜德玉的幕后操纵，是姜德玉的"爪牙"。

1965年3月，姜德玉同志被判处有期徒刑15年，剥夺政治权利3年。其罪名是"反革命"。被列入"姜德玉反革命集团"成员的共有77人。据统计，被列入张凤琴、张玉仓、姜德玉三个"反革命集团"的，共有264人（除去重复的人）。其中定为"集团骨干分子"的24人，由"四清"工作队绘制的三个"反革命集团"成员关系分布图，完全是陈伯达亲自策划、凭主观臆想制造出来的。他把张凤琴、张玉仓、姜德玉的亲戚朋友，以及同张凤琴等三人有过工作关系和一般来往的人都列入了"反革命集团"。为了凑数，甚至把一些毫无关系的人也列了进去。尤其荒唐的是张冠李戴，生拉硬扯，凭空制造冤案。如原小幸福大队书记李学增与姜德玉毫无关系，却莫名其妙地也被列入了"反革命集团"。唯一的"根据"是：李学增的妻子名叫姜焕芳，而姜焕芳是姜德玉的亲侄女。而事实上，李学增的妻子叫王芝兰。这个荒唐的错误出在哪里呢？原来，姜焕芳的丈夫也叫李学增，这位同名同姓的李学增是档案局的干部。仅因为此李学增与彼李学增同名，"假侄女婿"就成"真骨干"。

六、陈伯达说:"刘晋峰不能复辟"

陈伯达不辞劳苦、苦心孤诣地在小站地区炮制了3个"反革命集团",不惜采取当面造谣、当众撒谎的卑劣手段,整倒了3位老劳模,整垮了小站地区的基层党组织,把小站地区乃至整个南郊区说成"一团漆黑"、"比国民党统治还厉害"。所有这一切,除了为他自己捞取政治资本(陈伯达把他在小站抓的"四清"工作试点称为"小站经验",曾印成小册子发行全国)之外,还有一个不可告人的阴险目的,那就是千方百计整垮我这个区委书记。他嫌我碍他的事、碍他的眼,嫌我不懂得领会他的指示精神,甚至不尊重他这个"中央首长"。我1940年加入中国共产党,29岁就担任了天津市南郊区区委书记。几十年来,我一直出生入死地为党工作。陈伯达对基层党组织的负责人和劳动模范们敢于肆无忌惮地公然造谣污蔑,甚至可以不顾历史事实地篡改人家的出身和个人成分,随便给人家罗织罪名。可是对我,他毕竟有所忌惮(当时的政治环境毕竟不同于两年后爆发的"文化大革命"。"文革"中,我党的许多高级干部都被江青、康生、陈伯达之流随意陷害、残酷打击。但"四清"时还没有形成这种政治气候)。我的出身、历史,陈伯达不敢替我改写,因此,他要整我,只有从我的工作上找毛病。正是出于这种原因,他才丧心病狂、毫无理智地诬陷小站地区的干部们。

陈伯达为什么"恨"我?其实连我自己也说不清楚。如今能回忆起来的大概有两件事我是直接"得罪"了这位"中央首长"。

第一次是"四清"运动刚开始时,工作队要我介绍一下小站地区的基本情况,当时陈伯达也在座。我说,小站地区、公社、大队、生产队的干部在农业生产上是取得了很大成绩的,农业上连年增产就说明了这一点。干部们在农业生产互助合作化运动中的表现也是积极的,是有贡献的。当然,一部分党员干部也有缺点、错误,但他们的问题绝大多数属于人民内部矛盾,他们的工作成绩是主流,缺点、错误是次要的。因此,我建议"四清"工作应当以通过运动对广大干部进行教育、引导为主,对有缺点错误的同志可以进行批评,但不

107

『四清』运动亲历记

要以整人为目的，以整倒了多少人为成绩。我的这一番话等于无意中戳到了陈伯达的疼处，从他事后在小站地区"四清"工作中种种行为来看，他来小站地区抓"四清"工作试点的目的是为自己捞取资本，而在他心目中，整倒的干部越多，"挖"出来的"阶级敌人"越多，成绩才越显赫。我的讲话在无意中完全跟他唱了反调，所以，他从一开始就视我为眼中钉，把我当成了他捞取政治资本的绊脚石，必欲拔除、踢开而后快。就在我这次介绍情况之后，陈伯达就向天津市委提出"撤刘晋峰的职、改组南郊区委"的建议。

第二次"得罪"陈伯达，是由于在对张凤琴问题的处理意见上产生了分歧。对于张凤琴同志，当时（指"四清"之初）从市里到区里的看法还是比较一致的，认为张凤琴是一位勤勤恳恳的好同志，是一位称职能干的支部书记，正因如此，当初陈伯达到西右营视察的时候，我特意把张凤琴作为先进典型向陈伯达介绍，陈伯达听了我的介绍，才决定到张凤琴家里看一看。我把陈伯达领到张凤琴家，万没想到陈伯达却戴着一副"阶级斗争"的有色眼镜，只在张凤琴家待了20分钟就判定她"劳模不劳、贫农不贫"，回到市里就对市委书记万晓塘同志下命令："撤张凤琴的职，如果不撤她就撤刘晋峰的职！"

陈伯达凭空诬陷张凤琴，"四清"工作队闻风而动，立即组织西右营村的社员群众揭发张凤琴的问题。而张凤琴同志坚持认为自己没什么问题可交待，群众也表示揭发不出张凤琴的什么问题。工作陷入了僵局，陈伯达于4月初又来西右营，指使工作队强令群众揭发张凤琴的问题。天津市委不好公然违抗陈伯达的命令，只好召开市委会讨论撤销张凤琴职务的事。在会上，我再次为张凤琴同志申辩，我讲话的大意是：根据目前所掌握的情况，我认为撤张凤琴的职是不妥当的。当然，如果"四清"工作队今后发现她有别的问题，则是另一回事。我的这个意见未被市委采纳，因为下达撤职命令的毕竟是中央首长陈伯达。最后，市委同意了陈伯达的意见，决定撤掉张凤琴同志西右营村党支部书记的职务。这次市委会议，陈伯达也在场，此外还有中宣部副部长周扬、河北省委宣传部副部长远千里等同志。会后，起草了一个稿子，也就是关于撤掉张凤琴支部书记一职的决定通知书。4月25日，由工作队召集会议，意在把这个决定传达下去，陈伯达对我在市委会上的表态耿耿于怀，明知我不同意这个撤职决定，却偏偏强令我在会上宣布这个决定。按理，我应当照着稿念就是了，陈伯达纵然对我不满，至少他当时说不出什么来，因为他毕竟是实现了撤掉张凤琴职务的"愿望"。可是我始终认为，张凤琴根本就没什么问题，退一万步讲，就算她真的有问题，也还远远没弄清楚。一个童养媳，自幼吃尽了旧社会的苦，解放后一直跟着共产党，什么工作都是走在前头，党叫干啥就干啥，怎么干得好好的说撤职就给人家撤职呢？我心里不情愿，也不理解陈伯达为什么非要逼着市委作出这种决定。他是中共中央政治局候补委员，干嘛跟一个小小的村支书过不去呢？在这种心理的支配下，我在宣布决定时就打了"折扣"，把"撤销…职务"说成是"暂时撤销……职务"。我宣读这个决定时，陈伯达一直全神贯注地听着。如今想来，他大概就等着这一天呢，所以听得十分认真，听到我说"暂时撤职"，陈伯达立即大发雷霆，厉声责问："刘晋峰你要干什么？撤职就是撤职，你为什么宣布暂时撤职？"我没有理他，转过头去默默地看着窗外，正是暮春时节，窗外是一片柳绿花红的勃勃生机，室内却鸦雀无声，一派秋的肃杀。陈伯达怒气未消，见我不理他，可能也不想屈尊跟我当场争执，于是喋喋不休地又讲了一通话。我只顾想心事，陈伯达都讲些什么，我一句也没听清。我明白，坐在旁边的大名鼎鼎的陈伯达是中共中央政治局候补委员，曾经当过毛泽东主席的政治秘书，又是党内公认的大理论家。论地位、论马列主义理论水平，我都没法跟他比。论权力，他是党中央的核心领导成员，我只是一个区委书记，更是不可同日而语。可是，我并不是吃了熊心豹胆故意跟这位"中央首长"对抗，以当时的情况而论，我更不可能那么早就看出他是个打着红旗反红旗的大野心家、阴谋家。我之所以敢于这么做，主要因为当时我们党内的民主空气还没有被弄到"文革"中那样的紧张程度，下级党员干部对上级领导的意见至少在形式上还是允许存在分歧的，"阶级斗争"的火药味还没有浓烈到完全封杀党内民主的程度。其次，凭的是一个共产党员的良心。在这种情况下，我认为我有权利就这样一个具体问题保留我的意见，并准备在事后同陈伯达就此问题进行讨论或是申诉。我对于如此草率地撤掉一个基层党支部书记始终是不能同意的，我当时甚至以为这是"四清"工作队在背后捣了鬼，蒙蔽欺骗了陈伯达。我当时本能地觉得，陈伯达多半是不太了解情况，日后他了解情况后，会同意我的意见的，我没有想到的是，像陈伯达这种地位、这种水平的高级干部，居然会因此而恨我入骨，以致数年之后还耿耿于怀。以今天的观念来看，抛开陈伯达的政治立场和险恶用心不谈，单单以"人"的标准来衡量，他也算不上一个好人，因为他太小心眼儿，太没有气度了。

多半是我的"阳奉阴违"的态度激怒了陈伯达，导致他在张凤琴问题的处理上含有故意报复我的心理成分。7 月 5 日，陈伯达第五次去西右营，恶狠狠地说："我赞成把区委的两个部长（指宣传部部长陈喜荣和农村工作部部长于荫田）和公社书记拉到两右营来，和张凤琴一起交给群众斗争。有病不能走，拿担架也要抬来！"7 月 21 日，陈伯达居然违反党的组织原则和组织程序，在没有通知我们南郊区委的情况下就宣布开除张凤琴同志的党籍。

也许是因为个人恩怨（至少有这种因素在内），也许是因为政治观点（陈伯达认为我头脑里没有"阶级斗争"这根弦）的不同，总之，陈伯达打定了主意，非要把我整垮不可。在亲手导演了"夺权"闹剧，亲手炮制了 3 个"反革命集团"之后，陈伯达强调："反革命集团除了下边的根子之外，一般地讲，上边也有根子。正是由于上边的根子对这群反革命黑帮的包庇掩护，才使他们长期地存在下去"。他授意"四清"工作队，"要在揪出 3 个反革命集团之后乘胜追击，挖出他们上面的根子"。

陈伯达没有打过仗，可是在指挥这场"挖总根子"战役的过程中却十分懂得"迂回包抄、各个击破、扫清外围、最后发起总攻"的战术。3 个"反革命"的头子都是劳模，都是我们南郊区委一手培养起来的典型。先进典型变成了"反革命集团"，南郊区委难辞其咎；如果党委成员"烂掉"了，那么我这个区委书记也就肯定不是好人了。于是，按照陈伯达的部署，工作队将区委、公社一级的领导干部中与三个"反革命集团"的头子有较多联系的人一一列了出来，把正常的工作关系一律说成"黑帮"关系，然后按图索骥，一层一层像剥笋一样"挖上边的根子"。

南郊区区委宣传部长陈喜荣同志受区委的委派并经工作队同意，于 1964年 3 月来到西右营村，协助中宣部副部长周扬及市领导王亢之、方纪等人开展"四清"工作，并被安排为北闸口公社"四清"分团领导小组成员。只因为有一次在领导小组会上讲到"张凤琴的问题仍然是人民内部矛盾问题，不是敌我问题，有缺点错误可以对她批评教育"，由此惹恼了陈伯达，他当场就说"陈喜荣是在搞政变！"并立即命令陈喜荣回区委停职反省，后又将其揪到西右营村进行大会批斗。最后，陈喜荣同志被定为"张凤琴反革命集团"的根子，罪名是"反对领导、破坏运动、保护坏人"。

区委农村工作部部长于荫田同志，只因为 1956 年在西右营村蹲点搞经营管理的时候曾在张凤琴家住过，居然也被定为"张凤琴反革命集团"在上边的根子。原天津县三区区委组织委员吴海亮，被陈伯达定为"张凤琴反革命集团"的根子，理由是吴海亮"解放初期是天津县委驻两右营党组织委员"，"是两右营乡韩玉昆、刘长江的入党介绍人"。而事实上，吴海亮从来没担任过西右营乡党委的组织委员，也根本不是韩玉昆、刘长江的入党介绍人。像这种一查档案就可以弄得清清楚楚的问题，在陈伯达的主观臆想下居然也成了"罪状"！区财贸办公室主任边华英，因为 1958 年"大跃进"期间曾与姜德玉一起搞过丰产田，便成了"姜德玉反革命集团"的支持者，被定为该"集团"上边的根子。此外，还有区、社两级领导干部共 11 人，均被定为三个"反革命集团"在上边的根子。"根子"挖出来了，还要挖出"总根子"。"总根子"当然就是我了。我被定为"总根子"的过程极其简单。在定 3 个"反革命集团"在上边的根子时，陈伯达说："要把刘晋峰放上去"。工作队的人说："已按您的意思把刘晋峰放上去了，但还没有填事实，不知怎么写"。陈伯达怒气冲冲地说："不要事实！刘晋峰是南郊区委书记，是三个反革命集团的头子，都是他培养的劳模、党员干部，这就是铁的事实，是罪证！"于是，我被宣布为三个"反革命集团"的总根子，陈伯达强行命令天津市委："必须撤刘晋峰的职，必须改组南郊区委！"

在陈伯达亲自指挥下，从 1964 年 7 月 14 日到 17 日，连续三天在西右营村召开了批斗区委、公社有关领导干部和张凤琴的大会，会上，陈伯达污蔑："刘晋峰、陈喜荣、于荫田等人和基层干部有比较深的牵连，他们在社会主义教育运动中，没有进行革命的决心，有的还想保护这些坏人过关"。并说："长期以来，这些区、社领导干部和姜德玉、张凤琴、张玉仑等人勾结彼此需要、相互依靠的关系"。当时我就想，你陈伯达这个话才算是说到了点子上。我作为区委书记，与这些社、队干部成关系又岂止是"需要"和"依靠"呢！我们是亲密无间的战友和同志，是亲人！我在南郊区担任区委书记10多年，每年都要抽出大量的时间下乡蹲点，搞调查研究，那时候人又年轻、身体也好，下乡很少坐汽车，常常是自行车后面捆着个行李卷就下乡了。下边公社和生产大队的干部群众与我都很熟，我们之间建立了十分融洽的关系。直到前两年，我担任天津市政协主席期间，偶然到南郊区（现称津南区）去开会，老乡们听说我到了区里，还专程跑来看我，向我反映问题呢。我是农民的儿子，对农业生产并不外行，那时候下乡去工作，常常是裤腿一绾就下了稻田，与社、队干部和广大农民群众同吃同住同劳动。当年，陈德智同志的妻子生了病，需住院治疗，但当时他家经济条件很差，根本没钱住院。我下乡时了解到这一情况，立即返回区委，从党费中临时抽出款项，垫付了住院费，解除了陈德智同志的后顾之忧。这种干部与干部之间、干部与群众之间的关系不但是正常的，而且正是我们党几十年来所一贯提倡的。可是，这样的关系到陈伯达那儿怎么就变成"黑帮关系"了呢？这真是令人百思不得其解的事。

批斗会后，陈伯达督促天津市委改组了南郊区委，并将我免职调离。据实而论，当时天津市委对陈伯达这种横加干预、强迫命令的方式也是有看法、有抵触情绪的。可是，陈伯达的身份和权力摆在那儿，谁也不好公然违抗他的命令。记得在做出将我免职调离的决定之后，市委书记谷云亭同志和市农委主任贾林同志找我谈话，他们安慰我说："晋峰同志是好同志，你先到杨柳青'四清'分团十六街参加'四清'当队员，改名叫刘涛。安心工作吧"。在当时著名的"刘（晋峰）、陈（喜荣）、于（荫田）集团中"，我虽然是"总头子"，但市委对我还是尽了最大的努力进行保护，让我改了名字，继续为党工作。我当时觉得既愤懑又可笑，心想，我打日本、打老蒋的时候都"行不更名、坐不改姓"，如今是共产党的天下了，我这个革命几十年的共产党员怎么倒变成"地下工作者"了呢！市委顶着巨大的压力千方百计保护我，我听了很受感动，二话没说就到杨柳青"四清"分团去报到了。相比之下，我名下的"黑集团"的两个"副手"的境遇就惨多了：区委宣传部部长陈喜荣被撤职、开除党籍，送到天津市公安局青泊洼农场去劳动改造；农村工作部部长于荫田被撤职、开除党籍，送北郊苗圃劳动改造。挖出三个"反革命集团"，揪出了以我为首的"黑帮后台"，陈伯达觉得小站"四清"将要大功告成了。在他的督促下，"四清"各分团分别绘制了姜德玉、张凤琴、张玉仑三个"反革命集团"的社会关系分布图和历史大事记各一份。这个图表中，最上面的"黑根子"自然非我莫属，以下是区、社、队各级领导干部，层层分明，网络密布。此外，又专门编造炮制了一个"张凤琴反革命集团"展览，在天津水上公园和北京天安门城楼后面的午门公开展览，为陈伯达在小站地区捞取的这点"政治资本"大造舆论、大肆渲染。"四清"运动后期，工作团按照陈伯达的旨意写出了"四清"工作总结，总结出了夺权斗争中的所谓经验。总结写完之后，陈伯达带着戚本禹等人专程来到了天津，修改这份总结报告（陈伯达本人也曾亲笔修改数遍）。最后，他把王亢之和方纪等叫到他的驻地，一边翻看着稿子一边说："就是这样了吧，以你们天津市委的名义上报中央"。这个政治骗子就是如此厚颜无耻，他亲手炮制了这份给自己"增光添彩"的总结报告，却授意以天津市委的名义报告中央！1964年9月25日，天津市委向华北局及党中央上报了这份《关于小站地区夺权斗争的报告》。10月24日，中共中央向全国转发了这个报告。

1967年6月30日，已经担任了"中央文革"小组组长要职的陈伯达坐镇北京，仍然遥控天津南郊。他下达了所谓的"6·30"指示，强调："小站'四清'不能翻案，刘晋峰不能复辟"。"要支持王凤春"（"四清"后被提拔任命的北闸口公社党委书记），"南郊区武装部要改组"。

当时，我已被下放到根治海河一分指挥部任副指挥兼工程处处长。陈伯达关于"刘晋峰不能复辟"的指示发出后，造反派一哄而起，到处张贴、呼喊"打倒走资派刘晋峰"的标语口号。他们将我从海河工地上揪回，关进了牛棚，并在西右营召开了批斗刘晋峰、陈喜荣、于荫田的现场大会。接着，在机关、学校、农村、工厂掀起了一个"批斗走资派刘晋峰"及区委领导同志的高潮，甚至把"打倒刘晋峰"的大标语刷到了华北局第一书记李雪峰在北京的家门口。从此，造反派对我大会批、小会斗，"坐飞机"、戴白帽、挂牌子游街示众，连我的妻子马兰英同志（南郊区妇联主任）也被关进牛棚，同我一起陪绑挨斗，受尽了折磨摧残。不过，即使在那种特殊的环境中，人民群众仍然冒着风险暗

"四清"运动亲历记

中保护我们。记得有一次我和妻子一起挨了斗，在回家的路上，妻子因为连续遭到造反派的折磨，体力不支，走几步就不得不停下来休息一会儿。眼看天快黑了，乡间的小路崎岖不平，我们相互搀扶着，鼓励着，走走停停，十分艰难。就在这时，从我们身后赶上来一位骑自行车的小伙子，他看看前后无人，果断地下了车，让我妻子坐在自行车的后架上，他在前面推着车子走，我在后面扶着。就这样，小伙子一口气把我们送到了家。什么也没说就走了。囿于当时的情况，我也不能问人家叫什么，生怕连累了他。时至今日，我们虽然多方打听，也始终不知那位小伙子姓甚名谁。战争年代，人民群众一次次保护过我们，在我们横遭诬陷、身处逆境时，又是人民群众挺身而出，帮助了我们。这个小小的插曲，当时给了我们极大的鼓舞和安慰。那段时间，我的家被抄了，孩子在学校也受到株连，成了"狗崽子"，在津的亲戚也被集中受训。这些还嫌不够，陈伯达后来又专程赴津，恶狠狠地问："刘晋峰到哪里去了？"当被告知我的情况后，他又发出了"指示"说："每月给他40元钱就不错了！"这以后，我一家人的生活陷入了困境。后来，又送我到"五七"干校掏厕所，布置专人对我实施监督，强迫劳动。每天吃饭之前必须向毛主席低头请罪，一条"毛主席语录"背了两年多："捣乱，失败；再捣乱，再失败，直至灭亡"。

如今想起来，当年我被强迫背诵的毛主席语录还真的应验了——反党集团的骨干分子陈伯达不正是经历了"捣乱，失败；再捣乱，再失败"的过程，最终自己"灭亡"了自己的政治生命的吗？

七、小站"四清"为害深远

陈伯达的直接插手，使小站地区的"四清"运动走入了歧途，给小站地区造成了极大的危害。陈伯达一手炮制了三个"反革命集团"，打击迫害了一大批党员干部，并株连了他们的亲友和部分群众。其中，"姜德玉反革命集团"77名成员中有6人被撤职，18人被开除党籍或受到党纪、政纪处分，3人被判处有期徒刑；"张玉仑反革命集团"89名成员中有9人被开除党籍，3人被处分，

1 人被判处有期徒刑；"张凤琴反革命集团"中的 88 名成员中，有 12 人被开除党籍或受到党纪、政纪处分，11 人被定为地主、富农分子，4 人被判处有期徒刑。三个"反革命集团"总计被株连、迫害的亲属达 138 人。小站地区当时参加"四清"的社、队干部共计 314 名，遭受打击迫害的竟达 258 名，占总数的 82.17%，对广大党员干部迫害之深，打击范围之广，都到了前所未有的程度。

　　小站"四清"开始后，陈伯达即带头示范他那种"相面"式审查干部的方法。按照他的这种"先验论"的逻辑。说你是"反党分子"，你就必须是反党分子；说你是"假贫农、假劳模、假党员"你就不能是真的，没证据，可以找证据。这种"先定罪、处理，然后根据罪名找证据凑材料"的办法在小站"四清"运动中十分流行。面对陈伯达信口雌黄的诬陷和胡编乱造的谎言，被诬陷者当然是不能承认。你不承认！那好办，那就大会批、小会斗，从疾言厉色的审讯发展到污辱人格的谩骂乃至体罚。在陈伯达的纵容甚至怂恿下，体罚逐步升级，逼、供、信蔓延成风，当有人向陈伯达反映这种情况时，陈伯达居然说："群众要打他，情绪是革命的精神。第一条，打的不是好人；第二条，没有把他打死"。此话一出，体罚之风愈烈。对于那些不肯"老实交待"的干部，"四清"工作队对其拳打脚踢，夏天强令被审查者脱去衣服让蚊虫叮咬；冬天则强令被审查者脱光衣服在冰面上站着或趴着。幸福之路大队党支部书记陈德智同志就曾被工作队强令"站冰"，直站得一双脚都融进了冰里。陈德智不仅"站冰"，还跪过冰。他的孩子在家吃不上饭，到外村去讨饭时都不敢说姓陈。体罚的方法多种多样，有"熬鹰"——工作队轮流看守，不让被审查者睡觉；跪砖头、往脖子上挂秤砣；头顶墙、双腿后倒吊在房梁上；等等。张凤琴同志在台上挨斗时，曾被人采取"摇煤球"的方法折磨过，即揪住头发和双脚左右乱摇，以致头发一缕缕被揪掉，后又被一脚踢到台下，两个门牙被磕掉。老左营大队的队长段兆龙同志连续几天惨遭吊打，因不堪忍受而自缢身亡。在老左营大队还曾发生过这样一件事："四清"工作队硬逼一位女干部承认她与老左营大队党支部书记刘云春有不正当的两性关系。女干部不承认，工作队员就把女干部扒得一丝不挂，用冰棱（冬天房檐下冰成的冰柱）捅进女干部的阴道里，致使女干部当场昏死过去，急送医院抢救。这位女干部的身心遭到了极大的摧残，一病不起，养了两年多才逐渐复原。运动出现了如此严重的偏差，身为党的高级领导人陈伯达不但不及时予以纠正，竟然一再加以煽动鼓励，他多次强调："要下工夫追钱，追不出钱来不算完成任务"。"追钱不要手软，不要菩萨心肠，不要怕死人"。有陈伯达撑腰打气，工作队打起人来更加肆无忌惮。东西庄房村有一位主管会计刘某，工作队只根据他担任会计工作、有接触金钱的机会，即认定他"肯定有贪污行为"。根据陈伯达的荒诞逻辑，既然说你有贪污行为，你就必须承认。不承认就滥施刑罚。刘某熬不过酷刑拷打，只好乱编口供，说自己的确贪污了多少多少钱。供出的金额"不够标准"，工作队就接着打，毫不掩饰地直接命令刘某"往大处说"。刘某怕再挨打，只好"往大处说"，说到十几万元了，工作队认为"差不多了"，接着问贪污了十几万元都干什么用了。以当时的情况而论，一个大队会计贪污十几万元人民币已经是"天方夜谭"了，而让一位普遍的农民干部在不显山不露水的情况下挥霍掉十几万元，则更是令人难以置信。刘某根本未曾贪污，让他交待贪污了多少钱，他为了免受皮肉之苦尚可"往大处说"；但是，让他凭空说出十几万元的巨款是怎样花掉的，他就实在是为难了。说不出，工作队就接着打。那时正是三伏天，工作队就用大瓦数的灯泡点亮之后"烤"他。实在熬不住了，刘某只好继续胡编乱造，一个农民的想象力毕竟是有限的，编到后来，实在想象不出那么多钱该花在什么地方了，就只好说"给小孩买冰棍吃了"。最后一统计，他"给孩子买冰棍"竟然"花掉"7000多元。

　　陈伯达重视"追钱"，更重视在政治上追查所谓的"大案要案"，按照他心目中"大案要案"的尺度，似乎越是重要的人物，一旦追查出政治问题来就越重要，这样的案情也就符合了"大案要案"的标准。关于这一点，从他专门挑劳模、人大代表或政协委员进行政治诬陷的表现上即不难看出。如在对待"张凤琴反革命集团"一案上，把张凤琴打成"反革命集团"的头子还嫌不够，陈伯达竟异想天开，硬说张凤琴"可能与台湾有联系，可能有电台"，于是命令公安机关对张凤琴"上手段"——进行窃听。结果，连事事言听计从的工作队都觉得此事太离谱，窃听了一阵，最后不了了之了。再如陈德智同志一案。陈德智同志出身贫农，原任幸福之路大队党支部书记，他早年带头组织互助组、合作社，一心一意为集体谋福利。因其作风朴素、踏实肯干，受到群众的一致拥护。毛泽东同志曾在《中国农村社会主义高潮》一书中，对专门介绍陈德智事迹的《一个作风很好的合作社》一文做了批示："这个合作社的领导干部，具有社会主义的工作作风，值得各地仿效"。对这样一位经毛泽东同志肯定和赞扬过的劳模，陈伯达也不放过，他对"四清"工作队下指示："要考虑他（指陈德智）是真共产党员还是假共产党员"。"陈德智的问题，如果没有搞，可以搞，我看时机比较成熟了"。他还指责刊载了《一个作风很好的合作社》一文的《天津生产合作社参考资料》，说他们刊载该文是"为陈德智大肆吹捧"。在陈伯达的指使下，陈德智被打成"阶级异己分子"，并被撤职、批斗。工作队经过 10 个多月的反复追查，对陈德智同志百般摧残，最后也没能凑出所谓"阶级异己分子"的材料和相关证据。在无法收场的情况下，工作队只好抓住陈德智的一些缺点和工作中的误差，歪曲夸大、无限上纲，据此将陈德智开除党籍。

历时一年多的小站"四清"，给小站地区的工农业生产和人们的思想带来了极大的混乱。"四清"结束后，小站地区的广大党员干部在很长一段时间内仍然心有余悸。他们工作上患得患失，谨小慎微，不敢放手开展工作，唯恐言行有失而挨整。有些村干部动不动就躺倒不干，他们的家属也劝阻甚至哭闹着不让他们当村干部，理由就是：干下去没有好下场。结果，区委、公社的领导常常要花大量的时间和精力去村里"扶班子"。"四清"运动搞乱了干部们的思想，领导班子各成员之间互不信任，相互提防，产生隔阂，致使正常的工作都无法开展。干部与群众之间的关系也变得疏远、形成了隔膜，彼此很难沟通了。更严重的是，"四清"使广大农民的生产积极性受到了极大的挫伤。"四清"前，南郊区的各项工作都是搞得比较好的，尤其是农业生产方面，粮食连年增收，自主经营十分活跃。以小站地区为例，"四清"前各社队普遍实行"三包一奖四固定"的农业生产责任制，较好地体现了按劳分配的原则，有效地调动了广大农民群众的生产积极性。而在"四清"运动开始后，这些责任制都被当作"物质刺激"、"工分挂帅"的资本主义倾向加以批判并废止执行，改为实行工分制。这种工分制呆板地将每个劳动力工作一天所应得的工分固定下来，每季度甚或

"四清"运动亲历记

每年才重新评定一次，而且评定时过分强调甚至单纯强调"政治态度"，因而形成了干与不干、干好干坏、干多干少都一样的状况，导致农民的劳动积极性一落千丈，严重阻滞了生产的发展。

"四清"也使南郊区农村的多种经营受到毁灭性的破坏。如小站地区，"四清"前一直坚持以农为本、多种经营的生产形式，大力发展养猪、养鸡、养鸭、养鱼、种植果树、打稻草绳等多种副业生产活动。同时还有一万多名剩余劳力从事各种个体经营活动。这些，在繁荣农村经济、增加农民收入、改善农村面貌和农民生活等方面起到了积极作用。以今天的观念来看，这都是十分正常的生产经营活动。但是在"四清"运动开始后，这些经营活动和副业生产形式一律被当作"资本主义的尾巴"割掉。养殖业被禁止、自留地被收回，个体商贩被取缔，一部分带头致富的社员和干部被视为"有走资本主义道路的倾向"而遭到批判。这样一来，农村中刚刚兴起的多层次、多形式的经济遭到破坏，互助合作式的集体经济失去了必要的补充。陈伯达在小站地区大搞极左的一套，甚至不惜破坏党和国家的有关政策。例如为了显示"四清"的成绩，标榜"四清"运动改变了农村面貌的"伟大成果"，陈伯达竟利用职权，公然违反国家农业资金专用的规定，强行挤占、挪用国家支农专项资金25万元，用作小站镇容建设。他为了显示"四清运动给广大农民带来了好处"，竟不准银行催收到期的贷款，不准粮食部门按包干任务合同征购粮食，把银行和粮食部门的上述正常业务工作说成是"压贫下中农"、"压四清运动"、"否定四清成果"。他指斥银行："西右营大队的欠款是下台干部张凤琴欠的，现在'四清'了，再收欠款就是给上台干部施加压力"。根据这种蛮不讲理的逻辑，陈伯达强令银行做出错误的决定：1965年的贷款全部免收，已收回来的也要全部退回生产队。此举使国家蒙受了巨大的财政损失。银行的个别收贷员对这个错误决定表示不理解，陈伯达知道后，竟下令将收贷员下放劳动。这种凭借手中的权力公然赖账的做法，实属闻所未闻！

国家银行的债都敢赖掉不还，粮食部门应当征购的粮食就更不在话下了。陈伯达一声令下，不仅应当征购的粮食不准再征购，而且已经由国家粮食部门征购入库的粮食也必须如数退还给生产队，仅西右营大队就从国家粮库中拉回稻谷 8.5 万市斤。北闸口公社粮食部门的一位负责人对这种作法表示异议，陈伯达当即下令将其撤职。

极左的思想、失去制约的权力，再加上私欲的恶性膨胀，把陈伯达变成了小站地区乃至南郊区、天津市的太上皇。在这里，他一言九鼎、为所欲为，顺我者昌、逆我者亡，将国家大法视如玩物，把党的政策玩弄于股掌之上。在他的淫威之下，银行不敢收贷款，粮食部门不敢征购粮食。不唯不敢，还得额手称谢，把这种公然违反国家政策的无法无天的恶劣行径说成是"四清运动取得的伟大成果"。在陈伯达"保护四清成果"的旨意下，各公社、大队和生产队层层虚估收入，不惜减少公共积累，架空分配，将集体经济淘洗一空，为的就是用一连串"辉煌"的数字衬托陈伯达个人的政治资本。

1970 年 8 月 23 日，中共九届二中全会在庐山召开，陈伯达的反党阴谋被彻底揭露。全会按照毛泽东主席的意见，对陈伯达进行了揭发批判。1972 年 4 月 29 日，中共中央发出通知，决定把批陈整风运动扩大到全国基层单位。天津市委遵照中央指示，于 1972 年至 1973 年结合清算陈伯达反党罪行的活动对小站地区"四清"运动进行第一次复查和平反。经过复查、宣布张玉仑同志无罪释放，恢复党籍，对"张玉仑反革命集团"中受到错误处理的 15 名党员干部予以恢复党籍，恢复职务，补发工资；恢复张凤琴同志的党籍和职务，补偿其人民币 1800 元、粮食 650 公斤的经济损失。"文革"结束后，1978 年至 1983 年，天津市委又派出调查组，对小站地区"四清"运动进行了第二次复查，为当年陈伯达一手制造的三个所谓"反革命集团"和改组南郊区委的冤假错案进行彻底平反。1979 年 4 月 17 日，小站公社召开万人大会，为姜德玉同志彻底平反，恢复了姜德玉同志的党籍、原定的成分和劳模称号，并为他安排了适当的工作。

至此，小站地区乃至整个南郊区被陈伯达"翻"过去的天又一次翻了过来。

（摘自刘晋峰：《峥嵘岁月——刘晋峰回忆录》，

天津人民出版社 2000 年版，第 199—236 页）

『四清』运动亲历记

东北地区

"四清"的日子

石　湾

上了五年大学，1964年8月，怀着美好的憧憬，我从江南来到北京工作。应该说，这是一个历史性的命运转折。我在大学读的是历史系，而我从一进大学校门就"专业思想不巩固"，身在曹营心在汉，迷恋文学创作。毕业分配时，学校却意外地满足了我的志愿，推荐我到中国戏曲研究院从事剧本创作。但万万没有想到，尚未正式进入角色，就由院长张庚亲自带队下乡搞"四清"（即所谓"农村社会主义教育运动"）去了。

那一年，同时被挑选到中国戏曲研究院搞剧本创作的，有十一位名牌大学的毕业生。一听说我们要去的地方是吉林省柳河县，心里不禁"格登"一下，有一种说不出的恐惧感。尤其是毕业于中山大学的四位同伴，其中包括现任《小说选刊》副主编的傅活（当时叫傅棠活），连下雪都没见过，更没有穿过棉大衣，真不知到了冰天雪地的大东北该怎么过冬？据说是文化部的两位来自军队的副部长萧望东和颜金生，设法从总后勤部搞来了一批日军大衣，几元钱一件，配发给了每个"四清"工作队员。至于其他御寒用品，就得各自去想办法解决。正好我们十一名刚毕业的大学生中，有位老大哥是北大的调干生，解放初报名参加志愿军，虽未跨过鸭绿江，但到过东北边境。是他，带我们到前门大栅栏的一家旧货店，一人买了一顶狗皮帽、一双牛皮的大头鞋。

我们是 10 月中旬离开北京的，先在通化县委招待所集训了十来天，与通化县抽调来的几十名干部混合编组后，便准备进村。说来也巧，就在进村那天，突然降温，纷纷扬扬下起雪来。因此，我们就把北京置备的行装，全都穿戴上了。除了没挎枪外，俨然像个"土八路"。不知是谁提议："咱们去照相馆拍张照片，留个纪念吧！"于是，我们十一名年轻的工作队员就呼拉一声采取紧急行动，每人花几毛钱去拍了一张"全副武装"的全身照。许多年后，当我刚懂事的女儿在家翻腾出这张老照片时，便睁大了惊奇的眼睛，问："爸，这是你吗？那时候怎么是这副傻样？"回想起来，那时我们第一次头戴狗皮毛、身穿军大衣、脚蹬大头鞋，真还找不着"土八路"的感觉，只图个暖和而已。

进村之后，我和组长老林住在赤贫户老米头家。老米头中年丧妻，与二儿子小米子相依为命。小米子比我要大几岁，因为穷得叮当响，还没娶上媳妇。用当地话说，是两个"跑脚的"（单身汉）。用家徒四壁来形容老米头家，是一点也不为过的。一张大炕，除一条破被而外，冬天连条褥子都没有，父子俩依然是光脊梁睡炕席。"四清"工作队的规矩，是要与贫下中农社员"三同"(即同吃、同住、同劳动)，一切不能搞特殊化。老林是东北人，早年曾参加过土改工作队，因此，他的适应能力比我强。比如睡觉，他进村第一夜就和老米头一样，光脊梁钻被窝，显得很自在。起始，对光脊梁睡炕席，我很不习惯。老林就悄悄对我说："你这就不懂了，光脊梁睡觉大有好处，一是被子贴身，暖和；二是老米头家卫生条件差，炕上虱子多，把脱下的内衣往房梁的吊钩上一挂，免得虱子藏进内衣，白天还咬你……"听他这般一说，我也就学老米头父子，试着光脊梁睡觉，彻底"同住"了。这一习惯从此就养成了，至今都没有穿过一套睡衣。因此，妻子常嗤笑我"活像个老农民"。

说起"同住"，最可怜的是与我同一工作组的女队员小陈。在我们进驻的那个生产队，竟找不到一户有闲炕的贫下中农人家。不得已，她只能和一户贫农睡同一铺炕。小陈是通化县一个公社的妇联副主任，虽比我大两岁，但尚未结婚，据说连恋爱对象都没有。让这么一个有文化的大姑娘，和一对中年夫妻及两个小孩睡同一铺炕，也实在是难为她了。那时候，村里尚未通电，一点娱乐活动都没有。一到天黑，农民就只有上炕睡觉。按理说，白天和社员"同劳动"，到了晚上，我们工作队员都希望不要再开会，能早点上炕休息。可是，在不开会的晚上，吃完"派饭"，小陈就磨蹭着不愿回去睡觉。有一次，老林无意中说："今天的农活太累，小陈你就早点回去睡吧！"没想到她一下子急得不知咋办，"哇"的一声哭起了鼻子。我问她："你怎么啦？"她委屈地说："你们不知道我和人家一家老小睡一铺炕有多别扭呀？"由此，我才知道，几乎每天她都是等房东家睡熟后才打着手电筒回去，摸黑上炕，蒙着被子睡觉，一晚上都不敢露头。有什么办法呢？她所受的委屈，在当时还被说成为"革命的需要"，是一种锻炼和考验哩！

尽管我不用受小陈那样的委屈，但毕竟是在东北过冬，一个个寒夜也是相当难熬。按理说，冬天睡炕要比睡床暖和。可是小米子经常外出打工，老米头独自生火做饭，从没有把炕烧热过。而在四条汉子中，数我年轻火力壮，当然得发扬风格睡炕梢了。说实在的，每晚躺下之后，一双脚到后半夜都暖和不过来。往往早晨起来，头天的洗脸毛巾都结着冰碴子，可见室内温度常在零度以下。天越来越冷，这可怎么办？唯一的办法，就只有减轻社员的负担，我们自己冒着风雪上山砍柴。砍柴，主要是割荆条。这就亏得那双大头鞋了。要是穿别的鞋，早就被雪窝里的荆条茬子扎穿了底帮。那样的话，脚就会被冰坏冻烂，变得寸步难行了。

每次上山砍柴，我们都是早出晚归，午餐只能伴着雪团啃几张煎饼。山上的气温常在零下十多度，是无法带水喝的。割了荆条，打成捆，装上爬犁，拼死劲才能拉回村子。一路上，直觉得那双大头鞋越来越沉，仿佛是两坨生铁。每遇到爬坡过坎，就更是累得上气不接下气，不知要跪倒多少次……我们自己流血流汗砍了柴禾，到了晚上，才敢把炕烧得暖和一些。这样，也就有了热水可以擦擦身、烫烫脚。老米头家原先连个热水瓶都没有。"四清"临近结束，离撤点还有半个月呢，老米头就主动向我提出："你那双大头鞋，回北京也穿不上啦，就留下给我穿吧！"我不仅爽快地答应了，而且还把一只热水瓶也送给他留作纪念。我想，一场运动折腾七八个月，并未真正带给贫下中农什么好处，也许这一双大头鞋和一只热水瓶就是老米头所得的最大实惠了吧?

除挨冻而外，"四清"时最难忍的就是吃得太差了。当时上级给我们规定"七不吃"，即不只是鸡、鸭、鱼、肉、蛋不准吃，连大米、白面也不准吃。其实，即便没有这"七不吃"的规定，无论哪个社员家，也不可能有美味佳肴招待我们。我们是在社员家轮流吃"派饭"，假如能吃上一顿"小豆腐"（豆浆和豆渣掺和在一起，不点卤水，只加点青菜末就煮熟了吃），那就算是改善生活了。说起来现在可能都不会有人相信，我们所进驻的那个生产队，社员做一个工，到年底只值八分钱。几乎家家都是超支户，穷得揭不开锅。在这样贫困的村子搞"四清"，八个月不知肉味不足为奇，每天吃硬高粱米饭、啃凉煎饼，真把我们这些从小吃大米饭长大的南方人坑苦了。一个个面黄肌瘦不说，还大都得了胃病。也就才下去两个来月吧，傅棠活便得了急性胃穿孔。幸好省巡回医疗队及时赶到，在孤山子公社简陋的卫生所里给他做了手术（胃切除三分之二），才救了他一命。

傅棠活在公社卫生所动手术时，我和李庆成（退休前任中国儿童艺术剧院副院长）正巧临时抽调到公社"四清"工作队办公室当文书，当晚就由我俩值班，负责护理他。麻醉药劲过去之后，傅棠活渐渐苏醒。但是，他不知鼻中插着氧气管、下身接着导尿管，还正打着吊针给他输着液，身子、臂膀、脖子就本能地转动起来。为了保证三根管子平稳运作，我和李庆成只得使劲将他的身子和手脚摁住，直累得我俩浑身冒汗。天亮时，我感慨地对李庆成说："没想到人在觉醒时会产生这么大的力量，简直无可抗拒!"许多年之后，李庆成见到我，还提起这段往事，说我从中发现了一个"觉醒的力量无可抗拒"的人生哲理。

傅棠活那次可以说是死里逃生。年轻的伙伴们都为他的复活而庆幸。也就是从那时开始，我们就把他名字中的那个"棠"字省略掉，直呼其傅活（"复活"的谐音）了。

傅活做了手术后不久，就赶上"四清"工作队员回京过春节。春节过后，等我们重新进村时，他就留在北京休养，没有再回到"四清"前线，去吃他的胃最难以忍受的硬高粱米饭。我们是到1965年6月才撤点回京的。不用说，

125

「四清」运动亲历记

在总结大会上，是免不了要为运动的胜利成果庆祝一番的。作为刚走上工作岗位的年轻干部，我们也自以为是经受了阶级斗争的洗礼和革命熔炉的冶炼，感到无尚荣耀似的。直到党的十一届三中全会后我们才真正明白，让我们吃尽苦头的"四清"，不过是"文革"的前奏罢了。虽说我们觉醒得太晚了，但"觉醒的力量无可抗拒"，我们这一代中国知识分子，再也不会充当阶级斗争的工具，去干搞"四清"那样既伤元气又误前程的傻事了。

（原载《天涯》2000 年第 4 期）

石城岛"社教"运动见闻

马伟元

石城岛经历了两次"社教"运动("四清"运动)。时间长达两年零二个月(暂停八个月)。

第一次"社教"工作队,是从市、县党政机关、事业单位,选派九十多名干部(含社会青年)组成的。工作队队长是原县委副书记梁德新,副队长是市工作队肖德禹。于1964年3月8日进村至同年10月撤走,去金县参加"社教"运动。剩下几名留守人员,任务是巩固前一个阶段"社教"运动成果。保护"社教"运动中的积极分子,协助公社做一些力所能及的工作。工作队临走时,对社队干部提出约法三章,谁反对"社教"运动,谁乘机翻案,谁打击报复"社教"运动中的积极分子,视其情节轻重,进行处理,严重者按"现行反革命"论处。

第二次"社教"运动工作队,是从市、庄河县党、政机关,事业单位,还有当地驻军,选派九十多名干部(含来自金县的社会青年)组成的,工作队队长是原庄河县副县长赵玉洲,副队长是市工作队刘忠修和原驻军政委郝凝瑞二人。于1965年7月进村至1966年5月"社教"运动结束,工作队全部撤走。

接着"无产阶级文化大革命""破四旧立四新"在全国各地展开。

"社教"工作队，纪律严、要求高。必须做到与群众实行"三同"，即同吃、同住、同劳动；"五不吃"，即不吃肉、不吃鱼、不吃蛋、不吃大米、不吃白面。

全社六个农业大队，五十三个农业小队（后合并为四十五个），一个捕捞场、一个贝类养殖场、公社机关、财贸、学校、卫生等大大小小七十多个单位，统统进驻工作队实行蹲点包干，这是海岛有史以来，市、县、党政机关派工作队中人数最多、素质最高、分布最广、时间最长的一次。

"社教"工作队单独组建党委、党支部，下设办公室。整个"社教"运动，是在工作队党委领导下开展工作。社、队党政领导班子，主要抓生产，处理日常业务，领导干部主要精力是做好"上楼洗澡"检查材料准备工作。

工作队进岛后，首先向干部、群众宣讲中共中央文件，"前十条"、"后十条"、"二十三条"。学习领导同志讲话，有东北局原第一书记宋任穷的讲话："阶级斗争一抓就灵，千万不要忘记阶级斗争……"，还有广东省委原副书记赵紫阳给陶铸的一封信。信中提到"农村主要矛盾是以富裕中农为代表伙同坏干部，同广大贫下中农的矛盾……"。学习中共中央在桃园大队进行农村社会主义教育试点的经验。接着，工作队进行走访群众，扎根串联，调查摸底，自下而上的建立小队、大队、公社贫下中农组织，进行忆苦思甜教育，在此基础上，发动群众，开展"四清"工作，即清政治、清思想、清组织、清经济。记得当时在"四清"中，发现向阳大队大房身小队、东升大队山后小队，以小队长为首，伙同少数人贪污盗窃集体粮食案件两起；发现有少数社、队干部经济不清，多吃多占；发现有的单位账目混乱，手续不健全等问题；发现石城岛供销社原党支部书记、公社党委委员工福临的贪污案；等等，并一一进行了查处。

在党的建设方面，进行党员重新登记，"吐故纳新"。对后进党支部进行整顿。对消极落后长期不起作用的党员，采取自退、劝退、缓登的办法。有十几名党员被自退、劝退出党。在"社教"运动中，发展了一批新党员，这批新党员已先后走上领导岗位。

在班子建设方面，对公社党、政领导班子、群团组织负责人作了调整。

从社会选拔七名优秀青年，充实到领导岗位上，实行半脱产，二个人顶一个大编制，轮流上来顶岗工作挣工资，下去参加劳动挣工分。

石城岛"社教"运动中工作队做了大量工作，取得了一些成绩。但是由于极左路线的干扰也存在一些问题，这是有目共睹的，我以为主要有如下三个方面。

一是群众受触及面过大，定性过多。石城岛是外长山列岛的前沿岛屿，是国防要地，由于历史上种种原因所造成岛上社情比较复杂，人际关系比较复杂。潜逃人员多，内控对象多，历史积案多。解放前，石城岛的政治、经济是掌握在苏、杨、秦、邵四大家手中。解放后，他们家中被斗，财产被分，其中有不少人潜逃内陆和海外。大地主杨乐山一家六十多口，在 1947 年 2 月敌占时，先迁移到烟台，后逃亡韩国白令岛居住。在日伪和敌占时期，本地人任过伪村长、屯长、排长和警察等职务的，任过敌乡长、保长、甲长和清剿队长等职务的，除了死亡的、潜逃的、受法律制裁的、定性戴帽的外（"四类分子"九名，右派分子四名），岛上还有许多人的历史问题没有查清楚。在 1946 年冬，敌进我退，共产党与国民党要开拉锯战时期。石城岛区第一任区长，山东人王崇德率领区干部、区保安队撤退到海洋岛、乌蟒岛（二岛隶属石城岛区）之后，不幸全部人员被国民党一个排的军队俘虏，王区长被杀。新民村民兵干部徐业田，区上派他去庄河县侦察敌情，由于坏人告密，被国民党捉去枪杀。涉及这两个案件的告密人当时还没有全部查清。在朝鲜战争期间，1952 年夏季，石城岛有两条非机动渔船十二名渔民在海上作业，遇上南朝鲜特务船，渔民被捉去，渔船被拖走，在航行中，有两名渔民抓住机遇，乘坐小舢板逃跑回来，其余人员后来通过交换战俘放回六人，其中张德湖、于吉春回来后，充当特务从事破坏活动，后被捕判刑死在狱中。其他四人身份不清，未回来四人去向不明，是一起难以查清的积案。在"社教"运动中，又发现日伪时期，石城岛有不少人去黑龙江虎林县，在日本军事基地做工，有的被怀疑为特嫌，通过内查外调，亦未查清，只好挂起来，作为内控对象。

与上述几个方面有关的人员，不仅本人是清政治、深挖工作的重点对象，其家属和亲朋好友也受到株连。因而触及面过大，涉及的人过多，有不少人背

129

『四清』运动亲历记

上了社会关系复杂的沉重思想包袱，影响了他们的进步和工作积极性。有的基干民兵枪支被收回；有的渔民、船民、饲养员、使役员、保管员政审不合格，被调换下来；有的在部队被提前转业，提前退役；有的干部被清洗回家；有的青年正在恋爱期间被迫解除婚约；还有的背井离乡到了外地。"社教"工作队轮流派饭时，遇上有"问题"户都得"越门而过"。一个时期在全公社上上下下、里里外外搞得十分紧张，人与人之间的正常关系、正常往来都非常谨慎，阶级斗争的观念很强，遇事都得提到阶级斗争高度上来认识，正像有的群众所说："石城岛阶级敌人脚跳脚绊"。石城岛在"社教"运动中，定性戴帽的"四类分子"计十七人，其中漏划地主分子一人，历史反革命分子八人（先定后捕一人），现行反革命二人，坏分子六人（先定后捕一人）。本来已经查清楚有一般政治历史问题的人，"社教"运动中又把他们提溜出来了，重新定性。如新民大队庙岭后小队李景雄，日伪时期当过伪排长（居民组长），无民愤，现实表现一般，但却被定性为历史反革命。又如三胜大队石佛沟小队魏吉堂，日伪时期在杨乐山家使船，杨全家潜逃时是乘坐该船送走的，魏历史上还有点其他问题，也被定性为历史反革命。还把犯有男女关系、生活作风错误的人视为敌我问题，定性为坏分子，开除公职。把一般民事问题视为打击报复。如向阳大队李家炉小队原队长李春峰(党员、复员军人)，在1964年秋分配群众口粮时，为品种搭配问题与"社教"运动积极分子李某争吵几句，守留人员得知后，视为打击报复，材料报县，批复定性"现行反革命"。又如三胜大队庙前沟生产队原副队长滕淑福，在1964年春节前，为了抢占碾子轧面子蒸年糕，与"社教"运动中的积极分子王某厮打起来，双方均无后果。这时却被视为又一起严重的打击报复事件，县里批复拘留十几天，定性为"现行反革命"。当时在全社轰动很大，反映很强烈。

二是干部人人过关，处分过重。石城岛"社教"运动中对干部折腾得不轻，小题大做，乱扣帽子，巧立名目，无限上纲，把开展批评与自我批评叫干部"上楼洗澡"。群众给干部提意见，叫帮助干部"搓澡"，搓得越痛越好，干部身上的"灰尘"才能搓干净，对多数干部是采取大会小会、党内党外，不断升温进行批判，甚至斗争。有的领导干部"上楼洗澡"，洗了长达一年多时间，才下了"楼"。尤其是对犯有错误的干部处分过重，伤害了不少人。运动中逮捕法办二人。一个是石城岛供销社原党支部书记王福临，贪污钱物折合几百元，判刑三年，保外就医，"文革"期间自杀。另一个是石城岛信用社原主任于积瑞，1948年任新民村村长期间，在护秋工作中，不顾群众疾苦，违法乱纪打人，"落改"期间被撤职，通过甄别后，安排在信用社工作，没发现其他问题。"社教"运动中，先定性"坏分子"后遭逮捕。在关押期间，县公安局将于带回石城岛进行审理，因看管不严，投海自杀，后果悲惨，造成家破人亡，妻离子散。小队干部定性戴帽五人。其中"现行反革命"分子二人，"坏分子"三人，向阳大队大林生产队原队长王兴治，因在国防设施、坑道附近砍伐幼树几百棵，视为破坏国防建设，定性"坏分子"。还有光明大队马路生产小队原队长刘洪章，因打人和男女作风问题被定性为"坏分子"。大小队干部受党纪、政纪处分的有四人，有的因入党时隐瞒社会关系，被定性为党内阶级异己分子。均被开除党籍，撤消职务。

三是在干部职工中推行"巴黎公社海选"经验。"海选"经验，是来自黑龙江省某县在农村"社教"运动中创造出来的。县委和"社教"工作团党委，责成"社教"工作队党委在石城岛进行试点，通过"海选"选出一批精干的基层干部队伍，选出一批精干的职工队伍。参加"海选"的单位和人员，有公社机关全体干部（含事业编制），供销社、粮管所、水产、邮电等单位和全体职工。不参加"海选"的单位有学校、卫生所。选区以生产队为单位，把被"海选"的候选人名单发到各选区，由"社教"工作队亲自主持，全民参加采取不记名投票的形式，将选举结果上报工作队党委进行汇总。得票人超过参选人总数50%以上的中选，50%以下的落选。全社被选掉十六名职工。真是有哭有笑，选上去的全家老小喜笑颜开。选下去的全家老少痛哭流涕，心里不是滋味。特别是供销社的女营业员被选下去的最多，她们感到羞耻，见不得人，有的再也不登供销社大门。

这个"经验"其实是个失败的教训。不仅在长海县其他公社没有推广，在全市各县、区开展农村"社教"运动的公社也没有进行，唯有石城岛实行了。后来造成许许多多难以答复的群众来信来访。

"四清"运动亲历记

整个"社教"运动中，虽然"左"了一些，但是，受到各种处分的干部、群众以及受到株连的、受委屈的干部和群众，是能够正确对待，能够正确理解认识的，他们是顾大局、识整体，维护安定团结的。正像有人所说的那样，这"不是哪一级党组织，哪一个人给造成的，是极左路线的结果"。

党的十一届三中全会以后，提出要落实党的政策，平反冤假错案。蒙受了十几年的不白之冤终于得到解决。凡是合乎政策的，该平反的都给予平反了，该恢复名誉的都给予恢复了，该复职的都给予复职了，该退休办理接班的都给办理了。基本上没留尾巴，他（她）们基本上都是满意的，都能在改革、发展、稳定方面，在"两个文明"建设方面，继续发挥力所能及的作用。

俗话说："前事不忘，后事之师"。我对社会主义教育运动中一些事情的回顾，正是出于这一想法，让后人了解过去，吸取教训，别让历史的悲剧重演。

（原载《长海文史》第 2 辑）

华东地区

亲历"四清"运动

邱学信

"四清"运动是 1963—1965 年期间，中共中央连续发布"前十条"和"二十三条"指示，在我国部分农村和少数城市基层开展的社会主义教育运动。我参加了由公安部和山东省公安厅组成的工作队，去山东曲阜姚村公社姚村大队薛村生产队搞了 8 个月的"四清"工作。在当时和尔后相当长一段时间内，参加"四清"工作对个人来说也十分重要，不仅要写进人事档案，连"户口簿"上都有记载。我的户口自 1964 年 1 至 8 月，曾迁移到曲阜又迁回北京。因为那会儿还没成家，是集体户口，由单位给统一迁出与迁入。若干年后，从户口簿变动栏的记载中，才知道当年搞"四清"，我是带着户口去的。

1964 年春节过后，我跟随由十局一名副局长带队的"四清"工作队，坐了一夜火车，第二天清晨到了济南，在车站前宾馆稍事休息后，转车到津浦线泰安—兖州间姚村站下车（距离曲阜县城最近的火车站，公社所在地）。在公社与共同编队的省公安厅的同志们汇合。当天就进村住在贫下中农家里，我所在的姚村大队薛村生产队，有我和陈国栋两人，还有省公安厅一位张处长（经常不在，可能是半脱产或在别的生产队另有住处）。省公安厅副厅长（前后为薛锐和邱大江同志）蹲点也在这个大队。据说前一年，公安部徐子荣副部长曾在附近蹲点搞过"四清"，所以曲阜的"四清"运动是公安机关搞的，有点对口帮扶的意思。

"访贫问苦"遭遇的尴尬

工作队进村后，要求队员扎根串联访贫问苦。实际上给工作队员安排的住处，并非是村里的"贫农"，因为薛村真正的贫农是腾不出单独的一间住处的。我的房东是大队团支部书记，她是村里除党支部书记、大队长和会计以外的第四号人物。"四清"的具体工作，是从召开社员大会宣讲两个"十条"开始的。那时候开个会很不容易，一般是晚饭后召集社员开会，天还大亮就催促社员到大队部院子里开会。可是等上一两个小时，人也到不齐，出席率最多不过六七成，包括孩子和老人。

接下来是扎根串联、访贫问苦。要求通过串联贫下中农，形成可靠的阶级基础，孤立富裕中农（我所在的薛村生产队没有地主）。可是当地是孔子故里，依然保持传统的家族称谓习惯，按辈分称呼。薛村几乎全姓孔，少数几家姓严。而孔姓的庆、祥、繁、令、德，是当时聚集的五辈人。三五位富裕中农都是大辈分祥、繁，小辈人见到时称爷道叔，上边要求小辈直叫他们的姓名。为此费了好大劲，收效不大！

忆苦思甜更是难以发动，我找了几位看上去较老的贫下中农（当时农村四五十岁的人已显得很苍老），请他们讲讲旧社会所受的苦。多数人都不愿意讲，个别的讲着讲着，就说起三年困难时期没饭吃饿死人的事。我遇到过两次这种诉苦，真是尴尬得不知如何是好！

与社员"三同"

干部下乡搞运动或开展某项工作，历来都要实行"三同"，与群众同吃、同住、同劳动。当时我大学毕业后到公安部研究所工作没几年，还是头一回以干部的身份下乡，"三同"给我留下了深刻的印象，至今记忆犹新！

"同吃"是入户吃派饭，一天换一家，不是什么人家都可以去，一定得去贫下中农家里。去的时候带一斤小米和三角钱，后来发现吃"派饭"的人家很欢迎这种安排，因为当地太穷了，我记得每餐饭就是玉米面糊糊和煎饼，没有煎饼时，糊糊里面放一些蒸不熟煮不烂的白薯。几乎没有什么菜，有个凉拌或清炒藕片、白薯粉皮就相当不错了。到了麦收前，糊糊里是头一年埋在地下的白薯叶子，麦收后才能吃到曲阜地区特有的白面薄饼。城里来的工作队员吃得都很少，所以，管一天饭，一斤粮食与三角钱还有剩余！

可是，工作队每十天要去公社开一天会，头几次还集中起来讲讲工作情况，也就是个把小时，随后是赶集，公社所在地正好十天一大集。中午是两个白面馍和一碗红烧肉。到后来是光改善伙食，很少开会，连老乡们也知道工作队每十天去公社吃一顿。

"同住"就是住在社员家里，那时候要求住在贫下中农家里。因为进村时工作队员的住处已安排好了，过后我发现，那每人单独一间的茅草房，并不是村里贫农能够腾得出来的。领导同志蹲点的住房，更是贫农不可能拥有的。所以"同住"应该是住在村里就是了。

"同劳动"最实际又有意义，因为没人监督，工作队员又都是主动要求下去的，那时候好像真的没有人厌恶劳动。我虽然生长在城市，不大会干农活，从送粪、耱地、锄草、拉犁，到拔麦子、打场、秧白薯，各项农活都尝试过，当然顶不上一个整劳力。记忆最深刻的是人拉犁，一个生产队没几头耕牛，三四个人拉一把犁，真的是重体力劳动！

我了解到的"四不清"

"四清"即清账目、清仓库、清财物、清工分。当时人民公社是三级所有，生产队为基础，生产大队多数是空架子。我所在的薛村大队名义上辖附近的三个生产队，大队党支部书记是位老实巴交的农民，开会、平时总是一言不发，我离开时建议劝其退党。大队长只管派生产队的农活，没见他管过大队部的事，而会计主要负责生产队的工分、很有限的财物和账目，仓库里好像也没什么储备。

薛村生产队会计是位有小学文化的农民，较同村其他人有些心计。他又是较长的"祥"字辈，多数人喊他叔。最初，听到一些群众的意见，说他家比别人富，好像问题不小。有人反映省厅那位张处长经常到会计家吃饭，有时还喝酒。我便鼓动几个对他意见大的人，想开他的斗争会。后来因为没有过硬材料，"清"了几个月，结果只发现有少量"多吃多占"。只好作罢！生产队底子薄，工分毛到几分钱一个工，年终每家分的口粮差不多。谁家富一点很让左邻右舍眼热。再就是干部的"生活作风"问题不绝于耳，像什么送妇女主任一块香皂就发生关系等等，很让我们这些还没结过婚的青年困惑，不知该怎么办？好在它不属于"四不清"，离队时都没有作为问题留下。

八个月很快就过去了，匆匆撤离时和老乡还真有了点感情。回到北京后，第二年学习"二十三条"，欢送下一批去陕西省长安搞"四清"的同志时，领导上让我结合自己亲历的"四清"，讲讲农村的阶级斗争形势。可我怎么也弄不明白：八个月没觉得有"走资本主义的当权派"呀！最后还是按文艺作品模式，演绎一出故事交差。

（原载《纵横》2005 年第 11 期）

137

『四清』运动亲历记

跟随曾希圣搞"四清"

邓伟志

　　曾希圣同志是一位闲不住的人。他像一团火，在任何时候都是壮心不已。在因为推行"包产到户"而赋闲两年之后，他要求参加"四清"。当时的"四清"正处于从清账目、清仓库、清财物、清工分的"小四清"，向清政治、清经济、清思想、清组织的"大四清"的转换过程中。1964年8月，他来到了上海市的宝山县杨行公社城西二大队。9月，中共中央又根据河北等地"阶级斗争形势严重"的经验，发布了"后十条"的修正草案。于是，曾希圣按中共上海市委的"集中精力打歼灭战"的重新部署，在国庆节后，来到了奉贤县胡桥公社孙桥大队，开展"大四清"。当时曾希圣还保留着中共中央华东局第二书记的职务。我是华东局政治研究室学习组的小干部，因此无论曾老在宝山还是在奉贤，我都是在他领导下工作。他在大队，我在小队。后来曾老的秘书孙继怀觉得在高级机关久了，很想下到生产队。曾老呢，也有要孙继怀下去锻炼的意思，于是我便被抽到他身边抄抄写写，跑跑腿，不过大事还是找老孙，"四清"之外的事更要由我去找老孙。

　　抽我到曾老身边去的事，是由工作队队长葛非和副队长陶家祥（华东局机关党委委员、华东局政治研究室负责人。主任空缺，原主任任质斌调安徽）找我谈话的，叫我到曾老身边抄抄写写。我没马上答应。搞机要出身的葛非聪明过人，一眼就看出我的心思，他说："你是不是怕挨骂？"我说："正是！"他接下去说了三点：第一，曾老的骂人决不像传说的那么厉害，他相当爱护干部。第二，他果断，或者说"武断"，那是在武装斗争年代形成的。打仗可不能黏黏糊糊，当断不断，步调必乱。"武断"是"武装"之"断"。第三，你要是去了，感觉不适应，给我说，我再把你调回来。听了葛非这番诚恳的劝导，我来到了曾老身边。在曾老身边一直干到送他离开上海。他去西南的行李打包后，起飞前临时住在东湖饭店，这时时间已很紧张，可他还是要我去向他汇报评工记分的利与弊。说是汇报，实际上是惜别，是长者出远门前对后辈的叮咛、再叮咛。在曾老身边整整一年，与其说是工作，不如说是深造、是进修，学做事、学做人。值此曾希圣同志百年诞辰之际，回忆40年前的往事，历历在目。他对我的教导，言犹在耳。

喜欢往下跑的"余勉教授"

"四清"中曾希圣化名"余勉"，公开的身份是华东政法学院教授。余勉教授听了河北省抚宁县"桃园经验"在各地推广的录音，看了一本本记录整理，陷入了深深的思考之中。

在孙桥，他和司机两人住在两间加起来不超过20平方米的茅屋里。可是，白天在屋里找不到他；晚上，屋里又常常坐满了人。不管刮风下雨，他都喜欢往外跑。孙桥大队共有15个生产队，男女老少都认识"余教授"。按照华东局办公厅的吩咐，余教授出去要有人陪同、照顾。不过，余教授很喜欢甩掉陪同人员单独走出去，看饲养场，看电灌站，看自留地，找干部、社员谈话。我记得有一个雨天，警卫小赵在转了几圈才找到余勉后，认真地给余勉提了意见："以后出去无论如何都要打个招呼。不打招呼，出了事，我可是吃不了兜着走"。余勉笑着回答："到了孙桥，你们都是工作队员了……"言外之意：你们有你们的工作，不必管我。

余勉单独跑生产队，可以说是"随机抽样"，走到哪里调查到哪里，远比兴师动众，一帮人嗡上去更容易摸到真实情况。他对我们说："不要以为住到了队里就是深入了。深入是过程，是学问"。再就是他思路敏捷，一个念头出来，他就想到群众中去核对、求证，有时也实在是来不及找人陪伴。我们的思路跟不上他，两条腿也跟不上他。

余勉往下跑，有面有点。为了调查大队的系统情况，他同孙桥大队一位没有具体分工的大队委员、在渡江战役中立过功的老兵连续谈了不下十次，每次都让我跟他作记录。第一次是先谈渡江经过，很少涉及大队情况。这位老兵本来不善辞令，可是说起渡江来，他手舞足蹈，唾液能飞三尺远。后来才谈大队历史，谈河泥、猪榭、红花草，谈拖拉机、抽水机、插秧机，谈水系、渠道和灌溉。余勉听到大田灌溉面积接近百分之百，自留地灌溉面积也超过百分之九十时，流露出喜悦。接着又询问："那百分之十的自留地怎么灌溉？"老兵回答说：肩挑瓢舀。后来几次谈的多是干部作风问题，以及"四类分子"的状况。由于老兵与余勉彼此有了信任，余勉偶尔顶老兵一句"靠不住"，老兵也不生气。随着两人之间信任度的提高，他们的讨论也就多起来。他们之间的讨论越多，余勉对孙桥大队干部队伍、阶级状况的了解也就越明白、越透彻。

成竹在胸，余勉掌握了第一手的资料，也就有了发言权。

"没有吴臣就不要硬找吴臣"

"四清"工作队员没有没听过"桃园经验"的，没有没学过"双十条"的。带着"桃园经验"、带着"双十条"搞"四清"，脑子里有三根弦绷得很紧：第一，政权有三分之一不在共产党手里，农村基层干部是斗争的主要对象。第二，斗争方式是撇开基层干部，扎根串联，大搞群众运动。第三，要警惕基层干部对工作队软硬兼施。总之，大家千方百计在自己社队里找"吴臣"。找不到像桃园大队支部书记吴臣那样的"四不清"干部就有压力，就是工作没做好。

　　孙桥大队部东边有条小河，河上有三条木板连接起来的小木桥，走起来摇摇晃晃。大队干部见有些知识分子工作队员不敢走，便在木桥旁搭了个扶手。有的工作队员就说："这是大队干部讨好工作队，要警惕"。这类话说一遍余勉不响，说两遍余勉还不响，几天后，有人再提起时，余勉开口了。他说："人家在有些事情上正常地回避，说人家疏远我们，不配合，冷淡；人家为我们装个扶手，说人家讨好，拉拢，过热。冷也不是，热也不是，你叫人家怎么工作？"

　　工作队下来一阵以后，在汇报阶级斗争状况时，不少人草木皆兵，绘声绘色地大谈"敌情严重"，可也有的队员认为自己所在队的干部不像桃园大队的"四不清"干部吴臣，但又怕被人说成右倾，于是在汇报时如履薄冰，战战兢兢，在讲到没发现"吴臣"时总是留有很大余地，说："暂时还没发现吴臣式的坏干部，可能是因为自己的工作不深入，也许是敌人埋得比较深，接下去或者会挖出、大概能挖出吴臣之类的坏干部"。余勉是位方正不苟、风骨峭峻的人，他最看不惯拖泥带水、依违两可的样子。他听了这般无力的汇报，遂插话说："没有吴臣就不要硬找吴臣"。石破天惊，在座的人面面相觑，气氛凝重，可余勉谁也不看，说完就走。这时我脑海里马上闪出那句世界名言：走自己的路，让别人去说吧！他走后，没有人批评他这句话，绝大多数工作队员认为余教授的话符合实际，至少符合孙桥的实际。

　　但也有个别人私下里说他"犯上"。散会后有位华东局的朋友来跟我打招呼："余勉有情绪，你在他身边工作，不要全听他的"。可是，余勉的发言权是从群众中来的，是他调查得来的。他心中有底，有了客观实际这个底，他就敢于独树一帜，"走自己的路"。

"一十三条"是不是纠偏？

　　正当工作队内部在私下议论有没有"吴臣"的时候，1964年年底至1965年年初，中共中央政治局在北京召开全国工作会议。毛泽东主持制定了《农村

141

社会主义教育运动中目前提出的一些问题》。因为讲了 23 个问题，所以被简称"二十三条"。"二十三条"肯定干部的多数是好的或比较好的，要求实行群众、干部、工作队"三结合"。

"二十三条"下达以后，大家明显地感觉出余教授的神态变了，兴味浓了，看《资治通鉴》的时间少了。他从"二线"走到"一线"来了。当时正值寒冬腊月，他看到我脚上穿着从淮北带来的用芦花编的高底茅窝，暖和如棉鞋，可棉鞋在泥地里会进水，木制高底茅窝不会进水；防水似胶鞋（上海叫"套鞋"），可胶鞋冬天不御寒，茅窝御寒。我看他很喜欢这双茅窝，就让他穿了。他不顾道路泥泞、天黑路滑，脚踏茅窝，手挂竹竿，不听劝阻，亲自到一个又一个生产队宣讲"二十三条"。群众听不懂他的湖南话，把"三个矛盾"听成"三根木头"，他笑了。他不厌其烦地说一遍，再说一遍，直到社员都听懂了才罢休，经过"二十三条"的宣讲，干部轻松了，社员也满意了。

可是，这时候工作队内部在对前一段的工作评价上出现了分歧。孙桥大队工作队里有一位级别很高的领导同志，他不是工作队长，但他是奉贤县"四清"领导小组成员，也参与上海市"四清"工作的领导。他认为，孙桥在贯彻"后十条"、学习"桃园经验"中，没出现打击面过宽、打击力度过火的问题。他强调"二十三条"不是在纠偏。余教授则相反，他认为"后十条"和"桃园经验"夸大敌情，把干部说得"一团漆黑"，斗错了一些干部，出现了偏向，因此，"二十三条"是为了纠正"后十条"之偏而制定的。余教授不仅不赞成这位县"四清"领导小组成员的观点，而且还批评了一位市领导的"后十条"与"二十三条""是一致的"、是"前后相继、一脉相承"的说法。余勉很气愤地说："他们怎么捣鼓出这种观点来？这不是市委讨论的精神。'二十三条'就是纠偏！"余勉的批评是尖锐的，尖锐的批评也必然引起激烈的争论。在一个月明星稀的夜晚，这位县"四清"领导小组成员把我找去，叫我再写简报时，"要充分肯定过去的工作"。我离他住的队大约有二里路，在接受他的耳提面命之后，刚回到自己驻地，又接到电话要我再去他那里，再听他的"指点"。我只得顶着寒风赶去。当我第二次从他那里接受"指点"回来时，浑身冒汗。我窝了一肚子火，真想撂挑子，我准备去找工作队副队长陶家祥诉苦。这位县"四清"领导小组成员的错话，我不能全部同余勉讲，讲了就成了挑拨领导之间的关系。陶在工作队分管秘书组，是管我的。我想告诉他，我没法按这位县"四清"领导小组成员的提法来写，盼另请高明。没想到我回到驻地，几位队长对我流露出从来没有过的客气，好像他们已经知道我的怨气。我奇怪了：吃一锅饭，睡一张铺，有什么好客气的？

我从八队搬到大队部以后，便和队长葛非、副队长陈久一、姚志诚以及孙继怀等几个人，睡在大队"礼堂"东头一间狭而长的房间里。我到的时候，他们个个盘腿坐在稻草铺的大通铺上，有的用被子裹着脚，有的用被子披着肩，很像活菩萨。不住在大队部的副队长、复旦大学的徐震以及我正要找他出气的副队长陶家祥，都在我的铺上，裹着我的被子坐着。我看到这场面，气消了大半。原来葛非刚从市里回到孙桥，正在给队长们通气。陈久一的铺靠门口，他连忙叫我坐到他铺上，并示意我听葛非继续讲下去。

葛非说："小邓，刚才我讲了一些。这次市里开会时，陈丕显同志单独找我谈了一次。他关照说，'四清'谁都没经验，孙桥的'四清'就按曾老意见办"。——这一下我一块石头落了地。

"生产是不是搞上去了？"

"二十三条"下达以后，曾希圣是中共中央华东局第二书记的身份就从半公开到全公开了。余教授变成了曾老。大小队干部全知道了。有的社员虽不了解什么是"华东局"，甚至把曾老当作"华东电管局"书记，可这书记在他们眼里那也是很大的官了。他一到孙桥，就在自己茅屋的东南角河边上种了一分多地的油菜。他和司机杨龙生浇水、锄草、匀苗，都没有引起社员太大注意，只当他是个好老头就是了。现在不同了，曾老再去施肥、锄草什么的，就有人盯住他看半天了。再就是工作队里的几位"事后诸葛亮"也大谈起当初就认为余教授气宇轩昂、不同凡响了，包括工作队里的复旦大学中文系的学生，在小结下乡体会时也说：他们早就在日记里用"目光如炬"、"卓尔不群"、"孤峰绝岸"来形容曾老了。

曾老不仅自己种试验田，更关心孙桥的大田。在讲解"四清"的验收标准时，他特别注重最后一条："生产是不是搞上去了？"一般人认为，写在最后的总不如写在前面的重要，可是在曾老眼里却不是这样。他强调生产标准。为了唤起我们注意这一条，他还跟我们讲明：文件里的这一条是毛主席加上去的。曾老多次督促大队干部抓好春耕春种，要求大队改良桃园树种，还与孙桥八队商量在交通要道的位置办豆腐坊。现在孙桥已被上海媒体誉为"食品之乡"了，我不知道他们是不是了解孙桥的食品是从豆腐起步的。

发展生产是为了改善生活。曾希圣同志时时刻刻把孙桥人的冷暖干湿放在心上。他对水乡农民患关节炎的问题极为关切。他认为应从两方面着手，一是改善劳动条件，二是改善居住条件。针对前者，他一直在研制插秧机；针对后者，他要我在孙桥调查如何让水乡人住楼房。曾老出的题目很具体：建两层楼需要多少资金？建傣式的一层半楼房需要多少资金？解决资金有哪些渠道？依照什么样的发展速度、需要多少年才能积累够建楼房的资金？建楼房的材料哪里来？哪种材料最合适？哪种造型最好？家禽家畜放哪里？厨房放什么位置？这么多参数，他要我排列组合出几种不同方案以供参考。工作队撤出后，他还要我继续调查房子问题。直到他到了成都西南局以后，仍然要我就上述问题给他写书面汇报。由于我调查到的还没有他这位不调查的人知道得多，因此我常被他难住，常被他"将军"。

曾希圣是一位很有战略眼光的领导人，他关心今天，更希望托起明天。他认为要孙桥人的生产上去、生活美好，需要办教育。教育的收效，虽不能立竿见影，但是今天的教育就是明天的经济。他反反复复同各方商量办农业中学。有些社队干部知道曾老地位很高，建议曾老从外边请些专家来上课。曾老认为那不是长久之计。他主张就地取才，坚持让生产能手、老队长、公社农技站的人上课。当时围绕一位小土地出租者出身、社会关系有点复杂的高中毕业生何汉阳能不能当老师，有不同意见。曾老不仅同意何汉阳当老师，而且力排众议，坚持让何汉阳当校长。在孙桥农业中学开学那天，曾老还出席了开学典礼。农中办了三年，"文革"爆发以后才停办。农中出了不少农业技术骨干。

何汉阳在"文革"后还当上了奉贤县（区）的教育局副局长，分管民办教育。

"好中求快"

1965 年 5 月底，"四清"工作队离村。曾老准备以个人名义向中共中央和毛主席写报告。他这样高级别的领导写报告，完全可以由秘书代劳，或者组织一个起草班子撰稿。可是，恰恰相反，曾老是自己写成后，请大家到他荣昌路家中去讨论，提意见。参加讨论的是原工作队的正副队长以及孙继怀和我。正讨论时，他的老朋友黄耀南揿门铃。黄耀南（曾任安徽省副省长，当时任华东局监察组副组长）没参加孙桥"四清"，可曾老为了不使黄耀南坐在一旁空等，也请黄耀南一起讨论。透明度高得很！

在高级干部中，曾老是当时为数不多的会写文章的省委书记之一。他这次给中共中央和毛主席的报告，1000 余字，有理论，有实际，用词准确，观点鲜明，大家都很钦佩。说起他会写文章，我想起我在"四清"中做过的一件调皮事。曾老要我写阶级阶层状况的调查报告，我写了交曾老修改。曾老修改后，我再誊写清楚。正誊时，一位复旦大学的女队员来大队部送材料。她问我在干什么？我说誊写曾老的修改稿。她问我："曾老的文字水平怎么样？"我自不量力地给她吹开了："这份报告中，曾中有邓，邓中有曾。我已誊得差不多了。你能有本事看出哪些是我写的，哪些是曾老加上去的吗？"她立即接过去辨别。不一会，她指着其中一句说："这一句很深刻，你写不出"。我凑过去一看，果然是曾老写的。这是一句什么话呢？曾老写的是："这是辩证法加给我们的困难"。我想：这般富有哲理的句子，确实不是我这号人所能写得出的。我在理解了这句话的分量以后，40 年来，不知把曾老的这一警句引用过多少次！

曾老写给中共中央和毛主席的报告全文我已记不全了，只记得题目叫《好中求快》。内容大意是"四清"不宜拖得太久，在搞得好、符合验收标准的前提下，应尽快通过验收，然后集中力量抓经济。报告的重心在"快"字上。令

145

我难忘的是报告末尾的几句，他写道：在孙桥，我种了一分多（报告上写明了一分几厘，我记不清了）油菜，共有多少株，收了多少斤油菜籽，平均每株合到多少两（报告上都有具体数字）。这无疑是一个很可观的数字，但是他接着又加了一句："种植面积太小，也不能说明多大问题"。离开曾老家以后，我一直在琢磨：曾老为什么要写上这句话？他为什么把这么一件事情也要向毛主席汇报？直到现在，我仍然在思考：他是不是为了在生产力上加重些砝码呢？

曾老离开我们已有30多年了。我们纪念他，就是要学习他的高风亮节。他在二万五千里长征中是朱毛的"灯笼"。他在枣庄战役中运筹帷幄，指挥若定，能让美方代表"乖乖地"听从他的安排。他在渡江战役中帮助刘邓"借东风"，乘水势，受到刘邓和中央的称赞。在建设时期，他被胡耀邦称作"中国农村改革的先驱"。有失误，他不推诿，勇于认错；蒙受冤屈，他顾全大局，任劳任怨。他的心是火热的。他的骨头是铁打的。他的腰板是挺直的。他对人民是真诚的。他永远是我们学习的楷模。（作者系全国政协常委、上海大学社会学系博导）

（原文载《江淮文史》2004年第6期，文中照片略）

参加铅山"社教"

康克清

　　一九六五年九月，由我任组长，与全国妇联几位同志到江西省铅山县鹅湖公社江村参加社会主义教育运动。到铅山后，我带的这个工作组又增加了解放军第二炮兵文工团的几个团员，全组共二十余人。

　　江村紧靠两条公路的交叉处，是个生产大队，当时有四百多户，一千多人，分八个生产队。三年困难时期，经过干部和群众共同努力，生产有了恢复，但少数干部有账目不清、多吃多占、贪污挪用等问题。我们进村后经过调查，有两名干部分别有一千元和几十元左右的多吃、多占、贪污、挪用等情节。对这样的干部如何处理，群众议论纷纷，工作组内部的意见也不一致。有的认为对这两名干部应给予撤职、开除党籍的处分。我不由想起一九四八年在河北饶阳农村搞土改、三查三整的往事，感到这次"四清"与那次的土改虽有不同，但也有相似之处，这就是目标都是对着基层干部。朱老总对农村基层政权和对农村干部的分析，一九四八年的经验教训，都使我深深感到，调查研究、实事求是地处理干部问题非常重要。尤为重要的是，干部无论犯有多大错误，关键是应对其进行教育，提高认识。为此，首先要统一工作组内部和群众的认识。我向工作组表明：我们工作组是来教育人的，而不是来整人的。我还在群众会上反复阐明，这两名干部所犯错误的性质是人民内部矛盾，应以教育为主。同时根据他们的实际情况，提出"减、缓、免"的处理意见。经过反复工作，也得到群众的赞同，两名干部做了深刻检查，退回钱物。以后，他们重振精神，带领群众生产，关心群众生活，受到群众的欢迎。

在当时情况下，还有一名干部受到党内处分，那是江村前任支部书记江兴隆。他因家贫未能娶妻，土改后，一个富农老婆同丈夫离婚后，又与江兴隆成婚。婚后夫妻关系和睦，生有子女二人。后来发现那个妇女有海外关系。此事被上面领导知道后，批评江兴隆丧失阶级立场，"四清"前，撤了他的支部书记。这次"四清"他又被作为重点批判对象。村干部和群众中不少人把他看成是阶级敌人，也有人认为他是被敌人拉过去的，已蜕变为阶级敌人。主张召开全村大会批斗，然后法办。我认为江兴隆是党员，前任支部书记，对他的处理更应慎重。经过工作组同志与他谈话，弄清情况后，我问他：

"你的老婆过去是富农，又有海外关系，你这个党员和这样的老婆无法同时存在，党和老婆你选择哪一个？"

他稍加思索，然后十分认真地回答道："我这个老婆能洗衣缝补，下田劳动，喂猪喂鸭，做饭，带孩子……帮助我解决眼前生活中的许多困难。没有她，我这个家就散了，我的生活也难过下去。党我想要，老婆也离不开，现在只允许我要一个，为了要活下去，维持这个家，我只好先要老婆了"。

就这样，根据多数人的意见，决定劝他退党。后来我感到他确有实际困难，他的老婆也非坏人，劝他退党，这个处分有些过重。粉碎"四人帮"以后，江兴隆曾给我写信，要求恢复党籍。我考虑了他的要求，将他的信转给了当时任江西省委书记的江渭清同志，并讲明他的情况。后经江西有关部门研究，恢复了他的党籍。

在补划成分的工作过程中，我也一再向工作组和村干部讲明，要实行"就低不就高"的原则。我亲自把关，深入群众，核对财物，广泛听取意见，集体反复研究。全村划为贫农的户占百分之八十九，中农占百分之八，大大调动了群众的积极性，团结向上、致力生产的气氛日益高涨。

江村是个穷村，农业生产落后，人均只有六分水田，其余多数是旱地，因为缺水，只能种一季水稻。要改变江村贫穷落后的现状，我与大家一起进行实地调查、讨论，认为首先应解决缺水的问题，决定修两座小水库。这样，许多旱地也可引水灌溉，增加八百亩水田。我与县水电、物资局等有关部门联系，请他们派人协助勘察设计，购买钢材、水泥等。一切准备就绪，一个兴修水利的热潮立即在江村掀起。我与工作组的同志们也和群众一起天天到水库劳动，大家还展开了劳动竞赛。

一九六六年三月底，两座水库相继建成，当年就改善灌溉面积一千余亩，每年可增收粮食三十多万斤。

我还与江村妇女一起在山坡上开垦种植了三十多亩的茶树。经妇女们讨论，把这片茶树命名为"三八茶场"。现在这片茶场已发展到一百多亩。据说这些茶树长得郁郁葱葱，绿化了山地，也给江村增加了经济效益。一九八三年第五次全国妇女代表大会召开时，江西的代表还特意带来了这个茶场生产的茶叶，送我品尝。此外，他们又办起笋竹林场，人均收入大大增加，村里已有百分之七十的户建起了新房。这个原来贫穷落后的农村，与全国许许多多农村一样正在走上富裕之路。

（摘自康克清：《康克清回忆录》，解放军出版社 1993 年版，第 465—468 页）

149

"四清"运动亲历记

到江西上饶搞"四清"

童小鹏

"七千人大会"以后，经济建设经过调整，情况开始好转。但"左"的指导思想并没有从根本上纠正，特别是对政治形势和阶级斗争的估计，"左"得更厉害了。

1962年8月，中央在北戴河召开工作会议，原定议题是讨论农业、财贸等问题，以争取国民经济的进一步好转，但是会议一开始毛泽东就提出阶级、形势、矛盾的问题，要大家讨论。

同年9月，中央在北京召开了八届十中全会，阶级和阶级斗争就成为会议的主要议题。毛泽东的多次讲话，联系到对苏联赫鲁晓夫修正主义的批判，把党内一些不同的意见分歧也当成是阶级斗争的反映，把他所不同意而实际上比较符合客观情况的意见，看成是"右倾机会主义即修正主义"的表现，而且加上了"黑暗风"、"单干风"和"翻案风"等大帽子。

在八届十中全会的公报中，毛泽东又特别加上了一段话：八届十中全会指出，在无产阶级革命和无产阶级专政的整个历史时期，在由资本主义过渡到共产主义的整个历史时期（这个时期需要几十年，甚至更多的时间），存在着无产阶级和资产阶级之间的阶级斗争，存在着社会主义和资本主义这两条道路的斗争。毛泽东还说：阶级斗争和资本主义复辟的危险性问题，从现在起，必须年年讲，月月讲。

在 1963 年 2 月的中央工作会议上，毛泽东总结湖南、河北等地的经验，提出"阶级斗争，一抓就灵"。中央决定，在农村开展以"四清"（清理账目、仓库、财物、工分）为主要内容的社会主义教育运动，在城市开展"五反"（反对贪污盗窃、投机倒把、铺张浪费、分散主义、官僚主义）运动。

5 月，毛泽东到杭州，亲自主持起草了《关于目前农村工作中若干问题的决定（草案）》（简称"前十条"），作为指导农村"社教"的文件。这个决定对国内政治形势作了过分严重的估计，认为"四清"、"五反"是"打击和粉碎资本主义势力猖狂进攻的社会主义革命斗争"，要求各地训练干部进行试点。在讨论文件起草中，周恩来主张把"团结百分之九十几的干部、群众"的提法，改为"团结百分之九十五以上的干部、群众"。这一正确的意见被毛泽东吸收采纳，缩小了打击面。

"前十条"下发后，各地即按照文件精神训练干部，并进行试点工作。但在试点工作过程中出现了打击面过宽、混淆政策界限等"左"的做法，还发生了打人、罚人、乱搞斗争、干部自杀等现象。

各地反映上来的问题，引起了毛泽东的注意，他认为有必要对运动中的具体政策做出明确的规定。1963 年 9 月，中央发出了《关于农村社会主义教育运动中一些具体政策的规定（草案）》（简称"后十条"）。"后十条"规定了一系列政策界限，缩小了打击面，但它与"前十条"一样继续强调阶级斗争和防止修正主义，并明确提出"以阶级斗争为纲"的口号。"后十条"下发后也未能真正阻止基层所发生的"左"的偏差，问题仍然不少。

在试点过程中，王光美的"桃园经验"和陈伯达的"小站夺权"经验引起了毛泽东、刘少奇的重视，并很快转发到全国。

1963 年 11 月至 1964 年 4 月，王光美到河北省抚宁县桃园大队蹲点搞"社教"，其做法是先搞扎根串联，访贫问苦，从小到大逐步组织阶级队伍，然后开展"背靠背"的揭发斗争，搞"四清"；再集中地和系统地进行阶级教育，

"四清"运动亲历记

开展对敌斗争；最后进行组织建设。他们认为，对基层干部要依靠，又不完全依靠。犯有"四不清"错误的干部不仅有受地主、富农和资本家影响这个根子，还有上面的根子，不解决上面的问题，"四清"就搞不彻底。这就是人们所说的"桃园经验"。按照这种经验做法，"四清"的范围就扩大了，不单是清经济问题，而且要解决政治、思想和组织上的"四不清"问题。刘少奇去桃园视察以后，肯定了这种做法，并加以推广。

1964年3月下旬，善于投机的陈伯达也跑到天津市小站蹲点搞"社教"，他一到那里就把三个大队支部打成"反革命集团"，展开夺权斗争。在解决领导权问题后，再进行经济上的"四清"。陈伯达还整理一份小站地区三个"反革命集团"的社会关系分布图和"集团头子"的历史大事记，把农村形势描绘成一片漆黑。

随后，1964年5月召开的中央工作会议，在讨论防止修正主义问题时，毛泽东就作出了"全国基层有三分之一的领导权不在我们手里"的判断。刘少奇同意毛泽东的判断，并说"四不清"不仅下面有根子，上面也有根子，而危险性在于上层。会议提出要放手发动群众，追查"四不清"干部在上面的根子。这样，就使整个"社教"运动"左"的错误进一步发展起来。

同年8月4日，陈伯达给中央写了一封信并附上其得意之作——"天津小站反革命关系图"和大事记。8月12日，中央很快转发了这封信和所附材料。奇怪的是，几天以后，中央办公厅又把"关系图"放大，用大张道林纸重发了一次。我当时正在机要组，看到这张放大后的"关系图"，我和孙岳及机要组同志都觉得不可理解。

对于"桃园经验"，毛泽东认为它是"社教"中比较完整细致的典型经验总结，在许多问题上带有普遍性，9月1日也签发了《关于一个大队的社会主义教育的经验总结》，在全国推广桃园的"扎根串联"、"追根子"的"社教"方法。

中央决定开展"四清"运动，当时我和大家一样是赞成和拥护的，但对于全国基层有三分之一的领导权不在我们手里的估计，我曾和许明、李岩、孙岳等人议论过，认为估计过高。陈伯达那一套夺权"经验"材料下发后，总理办公室许多同志又议论了起来，认为是不是太夸大了！我也把大家的看法和意见向周恩来谈了。周恩来表示说："不要多议论，办公室要动员大家积极参加'四清'运动。参加'四清'对于每个人来说既可以了解基层实际情况，又可以增加一次锻炼和学习机会"。他要我和大家商量，分批下去。我要求第一批下去，他同意，并要我再提出下去的名单。我们安排第一批参加的有周家鼎、浦寿昌和刚从中央党校调来总理办公室的王维澄，随我到江西上饶，并报经周恩来批准。后来国务院秘书厅的刘冰清和罗瑞卿的夫人郝治平也和我们一道去上饶。周恩来对我们说："农村社会主义教育运动是第一次，没有经验，政策性强，要努力学习，依靠群众做调查研究，还要准备吃苦"。

国庆节一过，我和周家鼎等人就启程到江西上饶。这次和我们一同把上饶选为"四清"点的还有中央调查部和中央办公厅两个单位。我和调查部部长孔原、中办副主任邓典桃商量说，我们都没有经验，三个单位集中在一个公社搞，可互相帮助，交流经验。

我们到上饶后，同地委书记彭协中等见了面。地委要我们住在招待所，先学习中央文件，他们派人介绍情况，然后确定下乡地点。10月16日，正当我们在认真学习中央有关"四清"文件的时候，从中央广播电台中先后听到了两个震惊世界的新闻：我国自行设计、制造的第一颗原子弹爆炸成功；苏联共产党总书记赫鲁晓夫下台。这两条对我们来说都是好消息，大家一听都高兴得跳起来。当晚，我们和中办、调查部三个"四清"工作组联合举行了联欢晚会，庆祝一个"上天"和一个"下台"。大家唱歌又扭秧歌舞，情绪很激动。最后，孔原高兴得脱下衣服，打赤膊表演他拿手好戏"扭肩膀"，博得大家热烈的掌声，结束了这令人难忘的一天。

经过和地委商量，我们决定三个工作组在上饶市西郊的枫岭头公社进行"四清"。孔原、邓典桃和我成立孔、邓、童三人小组，推孔原为组长，定期交换情况和意见，统一向地委反映。孔原和调查部的同志住枫岭头，负责公社和一个大队的"四清"；邓典桃和中办的同志负责另一大队的"四清"；我这一组负责文家大队的"四清"。

我们认为，"四清"是中央决定进行的全国性运动，必须发动群众，依靠群众，经过仔细的调查研究，才能把问题搞清楚，所以一进村就要向群众宣布

153

「四清」运动亲历记

工作组的任务、目的，希望群众积极参加，揭发问题，同时也向干部宣传政策，希望自动交代问题，承认和改正错误。确定不搞"桃园经验"中神秘化的扎根串联。我们三个组于 10 月底进村，都是照上述办法做的，所以得到群众的欢迎。干部开始对我们有些戒备，了解政策后，也逐渐解除了顾虑。当然，在毛泽东一再强调"阶级斗争"的思想指导下，我们一开始也是带着"左"的情绪下去的。

文家大队包括文家、张家、萧家溪等几个自然村，大约百户人家，三百多人口，有一个支部十来个党员。我住在张家自然村一个姓张的贫农家里，张有母亲、妻子，还有三个孩子。地委派了贵溪县公安局长熊贵祥和一个科员，为我做保卫并一同参加"四清"工作。我们三人就住在这位贫农家的厅堂里，和他们一起吃饭，并给他伙食费。周家鼎、浦寿昌住在文家自然村，刘冰清、郝治平住在萧家溪自然村。

工作刚开始，地委就通知我和孔原、邓典桃进城去看 10 月 24 日中央发出的《关于社会主义教育运动夺权问题的指示》和转发的天津市委关于小站地区夺权斗争的报告。中央的《指示》肯定了小站地区这种先解决领导权问题然后再解决经济上"四不清"问题的做法。《指示》提出：凡是被敌人操纵或篡夺了领导权的地方，就必须进行夺权斗争。

我们研究后，认为各地情况不同，不能照陈伯达那一套去到处找"反革命分子"。对干部的情况要做仔细调查研究，既不能放过坏人，也不能错打好人，实事求是，有什么问题解决什么问题。

经过近两个月的调查研究工作，我们认为文家大队的大队长和支部书记都不是坏人，"四不清"的问题也不大，主要是年纪较大（两人都是土改中的积极分子），政治水平和工作能力较低，生产和政治思想工作都抓不起来，群众和党员对他们有意见。文家还有一个党员，在党内闹不团结，讲封建关系，和地主分子界线划不清，说什么"文家就是一家"。对这样不够党员条件的人，支部书记根本不管，也管不了他。我们工作组研究后，认为大队长和支部书记需要改选，对不合格的党员，应该清除出党。我同孔原、邓典桃商量，他们同意我们工作组的意见，并报地委批准。经党员酝酿，大多数都推荐生产劳动能手、当过县劳动模范的顾杏娟（女，20多岁，能和男人一样犁田）为大队支部书记。她在支部大会讨论后当选。文家那个不合格的党员也被清除出党。周家鼎还专门找他谈话，要他好好学习，改正错误，条件够时还可以入党，使他受到一次党课教育，他表示感谢。我们同群众协商，大家又推荐生产劳动能力强、年轻的社员卢国福为大队长候选人。卢也在社员大会上被正式选举为大队长。对原支部书记、大队长，工作组事先事后都耐心地做了工作，他们都表示服从大家和工作组的意见。为了帮助文家大队发展集体生产，经公社同意，调拨一个碳矿场由文家大队开采、烧灰，以增加收入，村民都很高兴。

当文家大队的"四清"工作告一段落时，已是快到1964年年底。这时第三届全国人民代表大会第一次会议将于12月21日在北京召开。这次我又被四川省选为第三届全国人大代表。在人代会之前，毛泽东还决定召开一次全国性工作会议，讨论农村社会主义教育运动，总结前一段的"四清"工作。我接到通知后，即回北京参加这两个会议。

中央工作会议于12月15日至28日在北京召开，会议的主要内容是讨论刘少奇提出的农村"四清"和城市"五反"几个问题。各地代表在交流"四清"运动开展情况时，也对前一段"四清"工作中出现"左"的偏差提出了批评。会议结束后，由刘少奇主持，形成了《农村社会主义教育运动中目前提出的一些问题》（简称"十七条"）这一文件，由中央批准发出。

与此同时，第三届全国人民代表大会第一次会议也于1964年12月21日至1965年1月4日在北京举行，会议又选举了刘少奇为国家主席，朱德为全国人大常委会委员长，周恩来为国务院总理。我是两边跑同时参加两个会，够紧张的。

在中央工作会议和人代会期间也开了几次政治局扩大会议，对如何看待当前主要矛盾和社会主义教育运动的性质，毛泽东和刘少奇出现了意见分歧。刘少奇坚持认为是"四清"与"四不清"的矛盾，或是人民内部矛盾与敌我矛盾交织在一起；毛泽东则认为运动的性质还是社会主义和资本主义的矛盾。毛泽东把问题看得严重些，还在小范围里不点名地批评刘少奇主张的"社教"方法，说工作队集中那么多人，是搞"人海战术"；不依靠群众，扎根串联，结

"四清"运动亲历记

果是"冷冷清清"。

毛泽东看了"十七条"以后,不满意。12月31日,中央通知停止下发和传达"十七条",根据毛泽东的意见要作修改。这时有些参加会议的人已回地方,还没有走的就留了下来和北京的同志一起讨论修改。直到1965年1月14日才又公布了《农村社会主义教育运动中目前提出的一些问题》(内容由十七条变成二十三条,简称"二十三条"),加上了毛泽东的一些主张和意见。

"二十三条"肯定了大多数基层干部是好的和比较好的,要求看待干部要一分为二,区别对待,逐步实行群众、干部、工作队三结合。规定工作队以后不搞神秘化,也不搞人海战术,纠正了"四清"运动中打击面过宽等一些"左"的做法。文件下发后,产生好的影响,一大批基层干部得到了解放。但文件又同时提出运动的重点是"整党内那些走资本主义道路的当权派",这就混淆了两类不同性质的矛盾,阶级斗争不可避免地产生了扩大化。

在北京过了春节后,我向周恩来要求再下去参加上饶县级机关的"四清",他同意了。2月下旬,我就离开北京回江西上饶。在文家大队做了总结和给地委写了报告后,我和调查部的杨荫东等几个同志参加地委派到上饶县委的工作组工作。周家鼎、浦寿昌等人就随孔原、邓典桃回北京。

因为有了中央的"二十三条"新指示,我们对基层干部的看法有了改变。文件也明确规定"要摆事实,讲道理,防止简单粗暴的做法"。所以,第二期"四清"工作与第一期显然有所不同。

工作组经过几个月的调查研究,认为上饶县委领导班子基本上是好的,没发现严重的问题。主要的问题是政治学习、民主作风不够,领导方法生硬等。这些都对县委同志当面提出了,希望他们改正。他们也诚恳地接受批评,并表示愿意努力学习,改正缺点、错误,加强全县的工农业生产和思想政治工作,把农村"四清"的成果巩固起来。工作组报告地委后,地委也同意工作组的意见。

我和孔原、邓典桃在"四清"工作中也听到有些干部群众对地委书记彭协中有一些意见,主要是1962年备战时期,彭有些惊慌,先把自己的家属送到怀玉山去等。我们都如实同彭当面说过,希望他有则改之,无则加勉。他感谢我们的反映和帮助，并承认有过那样的事。

我们离开前，都分别征求地方干部对我们工作组的意见。他们都认为我们是按照党中央的指示办的，没有听到不好的反映。

1965 年 6 月，上饶县机关的"四清"工作结束。为了总结两期"四清"工作的经验并休息几天，我和杨荫东等三个人借了地委的吉普车，经铅山县翻过武夷山的分水岭到福建崇安县，在武夷山住了几天。我们爬了山，游了九曲溪，才把几个月来的紧张情绪缓解了下来。

在谈到对这次"四清"的感受时，我们认为，解放后十几年来，农村经过各种运动及其他原因，问题肯定不少，普遍进行一次社会主义教育运动，以提高干部和农民的思想觉悟，把农业生产发展起来，是很需要的。但是，把农村的领导权说成有 1/3 不在我们手里，从上饶的实际情况看，是太夸大了。当然，在毛泽东"以阶级斗争为纲"的思想指导下，开始我们也有"左"的思想。但在实际工作中，我们遵照毛泽东注意调查研究、从实际出发的工作方法。也就避免了犯错误。同时，深入农村，了解到农村的实际情况，交了农民朋友等等，都是有益的收获。

6 月底，我结束了在上饶两期的"四清"工作回到北京。

（摘自童小鹏：《少小离家老大回——童小鹏回忆录》，
福建人民出版社 2000 年版，第 497—506 页）

157

"四清"运动亲历记

中南地区

三载"四清"亲历记

何　俦

从 1963 年秋至 1966 年夏，全国广大农村中掀起过一场轰轰烈烈的社会主义教育运动（又称"四清"）。它的声势之猛（由中央直接办点到大行政区及省、地一把手下乡蹲点、轮番上阵）、范围之广（第二年且由农村扩展到城市）、为时之久（原计划用六七年时间完成），都是自建国以后的历次政治运动所未曾有的。我作为由省派赴农村的社教工作队队长之一，连续 3 年既参加由公社到生产队的实际工作，又部分参与了分团的一些领导活动。现因历时过久，有些人名、地名逐渐淡忘，但大致经过尚历历在目。

1963 年 9 月：武汉——组建队伍

上世纪 60 年代初，由于连续三年的自然灾害、干部五风（即共产风、浮夸风、瞎指挥风、命令风、特殊化风）以及苏联撤走援华专家逼我还债等复杂因素，我国工农业生产出现了大幅度滑坡，人民生活水平一度急剧下降，蜗居台湾的蒋介石也乘机发出了"反攻大陆"的叫嚣。经过认真贯彻中央提出的"调整、巩固、充实、提高"八字方针，执行《农村人民公社工作条例（草案）》（简称"六十条"），分批轮训干部等措施后，到 1962 年秋局面已有所稳定，工农业生产已开始恢复和发展。但同时在部分城乡市场上出现了资本主义的自发势力，少数农村刮起了"单干风"，造成基层党组织涣散、缺乏战斗力等局面。毛泽东在中共八届十中全会上据此作出了在建设社会主义的整个历史时期都存在两个阶级和两条道路的斗争的著名论断，指出，如不认真加以解决，社会主义的中国就会出现资本主义复辟，全国就要改变颜色了。因此，进入 1963 年 3 月，中央发布了《关于厉行增产节约和反对贪污盗窃、反对投机倒把、反对铺张浪费、反对分散主义、反对官僚主义运动的指示》，在城市开展新"五反"运动。1963 年 5 月，中央进一步下达了《关于目前农村工作中若干问题的决定（草案）》（简称"前十条"），"前十条"指出，在农村部分基层组织和基层干部中存在着"政治上和平共处、组织上稀里糊涂、经济上马马虎虎"等严重现象，要求在全国范围内进行一次广泛而深入的社会主义教育运动，对广大干群进行"五个不可忘记"（即任何时候不可忘记阶级斗争、不可忘记无产阶级专政、不可忘记依靠贫下中农、不可忘记党的政策、不可忘记党的工作）的教育，在运动中重新组织阶级队伍，从而达到团结干部和群众的两个 95%，共同对付社会主义的敌人，以继续贯彻"六十条"和发展农业生产的目的。学习文件中特别强调，干部参加集体生产劳动是一件带根本性的大事，不然就势必脱离广大群众，势必出现修正主义。

根据上述精神，中共湖北省委决定于秋后在全省普遍开展运动时由省里直接派遣若干工作队到重点县（每个地区有一至三个）与地方干部配合一起进行工作。工作队除大部由省直各单位组建外，还要求武汉市本着城市支援农村的精神组建 3 个工作队。为保证队伍质量，要求由处以上干部带队，副科以上骨干要占总数的 1/4。因此市、区都较重视，市属机关组建的队，由市科委办公室主任黄绍亮率领；市属大厂组建的队由武重工会主席丁××率领；5 个城区共同组建的队由我负责。从我领导的这个队来看，在江岸区抽调的 16 人中就有徐庆诚（区财办副主任）、张森（区手工业管理局副局长）、陈修身（女，区团委副书记)、谭道裕(区委办公室科级干部)等 4 位骨干。这说明当时由上而下都较重视这一任务。

我们下乡前在省里集训了一个月,先是学习"前十条",提高对国内外形势的认识,提高队员的自觉性,结合回忆对比,培养典型诉苦,以增进部分"三门"(即家门、校门、机关门)干部对阶级斗争的感性认识。集训中还听取了省委在五里界进行的初步试点情况介绍。

学习后期,中央《关于农村社会主义教育运动中一些具体政策的规定(草案)》(简称"后十条")已发布,省委当即将"双十条"集中翻印,发给队员人手一册,成为下乡必带的随身"武器"。

集训结束前,除明确了各队分赴的重点县及启程日期等具体事宜外,王任重同志还在洪山大礼堂召集全体队员作了送别讲话。

1963 年 11 月:宜都——进行"初教"

1963 年 11 月,我带工作队到了宜都。宜都在宜昌专区的东面,"大跃进"中与枝江县合并一起称为宜都工业区,贯彻"八字方针"中复降格为县。我们到达时正值两个县委分家,县委要求我们工作队也一分为二,以帮助新恢复的枝江县也开展运动。经报请省委组织部同意后我把武昌、汉阳两个区约 30 人的队员交由副队长、原汉阳区委宣传部的王副部长带领去枝江百里洲区马口公社,我和江汉、一口两区的队员约 50 人仍留宜都。

宜都全县的"社教"第一批只搞县城周围的姚店区,全县抽调近 300 名干部和我们一起分别编组,经过集训后下到社队。我们分担了红星、䔾峰、山河 3 个公社中 9 个大队的工作。

1964 年 3 月,第一批"社教"结束后,其他 5 个区全面铺开,我们参加了潘湾区、红花套区约十余个大队的工作。至 1964 年 8 月,运动临近结束前,奉命撤回省内。

运动具体分四步:

第一步，动员阶段。讲明来意，结合访贫问苦，扎根串联，了解情况，建立贫协小组，向社员原原本本宣讲"双十条"；

第二步，斗争阶段。对"四类"分子（地、富、反、坏）逐一进行评审和必要的批斗，对有"四不清"问题的基层干部号召"洗手""洗澡"，放下包袱，共同对敌。情况严重者则进行必要的斗争；

第三步，处理公私关系。在清理集体财务、工分、账目和仓库的同时，号召社员公物还家，落实自留地面积，限制随意开荒，并落实干部经济退赔；

第四步，建设阶段。进行党团组织建设，选举新的领导班子，建立各项工作制度，结合完成整党。

由于工作步骤安排具体，工作队队员都兢兢业业、勤奋努力，所以顺利地完成任务。

工作队员思想上的收获尤为明显。他们在与贫下中农同吃同住的过程中，充分体会到农村生活的艰苦滋味和城乡水平的巨大差距。当时的宜都山区，仍是停留在"刀耕火种"的阶段，使用原始的耕作方法，不仅粮食产量低（人平年均口粮只 240 斤，以红薯、玉米和土豆为主食），而且水源奇缺，遇上十天半月不卜雨，家家都得跑上七八上十里，下山背水吃。

沿江丘陵地带的农民则受烧柴不足的威胁最为严重，以我曾住过的红莲四队的房东老刘家为例，夫妻两人都是 40 来岁的壮劳力，有 3 个孩子，一年挣的工分刚刚够吃，添件新衣服都不容易。队里每年分的稻草秸秆根本不够烧，又买不起柴，因而只要天气晴好，许多男社员便天不亮出发，带干粮进山"哈（捡拾之意）松毛"，到天黑时挑回百把斤枯枝败叶就谢天谢地了。遇上雨天或农闲，全家只两餐饭。因此，除非是大农忙，地里活平时都靠妇女干。另外还有修水库、修公路等义务工。当时占多数的社员的情况，都是如此，全年辛苦下来，勉强维持生活。

工作队也正是从这些生动的事例中，认识到广大贫下中农热爱党、热爱集体、坚决走共同富裕的社会主义道路的政治品质之可贵，认识到在我们这个一穷二白的广大农村建设社会主义工程之巨大与艰辛，从而更增长了提高自身政治觉悟与搞好"社教"运动的责任感。

"四清"运动亲历记

毋庸讳言，"初教"的成果是颇为有限的。因为它虽也按照上级布置，步步项项地做了不少工作，但在关键的一步，干部"四清"特别是"清经济"上成效甚微。表现在运动中大、小队的基层干部一般虽也能痛哭流涕地诉说家史，在检查自身的退坡情绪和单干思想时也勇于作自我批评。但一到"洗手"、"洗澡"，放经济包袱时就卡了壳，一般都说小不说大，说共性不说个性，说明显的人所共知的问题不说隐蔽的。受到群众揭发批评时情绪抵触，实行退赔时更加顶牛，有的甚至撂挑子不干工作（当时县、区、公社干部除有严重错误者外，一般在原位上直接领导运动，他们不带头"下水"，下面基层干部也就动不起来）。因此，工作队回省后听传达中央精神，说"初教"走了过场，必须重新开始时，倒也不觉十分委屈，再干就再干吧！

1964 年 10 月：枝江——重点突破

回武汉后仅休息半月即重新集结，到省里学习。由于市内也有开展"四清"的需要，省委同意市里的请求，将三个队减并为两个队，仍由黄绍亮与我分别带队。这样每个区的队员都减少了 1/3，缺额由企业队调补。于是，除城区外，又增添了江岸车辆厂、武昌车辆厂及中南电力设计院等几个单位的力量。

这一次集训为时一个半月，传达学习了修改后的"后十条"，收听了河北抚宁的"桃园经验"录音和天津小站的"反革命两面政权"等材料。在学习中开展了"三查"（查立场、查作风、查斗志），对极少数不适合的队员加以清退，因而整个队伍情绪高昂，要求重上战场，补"彻底革命"之课。

我们队于 10 月中旬重赴宜昌后，"四清"总团已经成立，并从全地区 9 个县抽调约 3000 名干部脱产编队集训。我们到后被分别安排到当阳、宜都、枝江三个县的干部中搞"三查四清"，帮县、区、社三级干部在学习中"洗手"、"洗澡"，轻装上阵。地方干部动起来后火烧得相当猛，个别县、区领导人检查得痛哭流涕仍三番两次过不了关。集训中还介绍了王任重在孝感卧龙公社、李尔重（时为中南局农委副主任）在当阳县长坂大队蹲点打开局面的经验（李是亲自到集训现场讲的）。然后即由总团率领全部人员，挥师东进，在枝江一个县内开始了为期一年的大兵团作战。

根据"集中兵力、重点突破"，取得经验后再全面铺开的原则，总团把新场、百里洲两个植棉为主的经济作物区作为重点，每个区均放进两个县的干部队伍，把由省里下来蹲点的湖北省高级人民检察院房检察长、湖北省高级人民法院钱院长、湖北省建工厅魏副厅长安排去新场。省里分管政法工作的邓副秘书长，省公安学校×校长及其工作队还有我们队的一部分人员安排到百里洲。为便于指挥全局，省委常委、省委组织部代部长王志浩和总团长、地委书记阎钧也在总团附近问安区的一个大队蹲点，地委副书记李涵若和军分区詹政委则下到百里洲参加运动。这样的阵势摆开后，自然使全县干部和群众受到很大震动。

由于中央在"后十条"的修改中提出，凡开展运动的大队，一切权力归工作队，"四清"的内容也由先前的清财务、清账目、清工分、清仓库发展为清政治、清经济、清组织、清思想。因此，工作队进村后开始一段搞宣传发动，扎根串联、揭盖子、查账，结合抓生产、参加集体生产劳动等，工作搞得热火朝天，但实际上形成了工作队夺权、广大基层干部人人过关的格局，加上部分同志急于求成，刚发动起来的贫下中农积极分子中也存在一定程度的过激情绪，因而在某些社队出现了逼供信现象，致使有些基层干部受到了不应有的打击和不公正的对待，从而使工作队在某种程度上脱离了群众，形成僵持、顶牛的被动局面。

点上的不利情况自然会影响到面上的人心浮动，而且不仅个别省区，在全国也具有一定程度的普遍性。因此中央迅即研究制定对策，下达了著名的"二十三条"（先本为"十七条"传达至总团扩大会议，尚未层层贯彻到队即扩充为"二十三条"直接张贴进村），从而使局面得到了根本的扭转，不但基层干群过了个欢乐愉快的春节，出村回家休假的工作队也心情舒畅地松了口气。

"二十三条"的贯彻使运动迅速打开了局面，原在重点大队集中的工作队员迅速铺到周围力量较少的附点，1965 年 2—8 月，半年的时间内把枝江县的"四清"运动搞完,然后回师宜昌约半个月,对工作进行总结。

在枝江的近一年中,全体队员可说是打了一场硬仗,一是工作量的巨大。不仅要从思想上发动群众,提高贫下中农觉悟,组建阶级队伍;还要对基层干部进行耐心教育,包括错整了人家后的思想工作。夜里或雨天要经常开会或查账,晴好天气还要和社员一起抓紧生产劳动(每个工作队员都发有工分卡,记录哪天参加了哪种劳动,当评多少工分,并由记工员签字)。加以百里洲经济比较发达,几乎个个大队都有自己的榨油厂(棉籽)和在外跑航运的船只等副业,自然更增加了查证的工作量。二是生活条件相当严峻。总团规定了实行"三同"时不许吃鱼、肉、蛋的"三不吃",队员每月只初一、十五放两天假可趁便洗衣或到附近集镇购买日用品并顺便改善一下伙食。因而大多数队员一年下来都减了体重,少数同志甚至肝炎复发或患上其他疾病。

省、市领导对工作队的困难也是较重视的,对确有病痛的同志进行了必要的治疗或替换,对粮票差额(下乡每餐需交半斤,二月需 45 斤,而干部定量原仅 27 斤)给予足额补助,每逢暑期或年节休假时组织有关单位到码头接送,并放映专场电影,在大型歌舞《东方红》演出时也组织工作队员观看。

值得一提的还有,在运动快完成的六七月份,总团来电话说市里有领导要来枝江慰问,我当即建议最好不来,因为下面工作正忙,而且当时交通困难,不仅无像样公路,连从县城过江的轮渡也没有(平时有木船摆渡,遇上天气不好只能搭往返于刘巷与马家店之间、每天只有一趟的沙宜班轮);特别是队员分得较散,在我跟前的只有四五个工作组。另有部分同志在红旗、冯口公社。一口、江车等组且远在县北仙女区。不料两日后他们还是来了,而且来的是年近 60 的长期担任市委组织部副部长的蔡光炎同志。在总团的努力下,总算把分散各处的一二十位工作组长召到一起开会座谈,在发言中大家叙述了下乡两年来的曲折历程和实际感受,却并无一人提到票子(当时往返旅程虽有差旅补助,但进村后却无任何补贴,市内因公误餐有误餐费)、位子、房子或孩子等具体问题和要求。这也可见当时革命气氛之浓和人们觉悟程度之高。

1965 年秋：咸宁——鸣金收兵

1965 年秋，由于市内"四清"运动的广泛开展，因而支援农村的工作队又由两个缩编为一个，由我带领直接开赴咸宁地区。

当时的咸宁地区由原属孝感的江南 9 个县组成。1963 年曾搞过"初教"，但 1964 年大兵团作战时则力量全部集中到江北，这边仅一般地宣传了"二十三条"。地委建立后对"四清"抓得较紧，决定首先搞咸宁县，力量除由辖区各县调集外，并从省里调了华中工学院，还有湖北大学的数百师生。我们和生物制品研究所及省军区等参加"四清"的干部共四五十人，还有地直机关的干部都集中在高桥区作为重点，其他 5 个区由各县分包。高桥是咸宁县经济发展最落后，交通也最不方便的闭塞山区。总团把重点放在这里，和国内外形势有关，当时正在批判苏联修正主义，国内战备工作和大小三线建设都抓得很紧，咸宁又正是最靠近武汉的山区。

我们队全部分配到高桥区的高桥公社，这比在宜都、枝江时过于分散是一大改进。高桥公社的特点是一大二杂。所谓"大"，是在全县 30 来个公社中，大多数只辖六七个生产大队，最多不超过 10 个，而高桥公社却辖有 131 个生产大队。所谓"杂"，它既有以粮食、黄麻生产为主的农业队，也有山林副业占较大比重的生产队，还有一年四季只生产斗笠供应市场、完全不搞粮食生产的大队。这其中既有工作基础好、年稳产高产的先进队，也有生产水平低、单干风刮得狠或闹宗族、搞迷信活动、甚至土改时走了过场、遗留问题长期未曾解决的后进队。

我们队于国庆后出发，在咸宁县城停了两三天，和地方干部混合编组后，即进村落户，我和工作组一起住进了和平大队蹲点，进点不到一周，刚开始走访群众，宣讲"二十三条"以及"双十条"的部分内容时，就被在新华大队蹲点的韩宁夫副省长调赴公社，负责工作队的全面工作。

整个运动发展得较顺利，在半年的时间内，不仅深入细致地发动了群众，教育了干部，达到了团结两个 95％以上的干部和群众，继续发展农业生产的目的，而且还发展了一定数量的党、团员，调整和充实了公社、大队及生产队的领导核心。虽然由于情况的复杂，加以工作队来自各方，水平不一，工作进程中出现过发展不平衡，甚至个别队一度煮了夹生饭的情况，但总的来看没有走弯路，在执行政策上也未出现严重失误，基本上达到了中央所提出的六条标准，因而受到总团、分团的肯定，并要求工作队全体人员进驻县城，帮助县直分团开展"四清"运动。

进军县直后我自己在文教卫工作队担任队长，并到咸宁二中住了一段时间。其他大多数队员也被分配到与其原单位相近的部门开展工作，因而大家情绪比较振奋，都想要做出比在农村时更好的成绩。

但情况的发展并不甚理想。

首先是全国范围内的"文化大革命"已经开始，正在声讨"三家村"，并解散了北京市委。"五一八"会议传达后，地、县委领导也开始沉不住气了，已顾不上县直机关"四清"运动，只原则上传达了省委的初步意见，把"四清"运动与"文化大革命"结合进行。因此，工作队分头进点后虽也认真地宣传"二十三条"，结合发动群众，学习毛泽东著作，在文教卫系统还召开了为期一周、上下结合、人数达数百人的代表会。通过揭盖子，抓典型，揭发批斗了少数重点人物。但工作越来越难深入，因干部和群众的注意力都在关心着日新月异、不断发生剧变的国家大事。加上县直机关和农村工作条件不同，在公社一切由工作队统一领导，只要注意革命、生产两手抓、两不误，就可一切顺遂。

而在县直机关必须应对四面八方，运动经常受到这样、那样的干扰，如抗旱压倒一切时，工作队要带领群众到丘陵上开挖灌溉渠约一周；"双抢"中带学生帮农场抢收早稻数天。有次离城数十里处的山上发生山火，工作队还半夜里集中乘车赶去扑救等，以致运动忙一阵，停一阵，甚是被动。但就是这样的局面也只维持了两个来月，8月初，毛主席在天安门接见红卫兵，中央派赴北大清华的工作组全部撤出后，省、市也命令工作队全部撤离。而且回汉报到后既不要求做总结，也不谈以后是否再搞，就这样不了了之，鸣金收兵。

在运动已过 40 年后的今天，我把它的正反面的经验教训加以勾勒，以供后来者从中有所取法与鉴戒。

（原载《武汉文史资料》2004 年第 11 期）

169

「四清」运动亲历记

声势浩大的"社教"运动

石邦智

湖南社会主义教育运动是开展得比较早的，从 1961 年 11 月开始至 1966 年 8 月结束，历时 5 年。大体经历了酝酿准备、试点和全面开展三个阶段。

第一个阶段，从 1961 年 10 月至 1963 年 5 月，是社会主义教育运动（以下简称"社教"）的酝酿准备阶段。

1961 年 10 月，湖南省委召开扩大会议，传达中央庐山会议和中南局南岳会议精神，讨论了国民经济的调整和在全省城乡开展"社教"运动。11 月 3 日，省委正式发出《关于社会主义教育运动的几点指示》。《指示》认为，全省农村和城市在纠正"五风"之后，又出现了一股逆流，如不迅速加以解决，将不利于整个国民经济的继续好转，不利于坚持社会主义道路。运动主要是依靠本单位党组织，运用正面教育、自我教育的方法，提高干部群众的社会主义觉悟。翌年 10 月 21 日，省委向党中央写了《关于怎样纠正"单干风"的报告》，将所谓单干与投机、赌博、偷盗、迷信一起列为社会主义与资本主义两条道路的斗争。中央认为这个报告很好，批转全国。可以说，湖南为党中央、毛主席发动"社教"运动提供了一定的事实依据和舆论准备。

党的八届十中全会提出要在全国进行一次社会主义教育运动后，省委先后召开县委书记会议、省委全会和省党代会，就如何贯彻十中全会精神、开展"社教"运动问题进行了认真的研究。在城市，主要以开展增产节约和反贪污盗窃等为内容的"五反"运动。湘西城乡"社教"运动按照省委的上述安排，在各级党委的领导下进行。1962年秋收之后，我州各级党委先后抽调7000多名干部深入到500多个大队，采取以点带面的方法，1个点带4个大队，在全州范围内开展社会主义教育，掀起冬季生产高潮，争取1963年农业更大丰收。深入到基层的各级干部，大都以生产队为落脚点，帮助生产队干部出主张，总结经验，搞好生产。干部们深入农村后，坚持与社员"四同"，发扬艰苦朴素的优良作风和群众路线的工作方法，受到基层干部和广大社员的赞扬。我深入到花垣县麻栗场区，和基层干部谈心，以自己爬雪山、过草地的亲身经历讲革命故事，激发基层干部群众的革命热情。

各级干部还深入到后进队，帮助后进大队、生产队总结工作，找出问题，然后一个一个地加以解决。如古丈县委的四个正副书记和四个公社党委正副书记深入基层后，首先就抓领导班子，他们帮助3个大队、31个生产队健全了领导班子。县委书记胡彬到城关公社橱楼柯大队第一生产队工作时，帮助这个队某些干部解决了不团结的问题，并和干部们谈心，启发他们的革命积极性。

在工作过程中，各级干部大都注意了调查研究，运用了"以点带面"的方法。州、县、区、社四级党委共建立了重点500多个，这些重点有先进队，有一般队，也有比较困难的队和后进队，每个重点队带5个面上的队。在干部的调配上，在以主要力量抓粮食集中产区和经济作物较多的地区的同时，还派出一定数量的得力干部，加强后进地区的工作。

由于广大干部深入到基层，认真贯彻党的八届十中全会决议，执行党的有关政策，开展社会主义教育，农村基层干部和各族社员的集体生产积极性空前高涨，人民公社的集体经济得到了进一步巩固，干群关系更加密切，广大社员对夺取1963年农业大丰收更加充满信心。1964年3月28日，中共湘西自治州委向中共湖南省委报告"五反"运动安排意见，全州"五反"运动总的安排是：抓紧时机，坚持试点，以点带面，点面结合，分期分批坚持到底。全民

171

「四清」运动亲历记

所有制单位从现在开始搞点，今年内分三批基本搞完。属于要进行"五反"的集体所有制单位，今年只搞试点，明年上半年争取结束运动。4月，根据州委部署，全州城镇176个企事业单位开始开展以反对贪污盗窃、反对铺张浪费、反对投机倒把、反对分散主义和反对官僚主义等"五反"为内容的"社教"运动。参加这一运动的职工有5327人，占应参加的5783人的96%。

1964年7月31日下午，我主持召开州人委会，讨论了州直以"五反"为内容的"社教"运动，对验收工作进行部署。根据州委原来对运动的部署和要求，整个运动的验收内容有七条：第一，通过运动，绝大多数领导和干部是不是提高了阶级觉悟和社会主义觉悟，端正了立场，进一步调动了积极性；第二，通过运动，领导作风和干部的思想工作作风是不是确实有了改善；第三，通过运动，领导之间、干部之间在政治思想上的团结是不是增强了，领导与被领导之间的关系是不是更密切了；第四，通过运动，对钱、粮、物、票、小钱柜和小金库是不是进行了认真的清理，并根据政策对清理出来的问题是不是进行了具体的处理；第五，通过运动，是不是整顿了组织建立健全了各项规章制度；第六，通过运动，是不是认真进行了"两反"学习，积极开展了"两反"斗争；第七，通过运动，是不是全面摸清了干部队伍的状况。会后，州直战线组织验收。年底，验收工作全面结束。

第二个阶段，从1963年6月到1964年8月，是农村社会主义教育运动的试点阶段。

在这一阶段，中央先后召开了两次讨论"社教"运动的会议，制定了《关于目前农村工作中若干问题的决定（草案）》（即"前十条"）和《关于农村社会主义教育运动中一些具体政策的规定（草案）》（即"后十条"）两个文件。"前十条"下达后，州委根据文件精神，对"社教"运动重新作了部署，决定先试点，然后分期分批展开。6月，从全州各县抽调干部组成工作队（各县由县委书记负责）在吉首县吉首公社试点。8月，州人大三届一次会议胜利召开，我连任州长。州委、州人委设立了社教办公室，在吉首县万溶江公社设立"社教"总团，先后在吉首、凤凰、大庸、泸溪四县部分农村开展农村社会主义教育运动试点。运动分四步完成：第一步，宣传政策，深入进行阶级教育，组织革命的阶级队伍，团结基层干部和群众；第二步，全面开展以清账目、清仓库、清财物、清工分为内容的"四清"，加强干群团结，干部"自觉革命，主动下楼"，交待政治经济问题，发动群众热情帮助教育干部，共同清账、查账；第三步，彻底发动群众，彻底打击阶级敌人；第四步，处理公私关系，巩固集体经济。

10 月 3 日，州、县工作队召开干部会议，提出以中央"前十条"为思想武器，按照省委提出的六条要求教育干部、发动群众、搞好"四清"、参加劳动、打击敌人、贯彻"六十条"，搞好粗线条的试点工作。会后，各县第一批试点工作正式开始，直到次年元月结束，历时 100 天。

1964 年元月 1 日，州委书记齐寿良传达省委会议精神，通报了全省农村"社教"试点情况，总结了我州前一阶段的"社教"运动，对后面的"社教"工作作了安排。他指出，前段时间的试点工作 90%的搞得很好，达到了训练干部和总结经验的目的。他要求全州上下要切实解决好对"社教"运动的认识问题，一定要在两年内完成社教工作。关于今后一段时间的"社教"工作，他代表州委作了很好的安排：全州"社教"分期分批进行，试了点的县扩大试点，没有试点的县要搞试点，州里从 3 月份起扩大试点。关于面上的"社教"工作，一是要开好县社两个三级干部会议，主要抓住阶级斗争、阶级队伍、干部和巩固集体经济等问题进行学习、宣传、发动和组织；二是要以点带面，全面展开，注意运动方法。3 月底 4 月初开始，但不抽不脱产干部；三是要解决好公私关系、敌我问题、干群关系、生产问题、五评五比等五个问题。

1964 年 3 月中旬，3000 人规模的第二批"社教"试点开始，历时 5 月有余。这次扩大试点在指导思想上明确提出了五个依靠，即依靠毛泽东思想，用毛泽东思想武装干部，发动群众，指导我们的行动；依靠中央两个"十条"，按两个"十条"办事；依靠原有组织；依靠干部自觉革命；依靠贫下中农，贯彻党的阶级路线。我从省委党校学习归来后，参加了吉首县的试点工作。

第三个阶段，从 1964 年 8 月至 1966 年 8 月，是农村系统开展"社教"运动的阶段。

在前段试点的基础上，运动全面铺开。此时，国家主席刘少奇来湘，批评省委"团结百分之九十五以上的干部是团结百分之九十五以上的群众的基础"这一提法，并批评"社教"试点工作中的"和平四清"、"和平五反"，要求进行"革命四清"、"革命五反"，切实解决政治、经济、思想和组织上的"四不清"，推广"桃园经验"。省委按照"后十条"修正草案和"桃园经验"，对全省运动再次作了部署和调整。1964 年 8 月至次年 7 月，根据省委部署，州委决定抽调州直和全州 10 县干部力量，组成 4084 人的"社教"工作队，在吉首县的 10 个公社和两个镇（除吉首、社塘坡、丹青、排绸外）、143 个县直机关和企事业单位开展全面的"社教"运动。"社教"工作队设总团和十个分团、两个直属队，州委书记齐寿良任总团团长，我和陈彦滨任副团长，各分团团长由各县委书记担任。直属队由州直机关人员组成。除龙山分团负责两个公社外，其他分团各包一个公社，两个直属队分别驻乾州、吉首两镇。

花垣分团 358 人，由县委书记郝瑞华任团长，负责矮寨公社。我下到花垣分团蹲点，州直机关随我一起参加花垣分团搞"社教"的有连瑞珍等 20 多人。9 月 11 日，全州社会主义教育工作队队员开始集中到州学习培训。训练学习分三个阶段进行，第一阶段，宣传动员，学习文件，提高认识；第二阶段，放下包袱、"洗手洗澡"，小组过关；第三阶段，总结提高，讨论政策和工作方法。学习结束后即下到社队开展运动。

"四清"、"五反"当时被视为国内反修防修、挖修正主义根子的一个重大战略措施，"是一次比土地改革运动更为广泛、更为复杂、更为深刻的大规模的群众运动"，"整个运动都由工作队领导"。为了"放手发动群众彻底革命"，夺回"不在我们手里"的"三分之一的领导权"，我和郝瑞华要求全体队员"入队后一定要艰苦深入，放手发动群众，揭阶级斗争的盖子"。下队时，可以工作组（一个生产队派一个工作组）为单位先集体住宿，等弄清情况后再入住到户，与群众坚持"三同"（即同吃、同住、同劳动）。队员的住户，必须是绝对可靠的贫下中农，不能住在与地富反坏有社会关系的贫下中农家中，也不能住在当过大小队干部的贫下中农家中，更不能住在"四不清"干部的家中。所以，我和工作队员下乡后，第一件事便是了解情况，选好住户。经矮寨大队工作组调查了解后，我用化名住到矮寨大队第六生产队一户贫农家里。

这种改姓换名的秘密工作方式使我仿佛回到了战争年代，有一种既熟悉又陌生的感觉。秉承战争年代的习惯，一入队我便撇下警卫员和秘书到处走动，观察地形了解情况。我摸到矮寨后面山上的一个小村子，挨家挨户了解情况。晚上回来竟然在山沟里迷了路，转了半天也走不出来。没想到这天下午花垣分团有事向我请示，派人、打电话满世界找我，生怕我出什么意外。我在摸索中前进，心里并不怎么着急，但他们从下午找到晚上9点多，着实急得不行，尤其是我们的郝团长。当我晚上近10点钟终于找到"驻地"和"主力部队"后，大家悬着的一颗心才放了下来，甭提有多高兴了，只有团长郝瑞华绷着一张脸，"严厉"地责问我一个人跑到哪里去了。我知道他肩上的责任，也理解他和同志们的心情，如实地向他解释了我的"失踪"，并诚恳地向他和同志们道歉，保证决不再犯自由主义，他这才舒颜开怀为我张罗晚饭。下去20多天后，花垣分团决定集中所有工作组长到我蹲点的矮寨大队帮助工作一个月，先揭开这个大队的阶级斗争盖子，以便取得经验，推动各队乃至各分团的工作。

我同其他队员一样入住的都是最贫困的贫下中农。白天，我们帮助住户上山砍柴，下地干农活；晚上，或开会，或个别了解情况，天天都要忙到深夜才能睡觉。餐餐吃的是苞谷粑、苞谷糊或红薯，平时根本没有小菜，每餐除一点辣子外就是吃各种酸菜或野菜。凭着这种艰苦奋斗的精神和深入细致的作风，我们很快与群众打成一片，发动群众开展了各种斗争。

由于"左"的思想的严重影响，我们在运动过程中对基层干部打击面过宽，打击过重。不仅公社干部人人过关，大队、生产队干部个个检讨，甚至对生产队记工员也要全面清查。矮寨大队揪出了一个大队会计，作为重点斗争对象，大会小会批斗了一个多月。连瑞珍任工作组长的平年大队群众揭发出一个"新恶霸"——大队治保主任杨胜茂。群众说解放前他们村有个大地主恶霸一方，人人都怕他，解决后又出了杨胜茂这个"新恶霸"。"大跃进"时，他强迫群众破冰犁田，寒冬腊月他要大家下水挖泥修水利，谁不下水他就捆谁。食堂化时，他们饿得走不动路，他还要逼迫大家出工，谁不出工就扣谁的钵钵饭，你看他恶不恶？

1965年1月，中央政治局召开全国农村工作会议，在毛主席主持下讨论制定了《农村社会主义教育运动中提出的一些问题》(即"二十三条")。"二十三条"要求看待干部要一分为二，区别对待，尽快解放大部分干部，逐步实行群众、干部、工作队"三结合"。这个文件下发得十分及时，在传达贯彻过程中，我反复对工作队员们讲："'大跃进'时期和'五风'中出现的一些问题，责任在我们上边，不能责怪基层干部。我们一定要实事求是，一分为二看干部，正确对待基层干部。总的来看，我们绝大多数基层干部是好的和比较好的。要尽快解放多数干部，实现团结百分之九十五以上的干部和群众"。各工作队按照"二十三条"，积极引导群众实事求是地认识干部问题。就拿平朗大队被群众称之为"新恶霸"的杨胜茂来说吧，他到底是好干部还是个有严重问题的"新恶霸"呢？在工作队的正确引导下，广大群众逐步认识到：他任大队治保主任5年间，全村"四类分子"没一个敢乱说乱动，说明他立场坚定，工作负责；他组织纪律性强，上面布置什么任务，他都带头去干，从不怕苦怕累；他大公无私，办事不讲情面，哪怕是亲戚，如"大跃进"时为提早季节要破冰犁田，他弟弟不干，他一样破口大骂让他非去不可；食堂化时，他和大家一样饿得走不动路，从未多吃多占过。他的突出弱点是工作方法简单生硬，爱骂人训人。像这样的干部还能不能再用呢？群众反复讨论后认为：他只要能改掉骂人训人的毛病和强迫命令的坏作风，还是个好干部。在正确引导群众一分为二地看待杨胜茂的同时，我们对杨胜茂本人进行正面教育，使他不仅消除了怨气，还决心以实际行动改掉他的不良作风。运动后期调整大队领导班子时，经全体党员选举，并征求绝大多数群众同意，杨胜茂担任了大队党支部副书记兼大队长。这是纠正前段运动的错误，解放干部的典型，惟有这样才是真心爱护干部，才能真正调动干部的积极性，也只是这样，才是正确执行党的干部政策，才能保证"社教"运动的健康发展。

1965年7月下旬，第一批"社教"运动结束。回机关休息五六天后，各"社教"分团开始整训。这次整训的目的在于总结第一批"社教"的经验，进一步提高大家的思想政治水平，端正工作作风，部署第二批"社教"运动。花垣分团在整训中按照"二十三条"提出的"社教"六条标准对照检查，认为矮寨的"社教"运动贫下中农发动起来了，运动取得了一定成绩，但按六条标准之一的"是增产还是减产"来看，运动对生产抓得不力，没有像批判资本主义那样来抓紧生产；虽然增了产，但增产的幅度不大。大家认为，下批运动要始终紧密结合生产去进行。

1965年9月至1966年9月，在全州开展第二批"社教"运动，即系统的"大四清"（清政治、清组织、清经济、清思想）。州"社教"总团集中凤凰、保靖、花垣、吉首及州直机关干部共2200多人，设立"社教"总团和5个"社教"分团，并建立党委，齐寿良继续任总团团长兼党委书记，我则任副团长兼党委副书记。工作队进驻凤凰县28个公社，246个大队，1560个生产队和城镇132个县直机关单位。花垣分团负责7个公社的"社教"运动，分团部设在禾库。我随花垣分团在柳薄公社米坨大队蹲点，与州人委办公室主任谢经伟一起住在第一生产队一户贫农家中。

在这批"社教"运动中，"社教"工作团全面贯彻中共中央两个"十条"和"二十三条"，学习"桃园经验"，运动的重点是整"党内那些走资本主义道路的当权派"。但在实际运动中，我们一是不理解什么是"党内那些走资本主义道路的当权派"，二是时刻牢记运动要紧密结合生产进行，因而在一定程度上减轻了"左"倾思想带来的损失。

在工作队下去之前，我就和花垣分团团长郝瑞华、副团长兼竿子坪工作队长连瑞珍等团领导研究决定："工作队下到社队后，首先要大抓一段时间的生产，抢种油菜、麦子、蔬菜、绿肥等各种作物，要层层搞样板丘、丰产片。冬种结束后，还要大修水利，为明年增产夺丰收打基础"。工作队9月初入队后，即发动群众大搞冬种，要求各生产队推广良种，施足底肥，每人平均至少种半亩油菜、两分小麦、三分绿肥、一分蔬菜。广大工作队员白天与社员一起搞冬种，晚上组织社员学毛著抓运动。在大家的共同努力下，仅20多天就高质量地完成了冬种任务。

冬种一结束，我们就大规模地上马水利工程。分团在禾库组织兴修了一个小型水库，设计灌溉面积5万多亩。竿子坪仅花两个多月时间就新修了可灌溉面积3000多亩的棒棒水库。在新修水利的同时，各地还普遍整修了原有的水利设施。在水利会战中，最刻骨铭心的还是修建大小坪水库。为了修好这座水库，我和各级干部一道做艰苦细致的思想工作，搬迁了几十户农民和一所学

177

校；和干部群众一起清泥筑坝挖渠道，半个月时间吃住在工地上；堵漏防渗水，在刺骨的泥浆中不眠不休地干了两昼夜，付出了艰辛的劳动。但由于不尊重科学，一味蛮干，水库最终还是出现渗漏，长时间无法蓄水灌溉，留下了极其深刻的教训。

此外，我在柳薄公社发动群众修通了禾库至柳薄的一条长5公里的简易公路，既便利了运输，又解决了行路难的问题，社员群众都非常高兴。竿子坪工作队也向州交通局要了一万元资金，又动员群众集资一万多元，自力更生修了一座长400多米、宽5米的石墩桥，解决了一涨水社员就无法过河的困难。大桥落成通车那天，数千群众自动前来观看，齐声称赞"社教"运动好。

1966年的春天，花垣分团按照总团的要求号召各工作队"大力推广良种，搞好育秧，大积家肥，合理施用化肥，精耕细作，搞好田间管理，力争农业生产大丰收"。各工作队积极响应号召，认真落实各项增产措施，扎实抓好每一阶段的生产，加上这年气候较好，没有发生自然灾害，夏秋作物都取得了大丰收，油菜、麦子增产30%以上，稻谷增产20%以上，个别生产队甚至成倍增产。

随着"文化大革命"的爆发，"社教"运动接近尾声。应该承认，这场城乡"社教"运动对于纠正干部多吃多占、强迫命令、欺压群众等作风和集体经济经营管理方面的许多缺点起了一定的作用；对于贪污盗窃、投机倒把和封建迷信活动等歪风起到了很大的震慑作用。但是，由于"以阶段斗争为纲"，混淆了两类不同性质的矛盾，使不少干部和群众受到不应有的打击；而搞活农村经济、有利于发展农业生产和改善农民生活的一些正确政策和措施，却被指责为"资本主义倾向"、"资本主义尾巴"。"左"倾错误理论的进一步发展，最终导致了十年浩劫——"文化大革命"的发生。

（摘自石邦智：《红星岁月——石邦智回忆录》，

湖南人民出版社2002年版，第634—647页）

在阳江开展"四清"运动

舒光才

一、阳江"四清"运动试点

1962 年 9 月中共八届十中全会以后,党中央、毛主席决定在全国城乡开展一次社会主义教育运动。农村的运动,初期以清工分、清财务、清账目、清仓库为主要内容。为了指导运动的开展,中共中央于 1963 年 5 月和 9 月,先后制定了《关于目前农村工作中若干问题的决定(草案)》(简称"前十条")和《关于农村社会主义教育运动中一些具体政策的规定(草案)》(简称"后十条")。随着运动的深入开展,党中央又于 1965 年初制定了《农村社会主义教育运动中目前提出的一些问题》(简称"二十三条"),规定运动统一为清政治、清经济、清思想、清组织,简称"四清"运动。

广东省农村的"四清"运动,按照中央的部署,从 1963 年下半年开始试点。1964 年 7 月,中共广东省第二届代表大会第二次会议召开之后,中共广东省委根据中央"四清"试点工作组在河北总结的"桃园经验",决定重新部署农村"四清"运动，并组织庞大的农村"四清"工作团，抽调 8 万名干部参加。一个地委集中力量在一个县进行运动试点。全省铺开运动的县有花县、中山、阳江等 8 个重点县。共 105 个公社。

1964 年 7 月 27 日，我作为广东省水产厅厅长，代表广东到北京出席由中华人民共和国水产部、公安部、中国人民解放军海军政治部联合召开的部署水产系统"四清"运动的全国会议。

在这次会议上，谭震林副总理发表讲话指出，"四清"运动是一场伟大的革命群众运动，要放手发动群众，扎根串联，组织阶级队伍，解决干部"四不清"问题。干部要参加劳动，转变工作作风，防止干部懒、馋、贪、占、变，防止出现新的资产阶级分子，防止出现修正主义。沿海渔区要清理阶级队伍，要准备打仗，防备蒋介石军队来沿海侵扰。并指出这是党中央书记处会议的决定，第一批先搞渔轮的"四清"运动，然后第二、第三批再搞机帆船和风帆船的"四清"运动。

北京会议后，我于 8 月 1 日返回广州，第二天上午即向广东省委分管城镇"四清"运动的领导刘田夫同志和省委农村部的领导汇报了北京会议精神。8 月 3 日，又向省"五反"（反对贪污盗窃、反对投机倒把、反对铺张浪费、反对分散主义、反对官僚主义）运动办公室作了同样的汇报。

当时，国家水产部的意见是要我负责抓广东国营渔轮水产公司的运动，首先是抓好海南白马井的南海渔轮公司和湛江远洋渔轮公司的运动，以利于我西沙群众同南越的斗争。几天后，省委决定水产企业系统的运动由省农委副主任贾柏林负责，而我则带工作队去阳江县东平公社搞"四清"运动。

我于 1964 年 9 月下旬，带领"四清"工作队进驻阳江东平公社，开展农村"四清"运动，到 1965 年 7 月下旬运动结束离开，前后共 300 天时间。

阳江县（现已改为市）位于广东省西南部，离广州 250 多公里，东南面濒临南海，是一个沿海县份，当时行政区划属湛江地区。

阳江是广东铺开"四清"运动的 8 个重点县之一。为了集中力量搞好阳江的运动，中共湛江地委成立了"四清"运动工作总团，由地委书记孟宪德任团长。从省、地、县抽调来的干部、大专学生、知识青年以及军队干部共

14000多人，组成庞大的"四清"工作队，进驻阳江的18个公社，凡进行"四清"运动的公社均成立了"四清"工作分团。

中共广东省委派省委常委、省军区政委陈德同志和省委常委、宣传部长陈越平同志去阳江蹲点，代表省委指导"四清"运动，并参加地委工作总团为委员。总团领导成员名单如下：

团　长：孟宪德（湛江地委书记）

副团长：谢永宽（湛江地委副书记）

　　　　杜　埃（省委宣传部副部长）

委　员：陈　德（省委常委、广东省军区政委）

　　　　陈越平（省委常委、省委宣传部长）

　　　　舒光才（省水产厅厅长）

　　　　罗道让（湛江地委副书记）

　　　　张丕林（湛江地委副书记）

　　　　冯志仁（湛江地委副书记）

　　　　莫福枝（省珠江电影厂厂长）

　　　　黎　江（湛江专署副专员）

　　　　孟文瑛（湛江地委组织部部长）

　　　　周健明（湛江地委农村部副部长）

　　　　朱　泽（省军区处长）

　　　　李　军（阳江县委书记）

"四清"工作队员从8月8日开始，先进行了为期25天的集训。整个集训分三个阶段：第一阶段，传达中央工作会议和省党代会精神，学习中央文件、刘少奇同志的指示和王光美同志的报告，武装思想，着重解决对阶级斗争新形势、新特点的认识问题和放手发动群众问题，下大决心把这场伟大的革命运动搞彻底。第二阶段，开展"四查"（查阶级、查立场、查思想、查作风）活动，整顿立场、思想、作风以解决工作队员彻底革命的问题。第三阶段，研究运动的具体做法。

经过集训学习后，"四清"工作队员于 1964 年 9 月 25 日开始进村开展工作。

阳江县共 24 个公社，当时铺开"四清"运动的公社有 18 个，这 18 个公社中，除了东平公社等个别公社的运动由省直机关来的工作队负责搞外，其余公社的运动由湛江地委所属各县委分别组织"四清"工作分团，由县委书记亲自挂帅任分团长，具体负责搞。

我所在的东平公社"四清"工作分团，共有工作队员 375 名，他们主要来自省直机关，其中省水产厅人数最多，有 100 多人，其余来自省委农村部、省文化局、华南工学院、广州美术学院、广州音专学校、省作家协会、省话剧团等单位，还有个别人来自湛江地委和阳江县委。他们当中有吴有恒、黎雄才、赵崇正、麦华三等著名的作家、画家和书法家。

分团主要领导成员名单如下：

团　　长：舒光才（省水产厅厅长）

副团长：万　明（省委农村部处长）

　　　　余　新（阳江县委副书记）

　　　　王永祥（广州美术学院党委书记）

委　　员：吴有恒（省作家协会专业作家）

　　　　阙祚祥（湛江专署水产局副局长）

　　　　张成俊（省水产厅处长）

　　　　吴　强（省水产厅副处长）

　　　　张　正（省水产厅副处长）

　　　　林　源（省水产厅科长）

政治部主任：万　明

分团还成立了党委会，由我担任党委书记，王永祥任副书记，分团下设十几个工作队，每个渔业大队一个工作队，每个工作队都成立了党支部。

9 月 25 日，我带领分团全体队员抵达东平公社，正式铺开了这个公社的

"四清"运动。

东平公社是阳江的一个沿海渔业分社，50 年代办高级合作社时逃往香港的渔民较多，生产发展落后。全社有红星大队、捕捞大队、东方红大队、大沃大队、红旗大队、先锋大队、前进大队、海圣大队、金星大队、太阳升大队、黎明大队，共 11 个大队，1100 多户人家，6500 多人口，其中 90％以上是渔民，有大小船只 500 多艘。

根据"四清"工作总团的部署，我们分团向公社直属机关和各大队都派驻了工作队，我当时化名邓青，除了负责分团的全面工作外，还亲自到红星大队蹲点，参加具体的"四清"工作。

运动初期，我根据渔区的特点，与工作队员们一起访贫问苦，了解情况，逐户进行阶级调查，与渔民"三同"（即同吃、同住、同劳动），并坚持随船出海，使大多数工作队员闯过了"晕船关"，能在船上开展工作。

经过一段时间大张旗鼓宣传党的政策，讲解党中央关于农村"四清"运动"前十条"和"后十条"，初步发动了群众，调动了广大群众投身"四清"运动的积极性。这些工作，为进一步深入开展运动，打下了一定的基础。

东平公社由于是一个渔业公社，渔民的流动性很大，社员来自四面八方，阶级情况十分复杂。解放后，没有公开划阶级，从外地流入的四类分子、地富子女不少，外逃港澳的人也比较多，很多人与港澳或海外有关系，社会情况错综复杂。中央农村部内部确定渔区划分阶级成分为渔工、贫苦渔民、中渔民、渔业资本家。党的阶级政策是：依靠渔工、贫苦渔民、团结中渔民、改造渔业资本家。合作化时期就是执行这个阶级政策的。

按照"四清"运动文件的精神，我们对渔区的阶级状况进行了深入调查，在此基础上，确定了渔区"四清"运动以渔工、贫苦渔民作为依靠对象。通过扎根串联，组织起渔区阶级队伍。形式是在公社、大队建立渔工、贫苦渔民协会。在规模较大的生产队，组织渔工、贫苦渔民协会分会，并根据具体情况，划分若干个渔工、贫苦渔民小组。协会成员要求做到：带头劳动，"四清"，立场坚定，办事公道，有事和群众商量，团结、遵守纪律等。工作队通过这些组织，带领广大群众开展"四清"运动。

阳江的"四清"运动，从9月下旬开始，结合秋收分配，掀起了一次以清理工分为中心的"小四清"斗争高潮。

我率领分团的全体工作队员对东平公社的大队、生产队干部进行了一次全面的清理贪污、多占工分工作，我们的具体做法是：

首先，向广大干部、群众讲明党的政策，依靠组织起来的阶级队伍，放手发动群众。工作一开始，我们就紧紧依靠渔工、贫苦渔民协会，发动群众检举揭发干部的各种贪污、多占工分、多吃多拿、投机倒把、侵吞群众劳动果实、迫害群众、腐化堕落等行为，动员群众起来同"四不清"干部作斗争。

其次，组织清账小组，清理工分、账目。用"前十条"、"后十条"和"六十条"（即《农村人民公社工作条例（修正草案）》有关农村分配的政策武装广大群众的思想，在这个基础上，组织群众开展"三查"（查工分手册和工分账、查每个月工分总数和明细账、查工分登记表和分配工分账），"四比"（比出勤、比劳动、比工分、比收入），对干部的工分逐月逐天查对，逐个干部进行清理。

再次，对群众揭发的问题进行调查研究反复核实，与兑现政策结合起来，开展小型的批判会。我们根据渔区生产比较分散的特点，方法上采用：①大队、生产队的干部在陆上的小型会议作检查，工作队把检查的材料整理好，公布到船，让群众讨论，再把群众的意见带回来；②召开小型批判会，各生产队派出群众代表参加，工作队和群众帮助干部认识错误，改正错误；③在开展小型批判斗争中，抓好干部退赔工作，以兑现政策。对干部"四不清"问题的处理，通过发动群众，让群众掌握政策，按政策进行处理，防止了工作队包办代替。在这次清理工作中，我们始终按政策办事，既彻底解决干部的"四不清"问题，清理干部不合理的工分，又坚持实事求是，保护干部劳动所得。同时规定运动中不准打人、骂人、抄家等，使干部感到"四清"运动确实是按政策办事，做到口服心服！

在这里，我想着重讲一下东平公社党委书记李平章同志在运动中的一些情况。我们在清查干部"四不清"问题时，当地群众揭发李平章的问题比较多，集中起来主要有几个方面：一是揭发他家庭出身是富农，而不是贫农；二是反映他化公为私，用公家造船的木料为父亲做棺材；三是利用职权抽好烟、喝好酒；四是工作不深入，作为渔业公社的书记，很少随船出海，对整个公社的全面情况不清楚。我们工作队根据群众揭发的问题，进行了深入的调查了解。对于家庭成分问题，当时由于受"左"的影响，人们唯成分论的思想比较严重。我曾派人去作了调查，专门查阅了土改时的原始记录材料，访问了当事人，证明他不是富农，只是下中农。而其他问题，则基本符合事实。我们工作队针对李平章同志的"四不清"问题，召开了几次批判会，开展批评与自我批评，李平章同志在会上作检讨，群众对他展开批评和斗争，当时批得比较厉害，对李思想触动很大。在运动后期调整公社领导班子时，李平章被调离了东平公社，到阳江内陆的塘口公社任书记。我们根据他的问题的性质，严格按照政策办事，重在思想教育，没有给予组织上的处分。

在抓好运动的同时，我们还着重抓了1964年的年终分配工作，把运动与年终分配紧密结合起来，安排好社员群众的生活，调动群众的生产积极性。具体做了以下几项工作：

（一）做好清工分结账工作。清账小组以清理1964年的工分、财务账为中心，及时把账目公布到船，发动群众逐项逐笔查对。

（二）做好估产估收和试算分配工作。在清工分结账的基础上，我们发动群众估产、估收、估支出，初步制订了分配方案，试算到队、到船、到人，向群众公布方案，广泛收集群众意见。最后召开渔工、贫苦渔民代表会，确定年终分配方案。

（三）处理好积累与消费的关系。社员的分配，一般都保持上一年的收入水平，或略有增加。在此前提下，鼓励多积累，浅海地区发展小渔船，深、中海地区多装备一些机帆船，以保证明年的渔业生产有较大的发展。

（四）慎重处理好干部报酬问题。在年终分配中，一些群众反映干部都是按高产队、高产作业组、高产船、航次产量来计算工分，领取报酬不合理，认为普遍偏高。我们工作队对这个问题进行了深入调查研究，既听取群众的意见，又听取干部的意见，最后按照有关政策规定作出了恰当的处理。

"四清"运动亲历记

（五）大力压缩了非生产性的开支。对于非生产性开支，我们通过渔工、贫苦渔民协会逐项进行审查，讨论决定，严格控制非生产性开支。对于一些干部利用职权，巧立名目，捞取非法收入，坚决取消。同时，压缩旅差费和医疗费开支以及其他一些不合理的补助。督促借支挪用公款的人及时归还公款给核算单位。

我们通过结合运动，做好年终分配，使群众的收入增加，生活有所改善，从而使社员群众普遍感到工作队是为他们办事的，因此都很欢迎和拥护"四清"工作队，群众的积极性也都充分调动了起来。

在事隔30多年后，1997年五六月间，我和华南理工大学、广州美术学院等省直机关的原"四清"工作队长、指导员等领导同志重游旧地，东平公社的群众都很欢迎我们，他们认为我们的"四清"工作，是实事求是的，是踏实的，运动中没有伤害群众，工作队是真正为群众办事的。

此期"四清"运动到1965年1月时，党中央又下发了"二十三条"（即《农村社会主义教育运动中目前提出的一些问题》）。"二十三条"提出运动的重点"是整党内那些走资本主义道路的当权派"，对于犯错误的干部，要采取"说服教育、洗手洗澡、轻装上阵、团结对敌"的政策，尽早地解放一批干部，经济退赔可以减、缓、免等。

我接到"二十三条"后，随即在工作分团会议上进行了传达，并组织大家开展讨论，深刻领会文件的精神，总结前一段"四清"运动的成绩和经验教训，布置进一步搞好今后的运动。

我按照"二十三条"的精神，发动工作队对前段清理工分工作进行了一次复查。对有"四不清"问题的干部，通过召集他们开会，让他们提意见，谈认识，谈感想，讲心里话，引导干部"洗手洗澡放包袱"（交待问题），然后解放一批问题较少的干部，逐步缩小范围。

公社一级干部的"四清"工作，我们经过多次召开干部扩大会议和渔工、贫苦渔民代表大会，公社党委的主要领导骨干有"四不清"问题的都已经"洗手洗澡放包袱"。

对于经济问题，我们坚持实事求是，有多少清多少。对干部的经济问题，除弄清事实外，还组织他们进行退赔。东平公社共有干部 227 人，其中有"四不清"问题的 170 人，牵涉金额 31000 元；多占多用的 107 人，金额 2374 元；投机倒把的 6 人，金额 1112 元；借支挪用的 133 人，金额 25030 元；贪污盗窃的 17 人，金额 1515 元。应退赔的 161 人，金额 28637 元，已退赔的 124 人，金额 17832 元，退赔率达 82%。公社一级 21 名有经济问题的干部退赔率达 77%。对干部的处理工作，我们采取慎重的原则。东平公社的"四清"运动，受处分的干部只有 4 人，其中一名是金星大队党支部书记，因贪污 540 元，被撤销职务；另一名是先锋大队的主办会计，因贪污 120 元，倒卖胶丝获利 321 元，被撤销会计职务；还有一名是建筑队党支部书记因男女关系问题被撤销职务；再有一名是银行营业所会计罗运荣，贪污 7000 元人民币，在运动初期就主动坦白交待了贪污事实，并全部退清贪污款项。我们工作队贯彻了坦白从宽的政策，给予开除留用处分，运动结束后，他被调到白沙公社做会计辅导员工作。其他有"四不清"问题的干部，通过检查交待，进行批评和自我批评，认识错误，主动退赔，均不作处分。

　　我在抓好东平公社的"四清"运动的同时，还十分注意抓好渔业生产。工作队做到两手抓：一手抓运动，一手抓生产。领导干部带头到船上蹲点，摸索经验，推广先进技术措施，促进渔业生产。保证渔需物资和生活资料的供应，抓好修船补网，提高渔船出航率。为了提高出航率，我们抓了码头工程建设，改变过去船停港中间，人们涉水上船卸鱼货的习惯。有了码头后，船靠码头装卸货物，提高了劳动生产率。为了做好修船工作，省水产厅还无偿援助了一台钻床、一台牛头刨床、一台电焊机，帮助装修了东平修船厂，并筹建制冰厂。工作队员大部分随渔船出海，把生产任务落实到船，赶时间，抓渔汛，勤出海，多下网，保证增产增收。通过抓生产，改善经营管理，提高经济效益，从而增加了社员的分配收入。在"四清"运动期间，东平公社增加了 20 条大小机帆船，扩大了生产规模。我们还利用国家补助款项，帮助建立了渔民新村，改善了部分渔民的居住条件。

187

『四清』运动亲历记

二、阳江第二期"四清"运动

1965 年 7 月，全省 8 个重点的"四清"运动试点结束，我于 7 月底从阳江东平公社回到省水产厅。8 月份，省委决定调我到湛江地区任中共湛江地委副书记，同时兼任阳江"四清"运动工作团团长，继续在阳江搞"四清"运动。

湛江地区的"四清"运动，根据省委的部署，从 1965 年 8 月起，铺开运动的县有：阳江、廉江、海康、阳春县。省委派陈越平到阳春蹲点，代表省委指导运动。代表省委参加湛江地区"四清"运动的还有广州军区副政委兼南海舰队政委方正平。

湛江地委"四清"运动工作总团成员名单如下：

　　总团团长：孟宪德（湛江地委书记）

　　总团委员：方正平（省委代表、广州军区副政委兼南海舰队政委）

　　　　　　　陈越平（省委代表、省委常委兼省委宣传部部长）

　　　　　　　莫　怀（湛江地委副书记、专员）

　　　　　　　舒光才（湛江地委副书记）

　　　　　　　罗道让（湛江地委副书记）

　　　　　　　张丕林（湛江地委副书记）

　　　　　　　訾修林（六九七五部队政委）

　　　　　　　黄　业（广东省军区副参谋长）

　　　　　　　韩凯亚（湛江军分区第二政委）

　　　　　　　李庭琦（遂溪空军基地政委）

　　　　　　　李又华（省高教局副局长）

　　　　　　　郭大同（广东工学院党委书记）

　　　　　　　孟文瑛（湛江地委组织部部长）

　　　　　　　刘　铁（湛江地委宣传部部长）

　　　　　　　周健明（湛江地委农村部副部长）

阳江"四清"运动工作团由我担任团长，刘铁、何珍（吴川县委代理书记）任副团长。刘芳任政治部主任、谭友德任办公室主任。

阳江第二期"四清"运动，共铺开了 5 个公社，分别是合山、塘坪、新洲、平冈、织笼，其中平岗、织笼属于半渔农的公社。

阳江这一期的"四清"运动，是完全按照中央"二十三条"进行的，工作队有 3000 多人，在 5 个公社 20 多万人口的地区开展工作。在运动中，我十分强调要依靠干部和群众大多数。对干部的"四不清"问题要实事求是，对犯错误的干部要采取"说服教育，洗手洗澡，轻装上阵，团结对敌"的政策。在搞好运动的同时，要注意抓好生产，做到抓革命促生产，通过运动，调动广大干部群众搞好农业生产的积极性。这一期的运动，还把学习毛主席著作作为一项重要的内容，从工作队员到农村基层干部、农民群众都广泛开展了学习毛主席著作的活动，我们用毛泽东思想来武装广大干部、群众的头脑，指导农村的"四清"运动。

阳江这 5 个公社过去都搞过低标准的"社教"运动和"四清"，群众有一定的思想准备。工作队于 1965 年 8 月 16 日进村后，运动的指导思想是明确的，即此期运动不是复查补课，而是根据中央"二十三条"精神，按高标准重新搞。

工作队一下乡就高举"三同"、"四清"的旗帜，依靠贫下中农，通过召开各种会议和利用各种形式，大张旗鼓地宣传党中央"前十条"和"二十三条"，向广大群众讲解运动的意义和目的。通过访贫问苦，深入了解情况，放手发动群众，大揭"四不清"的盖子。

在发动群众的同时，工作队注意抓好挑选和培养贫下中农积极分子，整顿贫协组织，重新建立阶级队伍的工作。我在织笼公社太平大队蹲点时，在群众中开展"三比三查一算"的教育，即：比劳动查懒根，比生活查来源，比解放前后查变化，算"和平演变"危害。引导群众提高阶级觉悟，树立当家作主精神。从中挑选一批热爱集体、有培养前途的贫下中农积极分子，参加贫协小组，形成新的领导核心，依靠他们领导整个运动。到 9 月份，根据 5 个公社统计，已物色、挑选了积极分子 7900 多人，有 280 多个生产队改选了贫协小组。

对农村基层干部的教育工作也同时进行。有的采取整党整风办法；有的进

189

『四清』运动亲历记

行集训干部，组织干部学习政策，采取内外结合的办法，触动干部的思想，发动他们自我检查放包袱。在此基础上，开展"五查"（查阶级、查立场、查思想、查作风、查经济"四不清"），具体做法有如下几个方面：

（一）反复学习"二十三条"等文件和毛主席著作，提高思想认识，消除顾虑，端正态度，促进干部自我检查。织笼公社太平大队集训干部采取上午参加劳动，下午、晚上学习，听取群众意见的办法，对干部震动很大。该大队有个管鹅房的出纳员，有贪污行为，前两次运动都蒙混过关，此次群众揭发他卖鹅苗的手段，他开始坐立不安，思想斗争很激烈，最后通过学习向工作队交待了贪污行为。

（二）集训干部采取会内会外相结合，内外夹攻的办法，促使干部彻底检查交待"四不清"问题。太平大队干部检查放包袱时，我们组织生产队干部参加，每个生产队还派群众积极分子参加。会后，组织生产队干部讨论、集中揭发，积极分子把干部的检查向群众传达，由群众逐条审查和补充揭发，然后再把群众揭发的问题交给干部本人，促使干部进一步检查交待。

（三）典型带动，全面对照检查，普遍放包袱。塘坪公社各大队在清理干部"四不清"问题时，注意抓住个别问题较多，性质比较严重，但对错误认识较深，决心改正的干部，树立典型，以点带面，推动干部普遍放包袱，交待问题。

（四）做好干部家属教育工作，解决干部家属中各种消极情绪，提高他们的觉悟，使他们正确地认识运动的伟大意义，正确地对待亲人所犯的错误，化消极因素为积极因素，支持干部做好工作。

在运动开展过程中，我在工作团会议上以及其他场合，都要求工作队要严格按政策办事，强调摆事实、讲道理、实事求是。把干部的"四不清"材料放到贫协小组去讨论研究，具体落实。根据"六十条"、"前十条"和"二十三条"来讲道理，对干部的"四不清"问题进行批判，克服和改变光是要退钱，拍桌子、骂人的现象。强调调查研究，对干部的材料进行查对查证，做好内查外调工作，严防逼、供、信。对于干部的男女关系问题，不要在大会上公开。同时，我还就社员的自留地、家庭副业问题，要求工作队按照"六十条"规定办事，不要把正当的家庭副业、社员的自留地与侵占集体土地、进行新的剥削混淆一起。另外，我还十分强调运动中严禁非法斗争，绝对不准打人和变相体罚。工作队员打人的要受处分，社员打人要公开制止。我主持制定的阳江"四清"工作队员十二项规定中，其中有两条就明文规定工作队员的处理干部"四不清"斗争中，严禁捆绑、吊打等非法斗争行为。

但在实际工作中，有些地方还是出现了违反党的政策，非法打人、绑人、罚跪、抄家搜屋的事件。例如，平冈分团松中工作队指导员陈厚铭违法乱纪非法捆绑社员群众的事件，塘坪分团弯龙工作队长蔡自非法斗打富农分子的事件，均在群众中造成不良影响，损害了党的威信。为此，工作团除责令陈厚铭、蔡自两同志作深刻的检讨外，还向全团转发了平冈、塘坪分团的通报，并组织工作队员对这两起事件进行认真的讨论，从中吸取教训，加强对工作队的政策、纪律教育，防止这种违法乱纪行为继续发生。工作团党委事后经过调查核实，还决定给予蔡自同志党内警告处分。

与此同时，工作团鉴于有些地方也发生过类似事件，为了制止非法斗争，作出了"关于杜绝打人、绑人、罚跪以及抄家搜屋等非法斗争现象的指示"，指出出现此类事件的根本原因：一是对党中央政策学习不够，认识不足，因而政策水平低；二是作风飘浮，工作不深入；三是是非界线分不清，未能充分认识到打人是犯法的，打人本身就是"四不清"的表现；四是对非法斗争造成的不良后果认识不足；五是不良的思想作风还没有彻底清除。因此，"指示"要求从领导到全体工作队员，必须认真学习党中央的"二十三条"和有关干部的政策，学习省委、总团和工作团制定的工作队守则和规定，提高思想水平和政策水平。加强对广大群众的正面教育，树立当家作主的精神，充分认识"四清"运动是一场伟大的社会主义思想教育运动，必须采取摆事实，讲道理，以理服人的办法，才能达到教育人、改造人的目的，而绝对禁止打人、绑人、骂人、变相体罚和抄家搜屋等违法行为。"指示"最后要求全体工作队员要从中吸取教训，提高思想认识，改进作风，下决心把"四清"运动按高标准搞好。通过这次纪律教育，在运动的后半段，基本杜绝了打人等违法现象。

工作队经过一段时间的工作，在农村中发动了群众，组织了贫下中农阶

『四清』运动亲历记

级队伍，改组了原贫协小组，形成了新的领导核心，而广大农村基层干部经过集训、自查，普遍进行了检查交待。工作队通过有重点地进行清账查账、内查外调工作，基本摸清了干部的"四不清"问题。从9月到10月，阳江铺开运动的5个公社63个重点大队；先后召开了第一、第二次贫下中农代表会议，选举产生了贫协主席团，解放了一大批大队、生产队干部，为公社贫下中农代表会议和三级干部会议的召开做了准备。

大队一级的贫代会一般分三段进行。第一段，动员报告，总结运动情况，学习毛主席著作，提高认识，开展"比、查、算、挖"，一个个与干部比，一项项查，一笔笔算，一件件揭，以此调动群众斗争积极性；第二段，由有"四不清"问题的干部在大会上作检查、放包袱。然后代表们讨论提意见，晚上代表回村召开社员大会，进行传达讨论，边讨论边补充揭发，第二天开会时，再进行面对面的揭发批判。大多数经济问题不严重的干部，经过思想批判，认识错误，进行经济退赔，干部内部互评，群众鉴定，在大会上得到了解放。在这两次贫代会上解放出来的大队、生产队干部共有3700多人，占干部总数的53.7%。第三段，总结代表会的成果，并讨论布置秋收、冬种等生产工作，把群众引导到农业生产中去。

阳江县铺开运动的5个公社，在大队第二次贫代会解放了干部大多数后，从10月下旬开始，先后召开了公社贫下中农代表会和三级干部会，掀起"四清"运动高潮，集中解决一批"四不清"问题比较严重的干部，时间15天左右，会议也分为三个阶段进行。第一阶段，进行系统的政策教育，武装思想，做好思想教育工作；第二阶段，以清经济为主，组织"四清"斗争决战，从上而下，先公社，后大队、生产队；先解决公社领导成员的问题。经过批判斗争，把一批交待问题彻底，退赔好，认识深刻的干部解放出来。然后，以这些典型带动干部普遍放包袱，体现党的政策，最后解放干部的大多数；第三阶段，转上斗争少数犯有严重"四不清"错误甚至贪污盗窃、违法乱纪的干部。清政治、清思想，组织经济退赔高潮，充分利用反面教材，对广大党员和群众进行政治思想教育。

过了一段时间，我们又专门组织对个别不守法的地主、富农分子的斗争，健全群众管理"四类分子"的制度。组织贫协小组做可以教育好的地富子女的思想工作，使绝大多数地富子女都能安心农村搞生产，积极向贫下中农靠拢。

在"四清"斗争高潮告一段落之后，我们在复查秋收分配的基础上，根据省委、湛江地委的指示，全面贯彻了省委《关于勤俭节约，反对铺张浪费的决定》，开展了一场全民性的反浪费斗争运动。通过揭发集体经济内部的铺张浪费现象，反对干部大手大脚的大少爷作风，和不负责任的败家仔作风，以及不关心群众生活的官僚主义作风。进一步教育干部、教育社员，进行集体经济内部的经营管理工作，贯彻勤俭办社方针，调动社员积极性，搞好生产，巩固集体经济。

在反浪费斗争中，工作团和阳江县委就大沟公社津浦大队"四清"工作队在第一期"四清"运动期间的铺张浪费行为进行了通报批评。该工作队在运动中违反党的政策，重犯"共产风"的错误，把生产队联营的企业收归大队所有，无偿抽调生产队的资金19300多元，铺张浪费，大搞非生产性建设，严重地破坏了生产队一级所有制，挫伤了群众的积极性，阻碍了农业生产的发展。通报中指出津浦大队的问题，不仅上一期"四清"运动试点期间有，而且正在进行的第二期"四清"运动，有的地方也有。因此，各地必须以津浦大队为镜子，坚持勤俭节约，反对铺张浪费，加快社会主义建设。

我在抓好运动的同时，还十分注意抓好生产。工作队下乡后，我一再强调要一手抓运动，一手抓生产。开会时，除布置运动外，还要研究和布置生产工作。

5个公社的"四清"运动铺开不久，大约在8月底、9月初，我们就掀起了一个以施肥为中心，搞好晚稻田间管理，努力夺取晚稻粮食大丰收的生产高潮。同时，发动农民大种秋薯，大搞多种经营，组织秋季副业生产。半渔半农的地区，大抓渔业生产，以增加社员的收入。

1965年的秋收分配，工作队全面贯彻党的政策，把政策交给群众，依靠群众搞好分配，保证社员在增产的基础上增加收入。粮食分配先完成国家任务，留足种子，安排好社员口粮，保证不少于每月15公斤，丰产可以多分口粮。然后再考虑其他用粮。现金分配先留够生产费用（包括管理费），然后尽

193

量增加社员的现金收入。阳江当年的晚稻生产战胜了几十年来最大的旱灾等自然灾害袭击，获得了丰收。据5个公社统计，晚稻粮食总产量达到4956万公斤，比上一年同期增产4.9%，5个公社2581个生产队中有1743个生产队获得不同程度的增产。80%的社员秋收分配中，粮食分配和现金收入高于上年同期。

这一期的"四清"运动，我们还自始至终把学习毛主席著作作为一项重要的内容，以毛泽东思想武装广大干部、群众。从进村第一天起，我们就以毛泽东思想教育工作队员、农村基层干部和群众。

"四清"运动后期，我们进行了组织建设。调整了公社、生产大队、生产队的领导班子，改选了公社党委、大队党支部。调整了少数领导干部，织笼公社党委书记调任县银行行长、党组书记，提拔副书记蔡三德任公社党委书记，王连登任社长。有些犯有错误的干部进行了组织处理，如新洲公社党委副书记王广宽贪污1200元水利款购买杉木建私房，分团党委决定，经工作团党委同意，阳江县委批准，撤销其副书记职务。该社六田大队党支部书记贪污公款，乱搞男女关系，分团党委、公社党委决定给予开除党籍处分。合山分社党委副书记戴新腐化堕落，被撤销党委副书记职务。该公社党委宣传委员乱搞男女关系，群众叫他"猪郎公"，被开除党籍，五个公社的绝大多数干部，经过运动的锻炼，学习毛主席著作，思想上都有了进步，政治觉悟大为提高，工作作风有很大改变，密切了群众关系。他们和工作队的同志一起，带领群众积极搞好生产，改善经营管理，按"三级所有，队为基础"的农村人民公社"六十条"的规定，建立了一整套的经营管理制度。

到1966年下半年，由于"文化大革命"在全国开展，"四清"运动无法再搞下去，阳江第二期的"四清"运动于9月中旬结束，工作队全部撤离。

三、今天的一些思考

三十多年后的今天，回忆起当年的"四清"运动，是一个很值得思考的历史性大问题。

1962年党中央召开的北戴河会议和紧接着在北京召开的党的八届十中全会，毛主席在会上强调："阶级斗争必须年年讲、月月讲、天天讲"。会后，全党强调讲阶级、讲阶级斗争，由此引发了全国城乡的社会主义教育运动。在运动中，毛主席、刘少奇同志代表党中央多次讲话阐述这次伟大的革命群众运动的重要性，强调进行阶级分析，指出全国城乡有许多基层组织不在我们手里，毛主席还明确提出国家有三分之一的政权不在我们手里。因此，要发动一场群众运动，开展无产阶级同资产阶级的阶级斗争，社会主义同资本主义两条道路的斗争，打退资产阶级、资本主义进攻，夺回领导权。全国范围内的"四清"运动，在当时这些"左"的思想指导下，不可避免地出现了一些"左"的偏差和错误。

我从1964年9月起，在阳江参加"四清"运动达两年时间，曾担任东平公社"四清"工作分团团长和阳江"四清"工作团团长等职务，并在阳江东平公社红星大队、织笼公社太平大队蹲点。

在农村开展"四清"运动，如何才能正确地贯彻好党中央的决定，把中央的政策同当时的具体实际结合起来，搞好当地的运动，这是一个十分重要的问题。总结"四清"运动这段历史，我觉得，问题的核心就是实事求是，一切从实际出发，根据实际情况来处理运动中的具体问题，这也是辩证唯物主义者最基本的工作态度和工作方法。只有这样，才能减少工作中"左"的偏差和少犯错误。

我在东平公社搞"四清"运动时，每次参加总团召开的情况汇报会议，其他分团都有许多惊心动魄阶级斗争事例，有的甚至认为农村基层组织领导权不在我们手里已经大大地超过了三分之一，农村基层干部确实已经形成了一个新的特权阶层，他们对贫下中农进行政治压迫和经济剥削，乃至实行野蛮的法西斯统治等等。这些夸大农村阶级斗争的"左"的事例，其他分团时有汇报。而我所在的东平公社，工作队进村20多天后，我向工作总团反映过我蹲点的红星大队党支部书记谭冠球是地主，21个生产队中9个有问题，有一个党支部委员和妹夫有不正当关系。这些问题经调查核实后，很快就否定了。而

"四清"运动亲历记

没有像海凌公社白莆大队工作团汇报反映用蒸笼蒸小孩那样的材料。我当时就考虑，为什么那么尖锐的阶级迫害的事例东平公社没有呢？是不是自己右倾保守，没有揭开阶级斗争的盖子呢？我百思不得其解。冷静地思考，也只能是实事求是，有就有，没有就没有，是什么性质就是什么性质，而不能因为怕戴上右倾保守的帽子而违反实事求是的原则。

现在，用党的十一届三中全会精神和《关于建国以来党的若干历史问题的决议》来重新认识"四清"运动这段历史，我觉得是很有必要的。今天，在我们党已经否定了以阶级斗争为纲之后，回过头来看当时的一些问题就清楚了。所谓基层政权三分之一不掌握在我们手上的估计是不符合事实的。从东平公社乃至整个阳江的"四清"运动的情况来看，基层党组织总的来看是好的，广大基层干部的绝大多数也是好的和比较好的，蜕化变质分子只是极少数的，这是基本的最主要的事实。

东平公社在 1955 年合作化高潮中，曾发生渔民大量外流香港的事件，主要原因是政府的工作失误，违背了自愿互利的原则，时间过急，群众思想发动工作不够深入，造成渔民恐慌而外流。这同阶级斗争并没有内在的联系。而在"四清"运动中，东平公社由于过去出现过渔民外流的情况，因此被列为落后公社和阶级斗争突出地区。

我在主持东平公社的"四清"运动和阳江第二期"四清"运动期间，虽然在指导思想上也受"左"的影响，但在实际工作中，我基本上能做到实事求是。在做法上，工作队坚持实行"三同"，与广大贫苦农民同吃、同住、同劳动。放手发动群众，依靠基层党组织和基层干部，以正面的思想教育为主，通过社会主义和集体主义教育，解决干部多吃多占、强迫命令、欺压群众、化公为私和经济管理等方面的问题，收到一定的效果。在运动过程中，农业、渔业生产也是一直向前发展的，没有受到大的影响。

但又不可否认，"四清"运动由于是在阶段斗争扩大化的错误思想指导下进行的，因而不可避免地也犯了"左"的错误。主要表现在两个方面：

一是连续不断的社会主义教育运动，使党的农村基层组织和干部不断挨整。在"四清"运动中，农村基层干部被列为运动的重点对象，在政治上一度不被信任，在经济上受到清查。后来，党中央又提出运动的重点是整党内那些"走资本主义道路的当权派"，使一批党员和干部受到错误的或者是过分的处理，影响了农村基层干部的积极性和工作热情，有的干部甚至一时怨气说：发誓不让子孙后代当干部。

二是执行农村政策方面，把本来正确的东西当作错误加以批判。例如，在运动中，把原来允许社员借地冬种和扩大开荒的政策收回，对社员开荒扩种的土地，凡是超过"六十条"规定数额的，不管是否影响出勤任务，把超过部分一律收归集体。对一些地方实行的"包产到户"、"按件记工"，也被当作"单干风"、修正主义自发倾向加以批判，而明令停止实行。又例如，对农村社员自留地的产品，只准在当地农贸市场销售。集市贸易有了较大发展之后，一些社员贩运农副产品，或兼营工业、商业、建筑业等活动，被当作长途贩运、投机倒把、资本主义自发倾向而加以批判和处理。

"四清"运动中出现的这些"左"的错误，给我们留下了深刻的教训。历史证明，在社会主义条件下，用大规模阶级斗争的方式、方法是解决不了社会主义生产力发展的问题的。生产资料私有制的社会主义改造基本完成，社会主义制度建立起来之后，阶级斗争就只在一定范围内存在，社会上的矛盾大量地属于人民内部矛盾，而不是敌我矛盾。因此，必须用处理人民内部矛盾的方式和方法加以解决。只能依靠思想道德建设，依靠民主与法制建设，建立监督机制。在党内恢复与发扬理论联系实际，批评与自我批评，密切联系群众的优良传统和作风。要依靠民主监督与法制监督，才能顺利实现社会主义现代化。

（摘自舒光才：《一个红军战士走过的路——舒光才回忆录》，
广东人民出版社 1999 年版，第 283—310 页）

197

『四清』运动亲历记

西南地区

回忆江城"四清"运动

杨树森

1965 年 10 月 3 日，一场声势浩大的社会主义教育运动在江川县轰轰烈烈地展开了。这次运动的主题是清政治、清经济、清组织、清思想，简称"四清"运动。江川是玉溪地区的试点县之一，工作队统一由省、地委抽调，阵容强大。

原江城公社（今江城办事处）有 24 个生产队，共派有工作队员 30 人（组成一个工作组）。这些工作队员中有军队干部，有地方县级领导干部，有大专院校的教授。这次运动以中共中央《农村社会主义教育运动中目前提出的一些问题》（简称"二十三条"）为指导，坚持说服教育，"洗手洗澡、轻装上阵、团结对敌"的方针，重点解决政治上稀里糊涂，思想上马马虎虎，经济上多吃多占，组织上敌我不分的"四不清"问题。工作队进村后，与贫下中农实行"三同"（即同吃、同住、同劳动）。当时农村还比较贫困，工作队员按上级规定的标准付给住户伙食费和粮票。生活不挑捡，有啥吃啥，白天参加集体生产劳动，晚上组织各种会议开展运动。按照中央"二十三条"精神，工作队在群众中扎根串联，组织"阶级队伍"，从"背靠背"人手，组织和启发群众检举揭发干部的"四不清"问题。无论是公社的干部还是生产队的干部都要边工作、边劳动、边检查，接受运动的检验。宣传发动攻势很强，到处都能听到"工作队下乡来"的歌声。每天晚上各个生产队都召开着不同形式的会议：群众会，积极分子会，贫下中农会，青年会……队干部在这个阶段一般都是单独开会，或以队为单位，或几个队的干部一个组，有时全公社的干部一齐开会。群众以学文件、摆问题为主；干部以学文件，听道理，清思想，找问题，交待错误为主。如果被认为能把问题说清，能主动交待错误的，就到群众会上去交待，这种形式叫"干部洗澡下楼"。运动刚刚开始，处于发动群众阶段，大多数干部是下不了楼的。

运动开展了 20 天左右，区队党委把生产队队长、副队长、会计、保管员以上的干部集中到文庙（现江川二中）、教场烤烟仓库、教场粮食仓库集中开展"四清"整训，每个生产队都派有几个思想觉悟高、能大胆与干部面对面交锋的积极分子，一齐参加整训，帮助干部"洗手洗澡"。集训期间，一律按作息时间开会、吃饭、休息，纪律很严，不准请假回家。实行会内会外相结合，干部在集训中说清自己的问题和错误，家里进一步发动群众大胆揭发检举。我当时当了三年生产队会计，年仅十八、九岁，这种声势的政治运动还是第一次接触，精神比较紧张，每天早上起床后，工作队教唱"工作队下乡来，贫下中农笑颜开，阶级队伍组织好，多吃多占垮了台……"听起来激昂振奋，令人舒心振作。到开会的时候，挖空心思地想问题，聆听工作队和积极分子讲群众反映的、揭发出来的各种问题。这时真是恨死自己了，早知今日受罪，何必当初当上一个小会计。晚上会要开到 10 点才能睡觉，有时思想斗争激烈无论怎样都无法睡熟。在这次集训中，除听县工作团党委领导徐树栋同志作集训动员报告外，区队党委还组织了两次区委、区政府领导"下楼"大会，一次是当时的副区长普 ×× 的"下楼"，一次是区委书记张 ×× 的"下楼"。记得普 ×× 同志主要是针对个人历史问题和阶级路线问题作检查，动情之处，声泪俱下。张 ×× 同志主要针对区委班子软、散、懒现象和区委的阶级斗争意识淡薄作检查，会场气氛比较严肃，时而爆出此起彼伏的口号声。集训持续了半个月左右，虽然生活是紧张的，思想斗争是激烈的，声势和攻势是强大的，但政策把握得比较稳妥，没有出现过打人骂人的过激行为。各公社和生产队都不同程度地解决了一些干部作风和"四不清"的问题。

集训结束后，生产队全面地开展了清账目、清仓库、清物资、清工分的工作。清理的对象主要是干部、干部家庭和群众认为必须涉及的有关干部亲属和相关人员。社队干部全部进入"洗澡下楼"阶段。这个时期，群众的大多数已基本发动起来了，能当面指出和揭发干部的各种问题，而且还能提高到社会主义原则、阶级立场的高度帮助干部认识问题。经过反反复复地"下楼"，几反几复的揭发帮助，促使干部说清问题，认定问题，群众的意见得到了充分的发表。通过这些形式，干部们提高了思想觉悟，能正确对待群众的各种不同意见，群众的气也消了，能正确对待干部们的缺点和错误，理解干部在工作中的难处。大多数社队干部经过几次下楼也过关了，回到了贫下中农的阶级队伍中，经贫协会批准加入贫下中农协会。少数确有严重问题的干部就只能是听候处理了。

江城公社有社队干部89人，经落实有"四不清"问题的66人，严重"四不清"的6人；其中有经济退赔的61人，共退赔金额4588.40元。春节一过，大春备耕生产逐步紧张起来，大多数解放了的干部都能理直气壮地与工作队一道领导指挥生产，群众的劳动生产积极性空前高涨，很多年轻人经过培养锻炼，不但开会积极，发言积极，劳动积极，而且在自己认真学习的基础上组织群众学习毛主席著作，带领群众学雷锋做好事，教唱革命歌曲，先进分子不断涌现，为发展党员和培养干部奠定了基础。

栽插完毕以后，集中10天左右时间整党，以公社为单位，把党员集中起来，通过认真学习党章，进一步学习"二十三条"，结合运动中群众提出的各种意见和落实了的"四不清"问题，开展批评与自我批评。江城公社当时有党员33人，经过整党，开除党籍的4人，清洗的1人，不予登记的2人，劝退的1人，自动退党的1人，留党察看的1人，取消预备期的1人，暂缓登记的3人，准予登记的19人。受到党内各种处分的人，后来绝大多数都重新落实了政策。整党结束，就搞领导班子建设和机构改革。原第一区分成江城公社和翠峰公社，江城公社改成了江城大队，原来34个生产队合并成16个，有大队和生产队干部 152 人（含大队几大员和生产队委），其中，新干部 104 人。运动过程中发展新党员 42 人，共有新老党员 64 人。由于运动效应，当年粮、烟、油都获得大丰收，群众对这次运动总体评价比较好。1966 年 8 月 23 日，工作队结束了江城公社"四清"工作任务，工作队出村那天，群众自觉与工作队深情告别，有的还洒下了恋恋不舍的泪水。

（原载《江川文史》第 12 辑）

"四清"运动亲历记

我在农村搞"社教"的一段往事

李祥石

1965 年 6 月，我们在学校里刚作过毕业鉴定，尚未分配工作就参加了农村社会主义教育运动。我被分配到了贺兰县通义公社通吉大队第二生产队。

"社教"中最熬人也最令人难忘的恐怕是解决"四清"与"四不清"的问题了，这是"四清"运动中的工作重点和一场"硬仗"。农村干部们要一个一个"洗手洗澡"，大有一种不洗个干干净净、不洗个脱一层皮可能是过不了关的劲头。查账是配合"四清"运动的主要手段，发现问题就立即外调，上上下下忙得不可开交。但查账也并非是全能的，因为许多"四不清"问题是查不出来的，也无从去查。怎么办？最好的方法就是开大会交待，打人民战争，搞人海战术，由群众揭发，然后往出"挤"。这种大会交待美其名曰向群众交待，实质上是变相的逼、供、信。会前先开会研究方案，并经过多次排练，大家都掌握了这种"艺术"之后才能算达到了预演、练兵的目的，然后让队上的干部一个一个"过堂"，那阵式据说比土改时斗地主气氛浓多了，汽灯高悬，烟草味熏人，地上炕上坐满了贫下中农群众，干部则站在地当中交待问题，如果认为"不老实"，还有人领着大家呼口号，喊"×××要老实交待问题！"等等。

那时当干部的的确是吃了不少苦头，有的甚至抬不起头来。工作组也不好干，平时也不敢随便找"四不清"的人谈话，生怕戴上"划不清界线"和"阶级立场不稳"的帽子。

我所在生产队有一个农民叫包学仁，40多岁，"四清"前在大队牧场当过两年场长，后来牧场撤销了，又回来务农。他是一个老实巴交的农民，胆子特小，就因为在大队牧场干过两年场长，自然也难逃"四清"运动中"洗手洗澡"的厄运。他在交待会上一边说着一边手脚不停地发抖，有时抖得站不住了只得让他坐着说。别看他是一个汉子，又当过两年的场长，但全在没有人烟的黄河滩上度过的，压根儿没有见过人世间暴风雨式的阶级斗争，自然往地当中一站就吓晕乎了。在交待中，他说他一次就把牧场三千斤小麦偷回来了。三千斤小麦是个不小的数目呀，要大胶车拉满满一车。再说高庙桥这地方离黄河近，地下水位高，把小麦放在地窖里会发霉，放在房顶上人人可看见，你往哪儿藏？我问他："你偷了三千斤粮放在哪儿？"他回答不出来。分明是他被整怕了胡编乱造的。我心想，对这种老实人交待的问题要心中有数，不能他说多少就算多少。

一天上午，我到大队向工作组秘书汇报工作时，把包学仁交待的天文数字打了折扣，明知交待的水分太多，白纸黑字一旦认定下来，恐怕到落实的那一天谁也下不了台。万万没料到这位秘书"左"得可爱，当头给我一棒："你的数字不对，人家交待的比你汇报的多多了"。我一愣，心想，他怎么知道？

"你的数字是怎么来的？"我问他。

"他在大队卸包袱会上交待的"。

我又解释："包学仁交待问题时手脚乱抖，吓得够呛，我恐怕他说谎，有的可能重复，所以才少报了一点"。

"什么一点！几千斤没有了还是一点？"他反而不高兴了。

我进一步解释："他在害怕的情况下交待难免乱说和重复，说实在的，他向我交待的可能比你知道的还多"。

这句话可捅到马蜂窝上了，话出口就收不回来了。

"你这个大学生就是傲气，一点不虚心，我说你少，你反而比我的多了，你这是什么态度?"

我也不冷静:"谁傲气了,给你解释你又听不进去,到底谁先发的火?"我反驳他。

"好好,我说服不了你,让组长来处理吧"。他一拍屁股告状去了。

这一次我是真的捅出了娄子。过了不到一个时辰,大队工作组决定召开全体工作组大会,首先要扫除工作组右倾思想,不解决右倾思想"四清"就进行不下去了。言外之意,我是右倾思想的代表了,要大家帮助帮助我这个刚毕业但还不知道分配在什么地方工作,也没有领到工资的大学生。真可谓小题大做,捕风捉影,无事生非了。

在同一个大队参加社教的同学和北大的同学都为我揪着心,捏把汗,我也后悔一句话竟然招来了大祸。

但是,工作组也并不是铁板一块,组长是陕北人,他同大队秘书看法一致,而副组长是位老革命,他就不主张开这个会,最后他们协商的结果是,立即把我和大队秘书的汇报笔记本收缴大队,然后晚上把我们的数字一笔一笔的当众算一遍。谁多谁少让大家评,最后根据数字的多少决定会议开不开。做梦也没料到我的命运又同包学仁交待的数字连在了一起。我想就听天由命吧!平时在大队开会晚饭是一个半斤的馒头和一碗菜,也许那天我太激动的缘故,一口气吃下一个馒头还觉得不够,又加了一个馒头,一斤馒头下了肚才觉得差不多了。那真叫吃饱了肚子好上阵啊!

晚上工作组会议室坐满了人,大伙都不说话,抽烟的人把屋子熏得乌烟瘴气,点着煤油灯,有一个人在唱数字,先把大队秘书的数字一笔一笔唱出来,然后只听算盘珠打得啪啪响。算完了他的之后,接着再唱再算我的数字,又是一阵啪啪的算盘声之后,该向大家宣布了,千真万确的是我的数字比秘书的多出几百斤。就是这几百斤数字救了我,避免了一场清算我的反右倾会议。

生产队长罗光明显然是另外一种人,他不卑不亢,有板有眼,不乱方寸,也不胡说。群众对他反映也很好,说他是个好队长。他只交待有一千多斤问题后,再怎么劝,再怎么斗也不多认一斤账。运动高潮时都集中到公社进行大兵团行动,罗光明自然是交待问题的重点。但无论大会小会他的嘴紧得很。在向大队工作组长汇报罗光明的问题时，组长不假思索地脱口而出："他的问题不是一千多斤而是三千多斤"。我不由又是一惊，你怎么知道三千多斤，难道你看见他偷了不成？这种不调查研究就妄下论断的作风真是害死人。

怎么办？其实我心里很清楚，也佩服罗光明。总结了上次在大队吃亏的教训，我也不敢多说了。干脆每天开会时让罗光明一个人到公社外的荒滩上去考虑问题，等于把他放了出去，免得乱斗一气也解决不了问题，反正他是榨不出二两油的饼子，不如让他躲得远远的，不见了省心，也避免非议。就这样在公社集中的一个月里，罗光明在荒滩上晒了 20 天太阳。

到了"社教"后期，已经到了第二年的初春，该解放干部带领群众搞生产了。别的生产队干部都一个一个解放了，人家开始总结了，而我的生产队干部没解放，生产队的贫下中农也认为罗光明就这么多问题，也该解放了，偏偏大队工作组就是不同意解放罗光明，每一次汇报工作大队总认为罗光明交待的太少，离他们"掌握"的数字差得太远，但到底是什么问题他们又说不清楚，反正罗光明不能解放。矛盾和焦点出在大队工作组，我也说不清是什么原因。春耕开始了，别的生产队搞得热火朝天，我们生产队却冷冷清清。我坐不住了，春耕播不下去，生产搞不好，这可是关系着吃饭的大事，我心急如焚。

一天，我找到工作组长，我说："今天晚上我把罗光明带到生产队去批斗，你看怎么样？"

"完全可以嘛"。组长同意了。

我又说："他要交待得不好，大家不满意我就狠狠地斗他；如果交待得好，贫下中农满意，我就宣布他解放你看怎么样？"

"可以嘛"。他又通过了。只要有了他的"口唤"，我就放心了。

当天我带着罗光明从公社回到了生产队。晚上召开全体生产队大会，罗光明在会上又重复了不知重复多少次的交待，大家（也包括我）听了他耳朵都要磨出茧子的经济问题。会后，我问大家："罗光明交待得怎么样？"

众口一词："交待得好！"

"能不能解放？"我又问。

"能——解——放——"。如雷鸣一般。

"四清"运动亲历记

水到渠成，瓜熟蒂落，我只有顺从民意。"好，罗光明，大家把你解放了，你表个态吧"。他对大家对他的解放表示感谢，并表示以后努力工作，还布置了当前的生产，仍然是那么从容、有条不紊。

回到公社后，我向大队组长汇报把罗光明给解放了，留在生产队搞春耕。组长一听跳起来说："谁叫你把他解放了，啊！"

我说："有言在先，放罗光明回去交待，群众满意我就可以解放，你也答应了，怎么又反悔了？"他无言以对，只好忍了这口气。

运动后期为这些好干部落实了政策，他们一个个又走上了领导岗位。

（原载《银川文史资料》第 9 辑）

鲁班"社教"运动

唐宏毅

三台县鲁班公社的社会主义教育运动，是在"以阶级斗争为纲"的指导下发动的大规模的群众运动，是向"走资本主义道路的当权派"进行的一场"夺权"斗争，这场斗争，曾以"反扑社教运动的现行反革命事件"而闻名全川，造成了严重的后果。

运动始末

1963 年 10 月至 1964 年 1 月，省委、地委、三台县委分别组织工作团，到三台县新生、景福、安居三个区的 29 个公社搞试点，贯彻执行《中共中央关于目前农村工作中若干问题的决定（草案）》（简称"前十条"）和《中共中央关于农村社会主义教育运动中的一些具体政策的规定（草案）》（简称"后十条"），进行以"清工分、清账目、清财产、清仓库"为内容的社会主义教育运动。省委工作团在新生区搞了 5 个公社，选择鲁班公社为重点。运动分四步进行：第一步访贫问苦，放手发动群众，揭阶级斗争盖子，帮助干部"洗手洗澡"；第二步结合社史、村史、家史教育，进一步挽救犯错误的干部，回戈反击敌人；第三步重划阶级成分，开展对敌斗争；第四步组织处理。运动结束时，工作团决定进行检查验收。新生区委书记李德荣被安排参加鲁班公社的验收座谈会。会上，干部、群众向工作团领导反映了许多问题。李德荣将其主要问题向县委书记张子伟作了汇报，县委常委进行了讨论，认为鲁班公社是省委工作团搞的重点，县委不便插手解决，要李德荣向县委写个报告。为了如实反映情况，李德荣到鲁班再调查核实后，向县委写了一份《关于鲁班公社社会主义教育运动后遗留问题的情况报告》。报告在肯定成绩的同时，反映了六个方面的问题：（一）关于团结95%以上干部问题。公社8名干部有3人话未讲清，思想包袱沉重；大队干部30人中有14人、生产队正副队长96人中有17人不愿当干部，这些队处于无人领导的瘫痪状态。（二）少数干部的经济退赔划线定性不准；审定成分不符合审批手续，分团批准戴帽2人，实际戴帽21人，任用干部不符合组织手续；有的贫协组织成立不符合省委规定。（三）全社有23个生产队群众发动不充分。（四）有的"四清"不彻底，退赔未兑现。（五）全社有8名"四类分子"未制伏，分团批准判管15人中有6人主罪不实。（六）8名投机倒把的重点人中有6人未批判。要求帮助解决。

县委常委讨论后，张子伟将报告交给了省委工作团。3月，该团去鲁班复查，复查报告说"解决了主要的遗留问题"。但到6月，又派工作队到鲁班复查，复查一开始，便把反映社教运动遗留问题的干部、群众一律说成是对"社教"运动的反攻，凡涉及者必须"彻底交待"。并且更大范围的重划阶级成分和批判资本主义。他们将逼供的所谓"证明"，编写了《关于李德荣反攻报告中一些问题的查证》和《一场对社教运动的联合大反攻的经过》两个材料。9月，省委在重庆召开省、地、县三级干部会议。会上，大会秘书处以题为《一个严重的现行反革命事件》的会议文件形式，印发至县团级。张子伟同志以"支持鲁班公社反扑社教运动现行反革命事件"为由，经省委批准，宣布停职审查。

重庆会议结束后，省委组织万人工作团到三台县打"歼灭战"，贯彻执行《中共中央关于印发农村社会主义教育运动中一些具体政策规定的修改草案的通知》（简称"后十条"修正草案）、《中共中央关于社会主义教育运动夺权斗争的指示》和稍后下发的《中共中央关于农村社会主义教育运动中目前提出的一些问题》（简称"二十三条"）。全县城乡和机关企事业单位，分两期开展"清政治、清思想、清组织、清经济"的"大四清"运动，历时一年零一个月。

"歼灭战"一开始，阶级斗争的弦就绷得很紧。动员大会后，一夜之间就有 5 名干部自杀，死者被扣上叛党分子帽子。工作团一到，就代行了各级领导权，所有干部一律"靠边站"。他们认为"鲁班反扑社教运动的现行反革命事件"，既有区委书记为首组织，也有县委书记支持，说明了"阶级敌人和平演变的复辟活动，篡夺了我们的领导权"。强调"这次运动的重点，是整那些党内走资本主义道路的当权派"，"把权夺回来，掌握在无产阶级手里"，"将社会主义革命进行到底"。在这一方针指导下，发动了比土地改革更为广泛、更为复杂、更为深刻的大规模的群众运动，从清查"反扑社教运动的现行反革命事件"入手，普遍审查阶级成分，清查祖宗三代，挖出"隐藏的阶级敌人"，开展"夺权斗争"。在这场"你死我活的阶级斗争"中，大量是非被颠倒，混淆了敌我，受到打击的基层干部和基本群众数以千计。

运动后期，省、地委将原定的"鲁班公社反扑社教运动的反革命事件"改定为"反扑'四清'运动的事件"，将该公社定为"被坚持走资本主义道路的当权派掌握了领导权的公社"。按照上述性质处分干部 75 人。县委书记张子伟以"听信和纵容原新生区委书记李德荣等走资本主义道路的人的叫嚣"和"支持三台县鲁班公社党内走资本主义道路的当权派反扑'四清'运动"的错误，经省委批准，撤销县委书记职务。区委书记李德荣以"为首组织反扑社教运动的现行反革命分子"罪被捕入狱，后经法院判决，予以宽大处理，又以"支持和参与鲁班公社党内走资本主义道路的当权派反扑'四清'运动的错误"，经地委批准，开除党籍，降薪四级。公社党委副书记、社长唐烈，代理书记何一，副书记黄道成均被扣上现行反革命分子帽子，被开除党籍，开除公职，判处徒刑。大队、生产队干部有 9 人定为现行反革命分子，判处管制。还有 61 名干部受到党纪政纪处分。全社重划阶级成分 345 户，占总户数的 12.4%。凡被划为地主、富农、资本家、伪官吏的，均戴上分子的"帽子"，有的强行经

"四清"运动亲历记

济赔罚，称为"扫地出门"。全社受到经济赔罚处理的 550 户，占总户数的 21.4%。

1979 年 3 月，县委根据党的十一届三中全会精神，组织力量进行复查，对被错误处分的干部和错划的阶级成分，逐一进行了更改纠正，落实了党的政策。

原因和教训

回顾历史，"鲁班事件"的发生不是偶然的。这是我国进入社会主义社会后，在阶级斗争理论上发生重大失误的产物。理论上的错误，带来了阶级斗争扩大化的严重后果，导致社会主义革命和建设的巨大损失，延缓了历史发展的进程，这个用沉重代价换来的教训，我们应该认真吸取。

一、错误估计阶级、阶级斗争形式，既背离了马克思列宁主义关于划分阶级的原理，又把剥削阶级残余和残余形态的阶级斗争加以扩大化。

鲁班公社在社会主义改造基本完成后，同全国各地一样，已经消灭了剥削阶级。地主、富农资本家作为阶级已经不再存在了，他们当中有劳动能力的绝大多数人，经过多年的改造已经成为自食其力的劳动者，社会主义制度代替了封建剥削和资本主义制度，工人、农民和其他劳动者成为社会主义社会的主人，从而结束了几千年来阶级对抗的历史，改变了人与人之间的阶级关系。当然，剥削阶级作为阶级消灭后，由于国内的因素和国际的影响，剥削阶级的残余和残余形态的阶级斗争还将在一个相当长的历史时期继续存在，因而阶级斗争也将在一定范围长期存在，所谓"一定范围"的阶级斗争，主要是人民同敌视和破坏社会主义的敌对势力和敌对分子的斗争，而不是两个敌对阶级之间的阶级斗争。进行这种斗争，主要是依靠人民民主专政政权，遵循社会主义法制的原则，充分运用法律的武器来处理。

但是，鲁班社会主义教育运动中，对阶级、阶级斗争形势却作了完全错误的估计。首先，把已经消灭的剥削阶级夸大为完整的、能量很大的阶级，把残余形态的阶级斗争夸大为整个社会的全面的阶级斗争，认为"剥削阶级不甘心灭亡，时刻准备复辟"。他们不仅暗地里搞破坏，而且进行公开活动，特别是通过"和平演变"的方式，"从政治上拉扰，思想上腐蚀，经济上收买，组织上渗透，把干部拉下水，为其复辟资本主义服务"。他们手段毒辣，诡计多端，采取烟茶、酒肉、金钱、美女、联亲、交友、传艺和唱鬼戏等伎俩，使基层干部落入他们的圈套，建立"反革命两面政权"，"一触动他们，就拼死反抗，出现了反扑社教运动的反革命事件"。该社在三年困难时期，由于蒋介石企图反攻大陆、苏联在边境肇事，确有极少数未改造好的剥削阶级分子企图复辟，进行破坏活动，但通过改造、判处管制或徒刑，随着形势的好转，已经解决了。这时，在"阶级斗争为纲"的指导下，重提几年前的事，并将个别情况加以夸大，就不是客观事实了。其次，认为"民主革命不彻底，隐藏在群众中的漏网阶级敌人成为资本主义复辟的重要力量"。因此，发动大规模的群众运动，审查阶级成分，清查祖宗三代，深挖"阶级敌人"，由于存在"民主革命不彻底"的问题，便将土改后农民之间经济生活的差别、祖父母的社会职业等等，作为划分阶级成分的标准，从而把土地改革运动中划的贫农、中农、工商业者和旧职员中的一部分人重新划为地主、富农、资本家和伪官吏。如吴子海，土改划为贫农，全家勤奋劳动，发家致富，日子过得较好，运动中又揭发不出来解放前的剥削事实，便以土改时为地主转移封建财产（后经调查根本无此事），划为地主，其子在雷达学校毕业，被工作队通知回家接受批判，失去了分配工作的机会。又如康有权，土改划为富裕中农，全家人口多，劳力强，善经营，解放前后的生活都比较富裕，但又揭发不出剥削事实。由于他是会计，便在生产队选一劳弱户为标准，超出这个标准的工分，算作钱粮，定为贪污，划为富农，罚款770元。他不服，在复查中被工作队以"反攻倒算"的罪名划为地主，并将1954年分家的三个弟弟也划为地主，实行包夹改造。这就把劳动人民推到敌对阶级方面去了，严重混淆了敌我矛盾和人民内部矛盾的界限，打击了社会主义社会的依靠力量，否定了以生产资料公有制和按劳分配为主要特征的社会主义制度。

马克思列宁主义认为，阶级是一个经济范畴，一定的阶级总是同某种特

"四清"运动亲历记

定的生产关系相联系的，判定一个阶级应该以其占有的生产资料和在社会经济结构中所处的地位来决定，失去了存在的条件，阶级也就消灭了。由于确立了社会主义制度，他们不可能形成一个公开的完整的阶级，而只能作为历史上的剥削阶级在经济上和政治上的残余而存在。同时，社会主义不但要消灭一切剥削制度和剥削阶级，而且要在大力发展生产力，完善和发展社会主义生产关系和上层建筑的基础上，逐步消灭一切阶级差别、逐步消灭重大社会差别和社会不平等，直到实现共产主义。把社会主义社会还存在的剥削阶级残余作为完整的阶级，又在劳动人民中再划剥削阶级，这样剥削阶级的队伍越来越大，两个敌对阶级的斗争愈演愈烈，那就永远也消灭不了阶级、阶级差别和社会差别，共产主义也实现不了。可见，这种理论是十分错误的，非常有害的。它根本违反了唯物辩证法，背离了马克思主义的基本原理。

二、把阶级斗争转移到党内，在党内进行两个敌对阶级的夺权斗争，违背了马克思列宁主义的建党理论。"官僚主义者阶级"和"党内走资派"的概念一提出，就把阶级斗争的矛头指向党内的干部。说"官僚主义者阶级"和"走资派"与工人阶级和贫下中农是两个尖锐对立的阶级，他们"是斗争的对象、革命的对象"。这就为把阶级斗争转移到党内提出了理论依据。鲁班"社教"运动中，根据这一错误理论，把"夺党内走资派的权"作为阶级斗争的主要内容，把急风暴雨式的群众运动作为阶级斗争的基本形式。不仅鲁班公社的党政领导权被夺了，10个大队党支部的书记和一批党员队长的权被夺了，而且夺了县委书记、区委书记的权。夺权斗争，主要是围绕着两个问题进行的。

第一，"反扑社教运动的现行反革命事件"。这一事件的起因，从表现上看，是李德荣听取了社、队干部和群众的意见，向县委反映了鲁班公社社会主义教育运动的遗留问题，而得到了张子伟等同志的支持。于是，在"社教"运动过程中，就围绕着两个问题，展开了原则争论。（一）不赞成在劳动人民中重划阶级成分。认为确有漏网的剥削阶级，必须以事实为依据，以土地改革时的政策为准绳，严格把关，正确划定；可划可不划的，土地改革时未划，这次运动也不划，因为土地改革已经十多年了，就是原来的剥削阶级分子我们也要把他们改造为新人。这些观点是符合马克思主义原理的。但在错误理论指导下，省委工作团主要领导人坚持在农民中划了一批剥削阶级分子。（二）在干部问题上，认为绝大多数干部是好的，不好的只是极少数；对犯了错误的干部，要实事求是，处分面要窄，给他们改正错误的机会。这就与"官僚主义者阶级"、"党内走资派"的理论发生了原则分歧。因此，在第二次复查和打"歼灭战"中，就把基层干部、群众的强烈反映和党内领导之间的原则分歧，看成是"党内走资本主义道路的当权派与社会上的阶级敌人互相呼应，向社会主义教育运动发动了联合大反攻"，将其定性为"反扑社教运动的现行反革命事件"。并且确认这一"现行反革命事件"，不仅有区委书记为首组织，县委书记支持，而且有"广泛的社会基础"。这样一来，就为向"官僚主义者阶级"和"党内走资派夺权"制造了"客观依据"。致使斗争越来越激烈，打击面越来越大，后果越来越严重。群众讽刺说："闭着眼睛都可以抓一把阶级斗争！"

第二，鲁班"是一个被坚持走资本主义道路的当权派掌握了领导权的公社"。其依据是：（一）倒卖耕牛，牟取暴利。"大跃进"时，该社耕牛死得多，耕种靠人力，1961 年贯彻《中共中央关于农村人民公社当前政策问题的紧急指示》（即"十二条"）时，为了发展生产，公社决定贷款买耕牛，牛贩唐琪在买牛过程中，倒卖 146 头，牟利一万多元，唐烈、黄道成发觉后，立即派人查账，张子伟作了布置，结案后，唐琪交公安部门处理，所赚的钱全部收缴国家。但在"社教"运动中，却将唐琪的问题移栽到领导唐烈、黄道成、何一的头上，作为定"走资派"的重要依据，并牵连到县委张子伟和区委李德荣。（二）"贪污公款，私分公物"。1960 年，公社干部利用休息时间开了一些荒地，种菜种粮，集资养猪，以克服暂时困难。到 1962 年，公社干部每人分得养猪款 20 元和两年增种粮 300 斤。即以"贪污公款，私分公物"作为定"走资派"的又一依据。在正常情况下，是不会颠倒黑白到如此程度的，但在阶级斗争的温度把人"烧焦了"的情况下，"不揭发就是与走资派穿了连裆裤"。于是，唐烈、何一、黄道成便成了"走资派"，被开除党籍，开除公职，判处徒刑。

"官僚主义者阶级"和"党内走资派"的命题，既违反了马克思主义的建党原理，又不符合我们党的实际情况，是完全错误的。马克思主义认为，党是属于一定阶级的，是阶级的先锋队，因此只能是阶级产生党，而不是党产生阶

215

四清运动亲历记

级。无产阶级夺权后，党成为执政党，社会上一定范围内的阶级斗争必然要反映到党内，党内也会出现阴暗面，党员和党的干部也会出现蜕化变质现象。但是，这些决不意味着党内有个"官僚主义者阶级"和"走资派"式的资产阶级。党内斗争，大多数属于思想斗争范畴，进行这种斗争应该在党的领导下，依靠党的纪律和国家法律有步骤地进行。这决不是党内两个敌对阶级的夺权斗争，也决不需要急风暴雨式的群众性的生死搏斗。如果忘记了马克思主义的基本原理，就会犯极大的错误，给党的建设和社会主义事业造成极大的损失。

三、用阶级斗争来巩固社会主义生产关系，违反了生产关系一定要适应生产力发展的客观规律。鲁班"社教"运动中，在狠抓党内两个敌对阶级夺权斗争的同时，强调"三自一包"的危害很大，说它是"解散人民公社集体经济，搞垮社会主义制度，复辟资本主义的纲领"，必须彻底批判，才能发挥人民公社一大二公的优越性，巩固农村社会主义阵地；要求不仅要批判"三自一包"（即自由种植、自由买卖、自由市场、副业包干），还要批判所谓由"三自一包"带来的"三轻三重"（即重副轻农、重钱轻粮、重个人轻集体）和"三争三留"（即争季节、争劳力、争时间、自留地、自留人、自留时间）。说这些都是资本主义，是造成两极分化、产生资产阶级、削弱无产阶级专政、破坏社会主义集体所有制的根源。要求人人检查，选典型上大会批判。在"提高认识"后，将1962年贯彻《人民公社条例（修正草案）》时下放的副业、开放的自由市场、"超标准"的自留地、影响集体生产的竹木等等，又收归集体或作了调整。这样，可算又大又公又纯了，然而恰恰是阻碍了农业的全面发展，特别是商品经济的发展。

把社会主义生产关系不巩固的原因，完全归咎于还存在阶级斗争和两条道路斗争，因而用阶级斗争、大批资本主义的方法来巩固社会主义制度，这种错误的做法给我们留下了沉痛的教训。生产资料所有制的社会主义改造完成后，生产关系发生了急剧变革，理应在新的生产关系下保护和发展生产力。但是，有些同志误认为生产关系越大越公越纯就越好，于是在新的生产关系还很不完善的情况下，又采取群众运动的方法，于1958年发动人民公社化运动，认为"人民公社是建成社会主义和逐步向共产主义过渡的最好组织形式"，因而单方面地向全民所有制过渡，实行组织军事化，行动战斗化，生活集体化，居住集中化。以为生产关系"突变"了，似乎生产力也可以"突变"，这就刮起了高指标、瞎指挥、浮夸风和"共产风"，受到了破坏生产力的惩罚。在这种情况下，不但没有从生产关系一定要适合生产力发展状况去总结经验教训，反而从抽象的标准去看上层建筑，于是提出了"官僚主义者阶级"、"党内走资派"，开展了更大规摸的阶级斗争。结果是每搞一次阶级斗争的群众运动，生产力就受到一次破坏。历史经验告诉我们：生产关系一定要适合生产力发展状况，这是历史唯物主义的一个基本原理。离开生产力的发展去盲目快速地变革生产关系，要犯"左"的错误，生产关系已经不适合生产力发展又不去调整、改革，要犯右的错误。在社会主义条件下，国家可以主动调整生产关系同生产力发展不相适应的方面，以满足生产力对生产关系的要求，使之协调地发展，而不宜采取"以阶级斗争为纲"的政治运动去解决。

　　"鲁班事件"处理了。鲁班事件的教训确是有益的。

217

（原载《三台文史资料选辑》第 8 辑）

『四清』运动亲历记

虾子区"四清"运动始末

李建仁　赵福民

虾子区地处贵州省遵义县东部。在遵义至铜仁的公路上，交通比较方便，全区土地面积 319 平方公里，大部分是山区。1964 年"四清"时，全区辖 8 个公社，43 个生产大队，440 个生产队，8920 户，42088 人。耕地面积 80275 亩。这里由于山高水低，大部分农田缺水灌溉，加之瘦薄山地较多，不禁干旱，因此，素有"干虾子"之称。

解放前，虾子区人民备受国民党反动派的政治压迫和封建地租剥削，人民生活十分贫困。1949 年 11 月，虾子区人民获得解放，在共产党领导下，进行了清匪反霸、减租退押、土地改革和农业合作化等运动，人民群众政治上翻了身，经济上已逐步得到改善。到 1957 年，全区粮食总产量已达到 1601.5 万公斤，是解放初期 450 万公斤的三倍半，创当时历史最高水平。同时，党在人民群众中还培养了一大批出身好、觉悟较高、能为群众办事的基层干部，掌握了基层政权。

但是，从 1958 年开始，由于党的指导思想和农村政策的失误，特别是"一平二调"的"共产风"和"反右倾"、"反瞒产"运动，造成了"遵义事件"，伤害了不少基层干部和群众，破坏了党群关系和干群关系，同时，也使生产力受到很大的破坏，出现了三年困难时期。1961年，虾子区粮食总产仅收469万公斤，下降到了解放初期的水平，人民生活十分困难。

此后，党对农村政策作了一系列调整。虾子区各级组织认真贯彻中央的方针政策，并做了大量的实际工作，全区干部群众已从挫折中逐步清醒过来，奋发图强，克服重重困难，致力于农村经济的恢复。由于干部群众齐心协力，从1962年开始，农村经济就有了转机，到1964年，已有了较大的好转：全区粮食总产已达到1230万公斤，虽然没有恢复到历史最高水平，但是已达到正常年份的收入；经济作物和畜牧业等也有较大的增长。物产比较丰富，市场开始繁荣，人民安居乐业，全区干部群众十分爱护这日益发展的好形势。

就在这样的形势下，从1964年11月底开始，虾子区经历了一次社会主义教育运动，这次运动历时五个多月，又叫"四清"运动、"点上四清"，还有人称之为"四清大会战"，给虾子区的历史上留下了难忘的一页。

虾子区"四清"并不是偶然进行的，早在1963年，中央就提出在全国农村和城市基层单位开展社会主义教育运动，即在农村进行"四清"运动（清理账目、清理仓库、清理财务、清理工分）和在城市基层单位进行"五反"（反对贪污盗窃、反对投机倒把、反对铺张浪费、反对分散主义、反对官僚主义）。并于1963年5月和9月，由中央下发了两个关于农村社会主义教育运动的政策性文件（简称"双十条"），即《中共中央关于目前农村工作中若干问题的决定（草案）》，（简称"前十条"）和《中共中央关于农村社会主义教育运动中一些具体政策的规定（草案）》（简称"后十条"），用这两个文件指导运动的开展。在"后十条"下达一年以后，中央"对这个规定草案作了重要的修改"，于1964年9月10日以《中共中央关于印发农村社会主义教育运动中一些具体政策规定的修正草案的通知》（简称"后十条"修正草案）下发"县以上各级党委和工作队"，进一步指导运动的开展。

在此期间，中央根据当时的情况，认为贵州的问题严重，认定贵州省委犯了"右倾机会主义路线性质的错误"，"贵阳市委已经形成反革命两面政权"。不久，由中央选派两千名干部到贵州夺权，解决贵州的问题，领导"四清"运

219

「四清」运动亲历记

动的开展。虾子区"点上四清"就是在这样的历史背景下进行的。

一、"四清"的准备和主要做法

虾子"四清"前，这次运动的领导者，是作了充分准备的，并在运动初期使用了一套特殊的工作方法。

（一）调兵遣将，组成庞大的工作团

虾子区的"四清"运动，是由"中共贵州省委遵义县工作团"领导开展的，但是在虾子区，普遍都说是"中央工作团"领导的，除虾子区外，在遵义县同时开展"四清"运动的尚有新卜区和县机关，"四清"工作团团部（又称总团）设在虾子区，有工作队员26人，驻虾子区委机关内，区委机关搬到虾子公社，在新卜区成立一分团，县机关成立二分团，由总团统一领导运动的开展。

这次"四清"运动，整个遵义县工作团共有领导干部和工作队员4731人，由中央、省、地、县、区、社六级干部和部分军队干部及省部分大专院校学生组成，由中央部级和省军级领导干部担任工作团领导。

到虾子区开展"四清"的领导干部和工作队员，除团部的26人外，共有2367人，来源于中央机关428人，省级机关214人，省军队干部90人，地县机关407人，区社干部838人，省院校学生390人，分到全区八个公社，其中：虾子475人，宝合229人，乐安303人，青山251人，南坪240人，兰生222人，新农253人，三渡394人。当时，虾子区、社、大队、生产队，加上区机关共510个单位，平均每个单位有工作队员4.5人；全区8920户，平均每4户有1个工作队员，后来，中央"二十三条"下达，在1965年2月，才陆续从虾子区抽调1200多名工作队员去搞面上"四清"（新舟区成立三分团，开始"四清"），剩下的工作队员，在虾子区坚持到运动结束。

工作队在入村前，在遵义市进行了一个月的集训，学习了中央指导"四

清"运动的"双十条"以及"六十条"(即《农村人民公社工作条例修正草案》)、"桃园经验"(即《关于一个大队的社会主义教育运动的经验总结》)等。用整风方法,在队员中进行了反右倾、树立彻底革命精神教育。为开展运动作思想准备和组织准备,进行了"调兵遣将练兵练将,选兵选将"等步骤,强调"要组织一个过硬的工作队",对工作队员进行认真的挑选,将不合格的队员"选"出去。在此期间,工作团派了一个"先遣队"到虾子区了解情况,确定在虾子区搞重点"四清"以后,又派了两个工作队,提前于 1964 年 11 月 15 日进入虾子区的青山堡大队和长征大队搞试点。工作团经过周密的安排,采取"大兵压境,人海战术"的方法,动用汽车数十辆,于 1964 年 11 月 28 日,将大批工作队员开进虾子区,并分别送到各社队。

为了领导运动的开展,工作队建立了各级组织:在公社一级设立工作大队,由地师级干部担任领导;生产大队一级设立工作队,由县团级干部领导;生产队一级设立工作组,由区级(有的是县团级)干部任组长。另外在区机关设立一个工作队,领导机关和虾子街道的运动。同时建立了各级党组织,并明确了各级的职权,规定"虾子区的区委、区公所由工作团党委领导","公社党委和公社管理委员会都由各工作大队党委领导"。

(二)混淆矛盾,把虾子区看成"国民党的天下"

在"以阶级斗争为纲"的"左"倾思想指导下,工作团认为,虾子区阶级斗争和两条道路斗争主要反映在:

1."虾子区是全国解放较晚的地方,国民党残余势力比较集中,土改时因工作队力量弱,成分不纯,阶级阵营混乱,民主革命搞得不够彻底"。

2."合作化基础打得不够牢固"。

3."1959 年冬至 1960 年,由于反瞒产、捉鬼拿粮,酿成了'遵义事件',整下台和整死了许多好的基层干部,打死和饿死了大批贫下中农,使生产力受到极大的破坏"。

4."刮起单干风,普遍实行包产到户,集体经济几乎全面解体,1962 年,这个区几乎变了颜色。群众说：1959 年以后，简直像国民党的天下了"。

5."工作队入村前，虾子区存在的问题仍然十分严重：单干半单干的队占总队数的 37.5%，林业、副业几乎完全是私人经济的地盘；场镇上资本主义泛滥，地富反坏仍然得势，解放十多年了，贫下中农还没有完全翻身，干部'四不清'十分严重，区级机关几乎完全变了颜色；区委领导核心也是走的资本主义道路"。

因此，工作团认为，虾子区的问题是："一个根子不正、两个不彻底（民主革命、镇压反革命不彻底），三关没有把好（肃反、审干、清理中内层）"，而主要问题又是"民主革命不彻底"。并认定虾子区的主要矛盾是"代表封建势力的当权派和广大群众特别是贫下中农的矛盾"，这样，"在入村时制定的方案上就曾把民主革命补课列为第一阶段"。

由于工作团把虾子区的"敌情"看得十分严重，甚至把虾子区说成是"土匪窝"，因此在入村前就作了许多对付"敌人"的准备。工作队队长以上，一般都配了短枪，有的还带了警卫人员，许多不是军队干部，也穿上了黄军棉衣，以示军人之多；有的怕暴露自己身份，化名改姓，进入虾子区就惶惶不安，说"像进入敌占区一样"，并庸人自扰，一有风吹草动，就要进行追查，制造恐怖气氛，好像到处有敌人。有两个工作队员在三渡集体合作饭店吃了一餐饭，被工作队领导知道了。除严肃批评队员外，还以此教育大家说："你们知道吗，那是国民党开的饭店"。与此同时，对虾子区的干部一律不相信，对认为有问题的干部，更是加倍防范，派人监视行动。并经常对外来人员进行盘查，尤其是虾子场上盘查更紧，造成人为的紧张。当时，许多干部群众不敢上街赶场，过往行人不敢在虾子逗留，汽车驾驶员不敢在虾子停车，说："是非之地，不可久留"，虾子区一片恐怖。

（三）撇开干部，秘密"扎根串联"

工作队入村后，在各级开的见面会上，都要向干部宣布几条"几不准"纪律，有"不准躺倒不干，不准搞攻守同盟，不准销毁涂改单据，不准转移物资财产，不准妨碍工作队发动群众，不准打击报复，不准畏罪潜逃"等等。此后，就把干部搬开，原有的干部一律靠边站。不久就宣布："虾子区委是国民党区委"。大造舆论，说虾子区的干部是"一挑沙罐滚下坡——没有一个好的"，并统称为"坏干部"。还规定"凡记分员以上干部，一律不能依靠"。

因此，工作队一开始只在群众中活动，而且对大多数群众也是不相信的，特别是在确定依靠对象、挑选贫下中农骨干时，更是搞得神密，他们通过"扎根串联"，清历史、查三代，列出被清对象的家族世系表，关起门搞"选根"、"育根"、"审根"、"定根"。对"根子"的条件要求甚高：家庭有人当干部的绝对不能定。与"四不清"干部是亲友的不能定，家庭成员或本人历史上有污点的不能定，因此，符合条件的人不多。青山公社和平生产队三十四户，经"选、育、审"，结果只定下七户能依靠。当时工作队中就反映："选根子像挑女婿那样"。当然，有的工作队也不是那么认真，他们一进村就忙找依靠对象，住在哪家就选哪家作"根子"，甚至谁对干部的意见大就定谁为"根子"，对他们定的条件也不顾了。虾子公社清坪大队上桥工作组，就住在一个解放初期吸过大烟，当过土匪，被人民政府关过几个月，又一贯不爱劳动的人家里，还把他当作依靠对象。

工作队入村后，住到事先定好的群众家里。除了强调队员要与群众实行"三同"（同吃、同住、同劳动）以外，还定了一些清规戒律，如普遍强调队员不能吃群众的鸡、鱼、肉、蛋等好东西，有个工作队还发挥为"最好不要喝开水"，因为开水要用群众的柴烧。如果主人搞了好东西出来吃，就要被怀疑，要查他家是否有人当干部，如果吃得不好，又说是要赶走工作队，搞得主人左右为难。虾子公社青山堡大队一个工作组，初入村时住在一户社员家，主人热情招待，办了几个荤菜，队员不敢吃，后来主人只端上一碗辣椒水，引起工作组的怀疑。后查出这户有人在外当公社干部，而且还是"坏干部"，就从他家搬走了。有的工作队员碰上主人吃好的也感到为难，又不便说明原因，只好装病，用米汤泡饭吃，主人询问就说身体不舒服，不想吃肉。当时的农村，人民生活普遍贫苦，大多数吃包谷沙、红薯掺饭，也没有更多的好东西来招待客人。工作队能与群众过这种生活也是十分难得的。好在这种状况到后来有了改变。

223

"四清"运动亲历记

有的工作队怕泄漏"机密"，规定工作组不得在屋子里开会，要到远处的山坡上或岩洞里去开。虾子公社青山堡大队同心生产队，因无岩洞和合适的山坡，工作组就到一间白天不见亮的烤烟烘房里点起灯开，偶尔在屋子里开一次会，也要趁主人不在，同时屋外还要加派岗哨。

二、"四清"的经过和严重后果

虾子"四清"，经历了发动群众、组织阶级队伍；开展夺权斗争，解决严重"四不清"干部的问题；贯彻"二十三条"，解决一般"四不清"问题；清理阶级队伍，评审"四类分子"；纠正单干，恢复和巩固集体经济；对干部、党员的组织处理和组织建设等阶段。

（一）打击基层干部的夺权斗争

1. 夺权斗争的准备

工作队组织群众学习"双十条"，发动群众揭发干部的问题，搜集干部材料，确定斗争对象，在全区建立起贫协组织，成立临时民兵组织；并对"苦主"进行培训，组织起"斗争班子"等，为夺权斗争作了充分准备。

工作队初入村在发动群众时，普遍强调了"几不走"："运动不彻底不走，坏人坏事打不倒不走，群众不满意不走"等。同时，普遍号召群众揭发干部的问题。青山堡工作队在积极分子会上讲："就是那些坏干部、土老虎把你们压迫剥削了，要组织起来把他们斗倒斗垮，要起来揭发他们的问题"。并说："不管是见到的、听到的、怀疑的都可以揭发"。当工作队动员一个贫农揭发干部的问题时，那个贫农说："要实事求是，不晓得的我不能给人家糊些"。工作队员吼道："谁不实事求是?"

为了调动群众的积极性，在发动群众阶段，工作团向全区发放了大批救济寒衣和大量的救济粮、款。全区在这个时期共发放救济寒衣4787件，平均两户有一件，其中兰生公社发放 1600 多件，平均每 4 人一件。一次省里拨给遵义县救济款十万元，工作团就用于虾子区五万元。有的户几种救济都得到，有的户连续救济几次。青山堡大队在斗争干部前，"恰逢发放救济寒衣"，后来，"这些群众穿着新棉衣参加斗争会"。这个大队的工作队公开号召群众："你们积极点，斗倒坏干部，过年以前要分一批斗争果实，还要杀一批坏干部来过年"。他们同时用"能不能揭发问题，敢不敢面对面斗争"为标准，对全大队 528 个成年群众进行摸底排队，认为"有 419 人，占 79.3%的群众已发动起来了，至此，开战的基本条件业已具备"。

在确定斗争、批判对象时，由工作队和贫协成员、知情人员审查干部材料，工作队提出意见上报公社工作大队或工作团决定。这时工作队大造舆论，说虾子区是"地富反坏干，连成一条线"。按照他们掌握的情况和标准，给许多干部安上了"漏划地富"、"漏镇分子"、"土匪世家"、"新保长"、"土老虎"、"女恶霸"等罪名，列为被斗争对象。他们往往抓住一点，无限上纲，干部有一般性历史问题，就被说成是"旧军官"、"伪官吏"、"惯匪"、"历史反革命"，干部因对某件事不满发了牢骚，说过错话，就被视为："对党不满"、"思想反动"，有的竟被定为"新生反革命"；干部如安排个地富子女当记分员，或与"四类分子"中的亲戚吃过一次饭，红白喜事送过一次礼，就定为"丧失阶级立场"，"同阶级敌人搞双保险"；下级干部有错误，上级干部被扣上"包庇重用坏干部"的罪名，有个生产队长因家庭口角打了媳妇，竟被说成"打击贫农"，等等。工作队号召群众斗倒这些干部，说："不斗倒批倒他们，就不足以打退封建势力和资本主义势力的猖狂进攻"。

工作队还在全区成立了临时民兵组织，发下去几百条枪，用民兵巡逻放哨，监视干部行动，全区绝大多数干部被监视，尤其是内定的斗争批判对象，控制更加严密，连夜晚都有民兵在屋外看守，出门大小便都要受到盘问。工作队说：这是为了"防止'坏干部'搞破坏活动，转移财产，订攻守同盟"。有些干部一直被监视很久，他们说：这是在家里"坐瞎眼班房"。青山堡大队组织民兵 125 人，其中持枪民兵 36 人，发步枪 17 支，"在中心要道上日夜站岗巡逻，顿时气氛大变，群众说：要干事了（指要斗争干部了）"。与此同时，全

225

区还进行了收缴武器的活动，工作队将分散于各家、特别是斗争对象的梭标、大刀、火药枪、匕首等"土武器"收缴。有的工作队提出还要收开山（斧头）、砂刀（柴刀）等工具。

夺权斗争前的最后一项准备，是各工作队普遍开展对"苦主"的培训。他们"以苦主为主，加上贫协会员、积极分子，共同组成斗争班子。""对苦主的培训，采取了预诉、讲评，最后讨论的办法"。青山堡工作队在"预诉"后，以"苦从何来"为题，进行讲评，帮助分析受苦原因，追查受苦根源，判明受苦性质，对"苦主"进行必要的启发和教育，最后进行讨论，相互补充。虾子公社清坪大队工作队采取分片训练"苦主"，他们在香树、冷水、上湾片训练时，由工作队员装"坏干部"，"苦主"指手画脚斗争，有的斗得性起，"龟儿"、"杂种"的乱骂。也有的工作队在训练时，用桌子、板凳当"坏干部"斗争的。

2. 夺权斗争的做法

经过一个多月的准备，工作团带领群众对全区各级组织、广大干部进行了一场"急风暴雨式的夺权斗争"。

"夺权斗争先从问题突出的大队入手，在取得经验的基础上，分批进行"。工作团以青山堡大队和长征大队为重点，这两个大队的夺权斗争是 1964 年 12 月下旬进行的。

试点的青山堡大队的夺权斗争"采取了先生产队后大队层层剥皮，后攻核心的方法"。共打了"三个战役"：

第一战役："八节滩之战"。工作队组织同心、高龙、八节、三星四个生产队二百多群众，于 1964 年 12 月 20 日至 21 日两天接连斗争了三个生产队长和一个生产队会计，他们被戴上"女恶霸"、"封建迷信头子"、"蜕化变质分子"、"大盗窃犯、投机倒把分子"的帽子。斗争后，当时逮捕了一人。

第二战役："水淹坝、木林两处之战"。从 1964 年 12 月 23 日至 24 日，历时两天，斗争了七名生产队干部，其中包括四个队长、两个会计、一个保管。斗争后，保管被当场逮捕，其余六人被宣布撤销行政职务，其中两名党员队长被宣布开除党籍。

第三战役："虾子场夺大队权之战"。1964 年 12 月 27 日至 28 日，历时两天，斗争了五人。有被安上"土匪世家"的大队支部书记,"搞投机生意"的大队长,"阴阳虎"、"两面人"的大队会计和两个生产队长。斗争后,工作队在会上宣布:被斗争的干部"一律撤销行政职务,是党员的清洗出党"。

第三战役是当作"决战"来打的,开展前,工作队对群众进行了两天的整训,斗争会场设在区所在地,会场内外张贴上大幅标语,挂上"坏干部"的漫画;工作团还组织全区工作队和贫协派代表参加,学习斗争经验。参加这次斗争会的群众达数千人,口号声不绝于耳,比解放初斗争恶霸地主的声势大得多。经过"三次战役",工作队宣布夺了大队和十个生产队的领导权,同时宣布:"解散大队和十三个生产队的队委会,一切权力交贫协"。工作队宣称,这是"群众解放十五年来,第一次当家作主,第一次扬眉吐气,第一次自己主宰自己的命运"。

在点上取得斗争经验后,按照工作团的部署,从 1965 年 1 月上旬起,全区各社队陆续开展了"全面夺权斗争"。他们说:"这场斗争,是广大群众对'坏干部'进行大揭发、大批判的革命斗争",必须搞好。通过夺权斗争,要"彻底揭露混进干部队伍中的不纯分子,清算走资本主义道路的当权派","既要斗倒前台的执政者,又要狠狠打击幕后支持人,挖掉封建势力和资本主义势力的根子"。这样,他们采取了公社集中斗,大队集中斗,大队分片斗,生产队批斗等方式,对全区各级干部展开了普遍的斗争,有许多干部被轮番斗争多次。全区的夺权斗争,一直延续到 1965 年 1 月下旬。

3.夺权斗争的结果

经过一个多月"急风暴雨式的夺权斗争",虾子区委被宣布改组,原任书记调离虾子。全区 8 个公社,有 7 个夺了权;43 个生产大队,被夺权的 38 个,占 88.4%;440 个生产队,被夺权的 264 个,占 60%。南坪公社 6 个大队,全部被夺权;45 个生产队,被夺权的就有 30 个,占 67%。

全区 1972 名公社、大队和生产队干部,被安上各种罪名批斗的就有 576 人,占三级干部总数的 29.2%。在 51 名公社书记和大队支部书记中,被批斗的就有 39 人,占 76.5%。其中兰生公社社、队三级干部 172 人,被批斗的就达 153 人,占 91.8%。

工作队对被斗干部普遍用持枪民兵看管，路上用枪押送，斗争会场用民兵持枪执勤，被斗干部家庭用民兵监视。许多被斗干部被抄家和查封财产。

对干部不仅进行夺权斗争，而且进行关押。工作团在区所在地两幢粮仓改设监狱，把全区有"重大问题"的干部集中关在那里，由公安人员看守。那里先后关过数十人，有的干部被关时间长达三个多月。虾子公社关仓生产队的贫农队长，因为做过菜油生意，被戴上"投机倒把分子"帽子，抓来关在那里长达105天，家其财产被抄，全家8人被赶出住房，除每人每天发一斤毛（原）粮外，家俱和生活用品被收光，折价分给社员。各公社以社或生产大队设立"集训点"，把干部集中交待问题。兰生公社工作大队把全社172名干部集中在马桑台的庙宇里，派民兵看守，连大小便都要报告。这个公社的书记是老帮工出身，并无大问题，也被关二十多天，罚他上山打疙苁柴也要派人持枪押着。一天，他爱人给他送去一碗油辣椒被发现了，说他"还在过腐化生活"，就加上这一条罪名，连续斗争他三天。虾子公社红花大队工作队，将干部集中在一家民房内，白天由工作队逼着交代问题，晚上由民兵看守，限定住院坝内活动，被关干部都不知道自己是个什么结果。该大队白虎生产队队长趁爱人给他送叶子烟来的机会，向她交代："你回去把娃儿抚好，我恐怕是要去担黄泥巴了（指劳改）"。大队长被关二十多天，实在气愤不过，说："你们要杀就杀，再关下去，过两天我的肉都没得了"。在此期间，虾子区被关押、"集训"的干部，何止千人！

在斗争、关押干部的同时，工作团还在全区挖各种"集团"，被定为"反革命集团"、"贪污盗窃集团"、"投机倒把集团"的就有7个，被牵连的干部60多人。区机关工作队认为虾子区的问题这样大，怀疑区委、区公所机关有个"政治集团"，追了很久，一直到"二十三条"下达后，仍然追不出什么名堂来，才慢慢烟消云散了。

在这一阶段，由于工作队对全区干部采取夺权斗争，使用关押、审讯、追逼、训斥，甚至捆绑、打骂等手段，使许多干部身心健康受到极大的摧残，但有的工作队在总结时，却出现了这样的字句："在这场激烈的斗争中，除个别'苦主'打了被斗对象一、两下耳光外，基本上没有发生打人现象"。兰生公社三合生产队队长仅有一般错误，被押上全公社大会斗争，在寒冷的冬天长时间站台弯腰，像对待犯人那样把他推上台去，拉下台来，在推拉中腿被摔伤，卧床两个多月。少数干部不堪凌辱，竟含冤死去。兰生公社同心生产队队长是个老贫农，老积极分子，在夺权斗争中，工作队依靠了一个伪兵痞，硬咬他伙同三人贪污稻谷6000公斤，大米300公斤，还检举他在三渡关窖藏一百多块大洋。这位生产队长在千追万逼下上吊自杀。后经查实，此事纯属坏人报复陷害。全区在"四清大会战"中，被逼自杀的就有15人，其中干部6人，这些人死后还被安上"畏罪自杀'的罪名。

工作团和各工作队在确定斗争对象时，都是以"宁左勿右"的思想作指导的。工作团认为："最主要的就是把干部队伍中钻进来的地富反坏分子估计多了"。南坪公社被斗争的43名大队、生产队干部，后来工作大队按照当时他们掌握的标准衡量，就认为"有27人是可夺权可不夺权的"，占被斗干部的62.8%。因此，当时全区有许多只有一般错误的干部被斗争夺了权，有的干部还纯属冤枉。

兰生公社兰牛大队支部书记，因有个富裕中农咬他偷卖集体菜油一千二百多斤被斗争，斗了几次后宣布撤职和开除党籍，被戴上"坏分子"帽子。后查实并无此事，原来是那个富裕中农乘机报复。因为在土改时，他是农会干部，曾提出那个富裕中农应划为富农。乐安公社大桥生产队会计是帮工出身，是该社入党较早的党员。运动中，有人说他"贪污三百多元"和"打击报复群众"，工作队把他定为全公社重点斗争对象，斗争后宣布开除党籍，撤销会计职务，戴上"蜕化变质分子"帽子，关了半个月，后来查实，他仅多吃多占五元钱的东西。

在全区开展夺权斗争的同时，工作团还准备对大批干部逮捕法办。运动中，各工作队报团部准备逮捕法办的就达80人。在对全区基层干部进行夺权斗争以后，工作队组织群众斗争了"四类分子"，全区共计斗争有严重破坏活动的"四类分子"127名，占"四类分子"总数的10.6%。对"四类分子"的斗争，工作团是作为"打击走资本主义道路的当权派在下面的支持者"来开展的。纵然如此，斗争的人数和声势远没有斗争干部时大"。

（二）清阶级、评分子、打击干部群众

在对干部开展夺权斗争以后，工作团在全区进行清理阶级、评审"四类分子"工作。

工作团对虾子区阶级状况的看法是："这个地区土改时漏划了一些地主富农，错划的也不少，造成了阶级阵营比较混乱的情况"，"合作化时又没有把下中农划出来，贫下中农的优势一直没有很好地树立起来"。同时认为："工作队入村以来，经过阶级摸底，内划成分，初步澄清了阶级阵营，分清了敌我友。现在，有必要正式进行清理和评定，把过去没有划出来的贫下中农划出来，把错划的改正过来，把隐藏在人民内部的阶级敌人清查出来"。按照上述指导思想和安排，工作团只用了十多天时间，就将全区的阶级成分进行了普遍的清理，同时还完成了评审"四类分子"工作。

1. 强调百分比，将地富成分改下来，同时为大批"四类分子"摘帽

虾子区原有地主、富农868户，占总户数的9.75%。工作团认为："入村后，由于对这个地区地富漏划的情况估计过于严重，很多同志缺乏经验，情况摸得不够准，又有就高不就低的思想，曾经把地富户数内定为总户数的12%"。按照这个比例，全区的地富户数要达1068户，即在原来的基础上增加两百户。但是，后来工作团听了省委传达西南局的指示："8%（地富户数），5%（"四类分子"数）和60%—70%（贫下中农数）这三条杠杠不能动摇，吃饭睡觉都要记住"以后，"思想才完全解放了"，就按照这几条杠杠来指导工作，按不超过8%的地富户数来清理，结果全区"改正土改时错划为地富的164户，另有70户可划可不划的也改了过来"。这样全区地富户数改下来共234户，占原地富总数的27%。以后的地富户数（包括新划上来的）占全区总数的7.6%。

全区原有"四类分子"1198人，工作团在评审中摘掉帽子的194人，因改变成分减少的338人，共计减少532人，占原"四类分子"总数的44.4%。全区摘帽后的"四类分子"总数（包括新戴帽子的）占总人口的1.7%。

2.把干部、群众的成分划上去,有的还戴上"四类分子"帽子

在清理阶级成分中,全区有 45 户干部、群众被当作"漏划地富",将内部成分划为地主富农。同时还将大批干部、群众的内部成分升高:有贫农升为下中农,贫下中农升为中农,中农升为上中农或其他成分的。据十一届三中全会后区落实政策汇总统计,成分变动的就有 489 件,加上"四清"后不久"巩固建设工作队"更动的 49 件,成分变动总数达 538 件(户)。变动面占总户数的 6%。

在评审"四类分子"时,全区新划出"地主分子"、"富农分子"、"阶级异己分子"、"蜕化变质分子"、"投机倒把分子"、"坏分子"等共 69 人,有 25 人被斗争后宣布管制。有 12 人被判刑。

被升高成分和戴"分子"帽子的大多数是干部。"特别是对坏干部的成分,总是想划高点"。如青山公社明星大队大队长,解放前父亲病故,其母于 1939 年改嫁到南坪,他和两个妹妹随母到南坪张家,一直劳动到解放。土改时,南坪划他为雇工,张家划为富农。他于 1951 年回青山原籍,青山土改时,因他家有田 2.8 亩,划为佃中农。他于 1955 年入党,当了多年基层干部。"四清"中,工作队以"享受富农生活"将他划为富农成分,戴"富农分子"帽子,开除党籍,交群众管制。

有部分贫下中农、中农被上升为地富成分,有的还被戴上"分子"帽子。

青山公社明星大队水坝生产队一户社员,解放前三年全家 12 人,有田 15.8 亩,土 1.52 石,全部自耕,土改定为中农。"四清"中工作队将他早已分居的祖母解放前在外地曾出租过土地为名,算在他头上,将他审定为富农,并戴上"富农分子"帽子。

(三)处理和撤换大批党员、干部

1965 年 8 月下旬,虾子区"四清"进入组织处理和组织建设阶段。

在这以前的元月下旬,中央《农村社会主义教育运动中目前提出的一些问题》(即"二十三条")已经下达。按"二十三条"的统一提法,"城市和乡村的社会主义教育运动,今后一律简称'四清',即清政治、清经济、清组织、

清思想"。"二十三条"指出了前段"四清"中某些左的偏向，但是又提出"这次运动的重点，是整党内那些走资本主义道路的当权派"的观点。

工作团用"二十三条"精神对照前段运动，对形势和运动性质作了重新认识，认为："应当肯定，虾子区的问题是严重的。但是，我们过去对这个地区的严重程度，估计得过了一些""我们过去对运动的性质认识也是不明确的，在造成这个地区一些问题的原因上，过于看重了民主革命不彻底这一方面，因此过份强调了民主革命补课的任务，而对前几年城乡资本主义泛滥造成的严重后果认识不足，不能忘记当前的主要矛盾是社会主义和资本主义的矛盾，干部中的问题主要是和平演变问题"。

按"二十三条"精神，工作团也逐步改变对虾子区干部的看法，承任虾子区的干部"好的和基本好的约占70%左右"，强调了要团结95%的干部问题，于1965年2月在全区宣布解放了1404名干部，后来又作出"关于对被斗争干部进行复查处理的意见"，要求对被斗干部区分出斗对的和斗错的，对斗错的要求"必须公开改正"，对"已经给予处分的，宣布撤销处分，撤职的恢复职务，开除党籍的恢复党籍"。同时对干部采取了"允许作补充交待、允许改正、允许翻案"等措施。这样，工作队在夺权斗争时的错误作法有所收敛，对干部、党员的处理面特别是重处理的面就比原来打算的要小得多了，但这仅仅是一方面。在另一方面，由于不少工作队强调"既成事实"，对"自己搞出来的问题，总怕给翻掉"，仍然处理了一大批党员、干部。

1.对党员、干部的组织处理

据工作团统计，全区党员559名，开除党籍35名，不予登记29名，劝退出党34名，共有98名党员被清除出党，占党员总数的17.5%。受其他党纪处分的37名，缓期登记的57名。干部受重处分的、戴上各种"分子"帽子的29人，占干部总数的1.4%；开除党籍的19人，开除公职的5人，共24人，占干部总数的1.16%。

据十一届三中全会后落实政策时统计，"四清"时受各种处分的各级干部为161人，占全区干部总数的8%。

有的党员、干部是因为在运动中"表现不好"和"不愿再当干部"，受到重处分的：

三渡公社的党委书记，雇工出身，是解放初期由村干部成长起来的干部，本人并无大问题。运动中，工作队听信他人检举，说他曾抱给地主家，是混进来的地主，并诬他"打刀子杀工作队"，"发耗子药毒工作队"等罪名。对他进行多次斗争，他抵触情绪很大，说："你们怎样处理我都可以，反正我只有那些问题"。后来，以上的罪名被一一否定，但工作队仍以其他问题上纲上线给予他"开除党籍"、"开除公职"的处分。工作团保留了他的工作籍，后调离公社到粮管所当过秤员。

兰生公社龙堡大队的党支部书记，解放前受苦很深，参加过抗美援朝，1962年起任支部书记，对"四清"中被斗争夺权很想不通。组织建设阶段，工作队认为他已无问题，动员继续担任支部书记，他拒绝不干，工作队就以他"没有党性"作"劝退出党"处理了。

2. 撤换大批干部

在组织建设阶段，全区大部分干部经查证核实没有大的问题，未受组织处理。但是，由于在夺权斗争时受到伤害，有的不愿再当干部，有的已不受信任，因此，在组织建设时，许多原任干部被以各种方式免去了职务。运动后期，全区共定社、队干部2116名，其中，原有干部1082名，占51%，有近一半被撤掉，有的继任干部改任了其他职务。全区公社、生产大队主要领导干部改变最大：8个公社党委书记，继任的3人，免职改任的5人，占62.5%；43个大队支部书记，继任的7人，免职的36人，占83.7%，43个生产大队长，继任的6人，免职的37人，占86%。

3. 对干部群众的经济处理

对干部群众的经济处理，也在组织处理阶段同时进行。全区被处理退赔的干部共1631人，占干部总数的72%，被明确退赔钱28.8万多元，粮食25.5万多公斤；加上对部分群众、"四类分子"等处理退赔的钱10.7万元，粮食7.1万公斤，全区共处理退赔的钱39.5万元，粮食32.9万公斤。按当时全区总户数计算，每户平均钱44元，粮食37公斤。对干部群众退赔兑现时交出的房屋、家具、农具、生活用品等物资，当时都是低价折款处理的，所以干部群众的实际经济损失，远远超出所定的退赔数。

对干部群众的经济处理，部分是对的，但相当大部分是搞错了的。特别是在夺权斗争阶段，对部分干部、群众实行"扫地出门"，抄家没收的财产，许多已作"斗争果实"分给了群众，后来工作团虽然在《关于干部经济退赔的意见》中规定："退赔以后要使干部家庭仍能维持一般贫农社员的生活，不要搞得倾家荡产"。但又规定："已经分配给群众的款物，一概不能从群众手里拿回来"。因此，工作队在处理时，均是承认既成事实，将错就错，将这种"不能拿回"的财物也当作干部、群众的退赔，也不顾别人是否"倾家荡产"了。

三渡公社长征大队的党支部书记，是个土改时就开始工作的女干部，1955年入党。"四清"中，政治上无限上纲，她被定为"蜕化变质分子"，开除党籍，家庭成分也由贫农划为中农。在经济方面，把她经过批准按社员同样价格买的树木，说成是低价购买，明确退赔500元，群众帮忙修房，要算她的"剥削劳力"账，办过一次"月米酒"，要算她的"勒索群众钱财"账；生活困难时期，她好心收养了一个十岁的儿童，还要算她的"雇工剥削"账；加上"多吃多占"等问题，确定让她退赔2257元。把她家中口粮挑光，财物赔光，一幢七柱四列大瓦房也抵价收掉。所收财物，变价分给群众。

虾子公社青山生产队的队长是帮工出身，运动初期被安上"吃人的土老虎"斗争夺权，宣布开除党籍，同时被抄家，没收财产。计没收房屋一列(间)、稻谷1150公斤、晒席三领、石猪槽一个、大锅一口、柜子三个、棕毡一床、木床二个、石水缸一口、自鸣钟一个、棉被两床，没收后折价变卖分给群众，后来查出他并无大问题，开除党籍改为缓登二年，经济上由于没收财产已分，就以他在三年困难时期曾养母猪下小猪高价出售为由，给他算了3800元的退赔款，所收物资折价3420元，尚欠380元。

当时搞退赔兑现，不但收房屋、家具、粮食，有的还收了农具，甚至小鸡、小鸭、小猫都作价退赔，有的还被加倍处理，搞得家破人亡。

因此，人们反映虾子"四清"是"冤天枉地整干部，牛打马算搞退赔"。在分配"斗争果实"时，工作团规定，运动中改变了地富成分的户和地富子女均可参加分配，以致在一些地方出现了把群众在土改时分得的斗争果实又分回

234

去的怪事。

（四）纠单干，合并生产队

工作团从 1965 年 2 月下旬开始，在全区搞了纠正单干、合并生产队的工作。于 2 月 25 日召开了七千人的贫下中农大会，号召巩固集体，反对单干。会后，全区普遍开展清理集体土地，丈量自留地，收回社员多占的集体耕地。结果"全区收回社员多占集体土地 9315 亩，占社员自营土地的 49%"。留给社员的土地 10907 亩，占总耕地的 12%，另清出隐瞒的耕地 2490 亩。此后，全区还合并生产队 51 个，占原生产队的 11.6%。合并后，全区平均每个生产队的户数，由原来的 19 户增加到 22 户。由于大量的土地集中，此后，全区农民只能在划给自己的小量土地上使力气，在大量的土地上混时间了。部分生产队从社员手中收回的土地又丢荒，群众说："人民公社的土地荒得做不得"。

二、"四清"后的虾子区

（一）"四清"巩固建设工作

虾子区"四清"运动结束后，大批工作队员于 1965 年 5 月初离开虾子。在运动结束前的组织建设阶段，工作团明确留下六名工作队员在虾子区工作，分别担任了区委和四个公社党委的主要领导职务。同时还留下了由十五人组成的巩固建设工作队，领导处理"四清"遗留问题和协助区委开展工作。巩固建设工作队从 1965 年 5 月初到 8 月初，在虾子区工作了 3 个月。

巩固建设工作队按照"四清"工作团党委临行前的"主动发现，积极处理"的指示，处理一批"四清"中遗留问题。三个月内，共处理遗留问题 557 件，处理结果，改动 169 件，占 30%，有 70% 仍维持原结论。对个别重大案件的改动，巩固建设工作队还要请示原"四清"工作团领导决定。

巩固建设工作队还从"保卫'四清'成果"出发，对当时出现的"打击报复"案件进行处理。全区"严肃处理"了"打击报复"案件 19 起，其中严重的 4 起。计逮捕法办 1 人，组织群众斗争，批判 10 人，其余批评教育。"三渡公社黄林生产队的副队长，就因打伤"四清"积极分子被逮捕，在区和公社组织的大会上斗争后，判刑三年。

（二）"四清"带来的矛盾

1. 不愿当干部

"四清"后，虾子区的干部队伍中普遍存在不愿当干部的思想。有的向工作队表示："把我的脑壳砍下来当凳子坐我也不干"。勉强留下来继任的干部，在"四清"中也是"人人过关"，许多还挨过批斗，怕今后运动来了又挨整，落得个"斗争下台"划不来，说当干部是"三十夜的老母猪，早迟要挨一刀"，提出不干；有的干起来也心有余悸，灰心丧气，有个继任的生产队长公开说："当干部是迟早要挨整的，哪个把我这个队长拿去当，我给他磕几个头"。

"四清"后，新上来的干部，也都是参加过运动，并亲眼见到原任干部被批斗，他们说："没有得油吃也听到榨杆响"，怕自己也落得个"鼓掌上台，斗争下台"的下场，也提出不愿意当干部，有的一上台就反应激烈。有个生产队长向上反映："我这个队长是工作队叫我当的，现在工作队走了，我不干了，如果再要我干，就要给我打包票，保证我今后不挨整"。

"四清"结束后不久，就有许多干部提出不干。当时，南坪公社 43 个生产队，就有 15 个队长申请不干，乐安公社红旗大队 9 个生产队，就有 4 个队的会计提出不干。后来，虾子区每年到了农历九月三十日（分配迄止日期），都有许多干部要"洗脚上坎"，提出不干。因此，区社两级每年都要花很大的精力去做干部的思想工作和班子的调整补充工作。

2. 干群矛盾

虾子"四清"后，干部、群众出现了许多新的矛盾。首先表现在群众对继任干部的不信任上。由于这些干部在运动中已被抹黑，部分群众不服他们领导，动辄"你这个'四不清'干部又要翘尾巴"，甚至"你这个坏干部还要干坏事"，等等。搞得这些干部不好工作。另外，群众对干部存有戒心，怕干部打击报复。有的干部也的确积有怨气，也不时将怨气发泄在"四清积极分子"身上，造成了干部与群众、干部家属与群众之间的争吵和摩擦。有的还发生斯打，造成后果又以"打击报复"算在干部头上。这种情况，在"四清"结束后的头几年经常发生，有些"四清积极分子"在运动中做过了头，运动后感到"对不起人"，自动搬了家，有的还远离虾子区。

3.党群矛盾

虾子"四清"后，出现了党群关系的紧张局面。

首先，"四清"中被处分和被撤掉的干部，统称为"四清下台干部"受到歧视，稍有不慎，就被安上"翻四清案"的罪名。他们也向各级组织反映，但从"保证点上四清成果"出发，没有哪级组织敢于支持他们。以致他们有冤无法申，积满怨气，说："这就是当干部的下场"。尤其是被划为地富成分和被戴上各种"分子"帽子的干部，处境更为悲惨。他们被监督劳动，要按期参加"四类分子"训话会，出义务工；在集体劳动工地，还要受从前的"四类分子"的管理和教训；有的备受欺凌，痛不欲生；有的忍无可忍，奋起反抗。青山公社明星大队的大队长，在"四清"中由下中农划为富农，被戴上"富农分子"帽子后，就多次拒绝参加"四类分子"会。但是，群众是最了解这些干部的，他们并不都把这些干部当作"敌人"，而是同情他们，支持他们，有的还做出各级组织不敢做的事。三渡公社高坎大队的党支部书记在"四清"时被戴上"蜕化变质分子"帽子，但当地群众了解他，认为他问题不大，工作积极，做事大公无私，"四清"后不久就选他当上生产队长。

（三）频繁的政治运动

虾子"四清"后，政治运动仍然一个接着一个进行。1966年2月中旬，遵义地委派了一个工作队到虾子，组织区社干部在农村开展一次"面上社会主义教育运动"。这次运动共进行四个月，到6月中旬结束。工作队认为："虾子

237

区'点上四清'刚结束，其资本主义势力的恢复相当迅速"，"几股歪风仍很严重，如果不搞运动，再过几年，又要回到 1961 年、1962 年的老路上去"。因此，发动群众"大揭阶级斗争和两条道路斗争的盖子"，对"牛鬼蛇神和一些坚持走资本主义道路的当权派和有破坏活动的四类分子以及对贫下中农进行打击报复的分子，分别在公社、大队、生产队的范围内组织群众进行批判斗争"。全区共批判斗争 24 人，其中干部 8 人，工作队认为，通过斗争"树立了正气，巩固了'点上四清'的成果"。

1966 年秋季，遵义地委又派了个"四清"工作队，对虾子区进行"四清补课"。这次地委"四清"工作团团部又驻虾子，虾子区委、区公所又搬了一次家。按照当时"四清"工作队的调子，认为"经过四清的虾子，比未搞过四清的区问题还要严重"，正发动群众"破四旧"和采取"大鸣、大放、大字报"等方式揭发各级组织和干部的问题时，"文化大革命""大串联"已经冲击到这个区，"四清"工作团在虾子区住了两个来月，在中央"关于农村无产阶级文化大革命的指示"下达后，于 1966 年 12 月下旬撤走了。此后的虾子区和各地一样，处于十年浩劫之中，许多点上"四清"时上台的干部又被当作"走资派"进行批判斗争。

深受历次政治运动之苦的虾子区广大基层干部，对政治运动从惧怕、厌倦到反感，也感到迷惑不解。前些年，在虾子区就流传过这样一首顺口溜，诉说基层干部的遭遇：58 年拔"白旗"有我，59 年"反瞒产"挨打又背索；60 年"新三反"拉来斗过，61 年"整风整社"道歉赔礼把头磕，62、63 年勉强把日子过，小心翼翼干工作；64 年中央工作团来"照顾"，"桃园经验"传在虾子这个角落，这一回才整得恼火，算总账、挨斗争又把权夺，66 年来个"四清补课"，"走资派"的帽子又戴上脑壳；"文化大革命"批斗又有我，翻来复去背黑锅，这样的日子怎么过，哪一天才能解脱？

结 束 语

现在，当我们回顾虾子区点上"四清"这段历史的时候，难免重提一些不愉快的往事，引起我们的痛苦与惋惜。但是，我们也将从中吸取更多的教益。

1981 年党的十一届六中全会通过的《关于建国以来党的若干历史问题的决议》对"四清"运动已作了正确的结论。1984 年 6 月，中央"关于解决贵州'四清'问题的批复"，进一步指出："1964 年贵州的'四清'运动，是在"左"倾错误指导思想下进行的"。同时肯定了"文化大革命"前贵州省委和广大干部在社会主义革命和建设事业中作出了积极的贡献，进一步明确"开展'四清'运动地方的领导干部是好同志，当时由中央选派到贵州参加'四清'的两千名干部也是好同志"，强调了"加强干部之间的团结，对于开创贵州工作的新局面，具有极其重要的意义"。总之，历史已成过去，"四清"已有定论，经受过多次正反两方面教育的虾子区广大干部群众，定能吸取历史的经验教训，团结一致，振奋精神，同心同德，朝着十一届三中全会以来党所指引的正确道路，继续前进！

（原载《遵义县文史资料》第 5 辑）

239

「四清」运动亲历记

西北地区

农村"四清":十年动乱的前奏曲

杨克现

1964年秋，全国城乡社会主义教育运动进入了"大兵团作战"的高潮。我几经争取，从一名新华社记者，变成了一名"四清"工作队队员，到长安县"社教"工作总团报到。

那时，在那些难以掌握自己命运的基层干部看来，我们"四清"工作队员何等威风？可是，有谁知道，只因我据实为中央写了一份"内参"，竟为自己造成了绵延多年的苦痛，方懂得作一名"举世非之而不为其摇"的求实的记者，是多么的不容易！这，非得有一种敢入地狱的精神不可，而我还很难说是迈出了第一步。

我本是怀着知识分子净化自己灵魂的心情来参加"社教"的。据我们的长辈们介绍，知识分子只有到基层去，到火热的群众运动中去经受锻炼，接受教育，才能得到脱骨换胎的改造。但报名那天，"社教"总团办公室负责人李屹阳同志见我来自新华社，便以革命需要为由，强留我在总团机关筹办《长安社教报》。我申辩说，自己是来接受群众运动锻炼的，必须到基层去方能脱骨换胎。但她说："锻炼，也包括工作团纪律的锻炼"。她是领导，我是被领导，我不好再讲什么，只好按她的指示，将行李搬进工作团为报社编辑指定的宿舍，那是县政府腾出来的一间大办公室。"社教"期间，县级干部大都要接受审查，不再在里面办公。我们《长安社教报》的同仁，便长驱直入进驻里面。

《长安社教报》是长安"社教"工作总团的机关报。每周出版两期到三期。因总团由中共中央西北局领导挂帅，所以，人们将它看作是西北地区城乡社会主义教育运动的舆论旗帜，参与这张报纸文字工作的全是临时抽来的"四清"工作队员，有《陕西日报》、陕西省广播电台的副总编辑、台长和普通的编辑记者，也有渭南、三原、礼泉等县的办公室主任和通讯员，加上我，共十来个人。大家汇集到一起，惶惶然，都说缺少办好指导群众运动报纸的经验，心中无数，怕办不好；又说上有中央西北局作依靠，有西北局农村工作部长、长安"社教"总团团长李登瀛同志作主，也就可以放心大胆地出报。同仁中，还有人提议向当年的《晋绥日报》学习的，说："当年的《晋绥日报》有非常高的权威，即便是对一条编者按语，也讲求语辞的锋利，不按则已，一按下面就要死人。不像现在的报纸，用钝刀子割肉，不痛不痒"。

进入社队阵地前，我们报社的编辑和"四清"工作队员们一起，全都去聆听了有关长安阶级斗争形势的报告，以提高斗志。作报告的是中共西安市委副书记、长安"社教"工作总团张国声副团长，报告列举了种种事实说明长安阶级斗争的严重性。他强调说，整个西北地区土地改革很不彻底，长安县更不彻底，漏划了大量地主与富农，贫下中农"尚未彻底翻身"；又说，长安曾经是胡宗南和国民党陆军军官学校第七分校大本营，国民党残渣余孽不少，他们混入革命队伍，还在残害贫下中农；又说，长安县靠近西安这个大城市，城乡资本主义势力勾结在一起，正在向社会主义农村猖狂进攻。听了他的报告，给队员们留下了深刻的印象：长安县满眼都是敌情，贫下中农仍处于水深火热之中。有的队员说："听了张书记的报告，好似大家要去未解放的西藏一样"。

敌情描述得如此严重，张书记还口口声声说自己"右"。他说，几个月来，他每次到长安农村调查，每次调查，都发现前次对阶级斗争的严重性认识不足。到最近这次调查结束，自认为对长安县阶级斗争形势看得够严重的了。但是，与西北局调查的基调对比，仍不得不承认自己"右"。

『四清』运动亲历记

　　我虽有着十多年边疆内地农牧区采访的经历，但未亲自参加过土改队等合作化、公社化的群众运动，自思缺乏严格的群众性阶级斗争的锻炼，只怕自己"右倾"无疑，难以适应办好一张社教报的要求。便在《长安社教报》正式成立那天，向参加我们会议的张国声副团长提出要求，建议报社最好有记者能与中央领导蹲点的大队取得联系，一来有助于了解基层阶级斗争实际，二来便于争取中央同志直接领导。因为，有内部消息说，中央西北局、党中央书记处都有领导同志在长安农村蹲点。不料，张国声副团长听后将我严厉地训斥了一顿。他说："上级领导蹲点的地方全部保密，不准随便去采访！"还说："这种想法是国民党资产阶级报纸的一种思想作风"。我据理争辩，他都无动于衷。我们社教报的同仁们全都默不作声。这就苦了我们刚刚创立的《长安社教报》。大家从办报的第一天起，本想有点作为，却不得不处于一种关门办报的状态。

　　按照"社教"工作总团的部署，从工作队员进村与贫下中农同吃同住同劳动同学习的"四同"开始，到宣讲"双十条"；从扎根串联，到大揭阶级斗争的盖子；从工作队重新组织起阶级队伍，到向着农村地富反坏以及"四不清"干部开始发动进攻，运动在不断地发展。整整两个月过去了，我们报纸每期刊登的稿件，全都是我们报社人不曾调查，也不大熟悉的材料。这些材料几乎全是工作总团团长李登瀛同志的批件和工作总团办公室筛选来的报告，只有少数是工作队的投稿。这些稿件和材料，无一不在说明，长安县的阶级斗争形势比预料的更为严重。其中最令人吃惊的当推总团团长批来的、王曲分团团长、宝鸡地委书记张方海同志的文章。文章认为：工作队进村后，大揭阶级斗争盖子的结果，发现整个王曲的基层干部百分之七八十都是敌对阶级分子，或是漏划的地富，或是国民党的残渣余孽，或是新生的资产阶级分子，或者兼而有之，这些人里里外外，上上下下勾结在一起，专了贫下中农的政，贫下中农怎么能够翻身！

　　既然长安农村敌情严重得无以复加。那么，按照"双十条"文件精神，运动向前发展，报纸要刊登的材料便是如何打退阶级敌人猖狂进攻的问题。如何打退？大家正愁没有好办法的时候，总团办公室为报社转来了西北局领导同志蹲点的细柳分团一个工作队的报告。报告提供了一种新形势下的斗争经验。

那是全国各大区"社教"工作团不曾有过的著名的"小战斗"。其时，我们编报的人都不懂什么叫"小战斗"，幸而来稿有着下面的解释：

"'小战斗'，就是对'四不清坏干部'先不开大的斗争会，不采取一脚踢开、撤职、马上夺权的办法，而是要他们按照我们的指挥行动，以他们为活靶子，创造条件使他们犯错误，并把他们当作反面教员，为训练积极分子、教育广大贫下中农服务"。

至于怎么创造条件使他们犯错误，办法也很别致。报告中说："对坏干部包庇坏人作了坏事的，通过贫下中农组织他们去处理。如能按原则去处理，就质问他们，为什么过去不处理？如不处理，又质问他们，你们是共产党的干部，为何不处理坏人坏事？通过斗争，使坏干部左右为难，揭露他们的丑恶面貌"。报告说，这是一种将打倒"四不清坏干部"与帮助贫下中农翻身作主同步进行的新策略。即"由训而不倒、批而不倒、斗而不倒，待群众觉悟后，便会收到不打自倒的结果"。

我生平不曾参加过这样的群众运动，面对着如此复杂的斗争形势，我总觉得，要是一直坐在编辑部关门办报，不仅自己受不到群众运动的洗礼，难以脱骨换胎，而且因为极少了解下情，也很难办好报纸，于是我决定冲破关门办报的限制，下到基层去，哪怕是一天两天也好。这当然首先得避开张副总团长的"监督"。是他，最反对我们到上级领导蹲点的地方去。但此刻他在总团附近的皇子坡大队补划地主，整天忙于内查外调十五年前的农村阶级情况，还要对调查来的情况作定性分析，无暇过问报纸，我趁此机会悄悄恳求我们报社编辑部的负责人武英同志，求他允许我下一次工作队。为我提供哪怕是一次锻炼的机会，同时也为我们的报纸了解一些具体的情况，以便把报纸办得更好。

武英同志是陕西省广播电台的台长，为人厚道。也许是我的苦苦恳求感动了他，更可能是他长期从事新闻工作，原本就认为应当开门办报。他很快地答应了我的要求，不过，他叮咛说，西北局领导同志蹲点的地方自有来稿，因为还没有开放，谢绝采访，不能去，中央领导同志蹲点的地方，更不能去。我说，我要到阶级敌人最猖狂的地方去。按我们报纸所登，王曲不就是阶级敌人最猖狂的地区嘛！

245

『四清』运动亲历记

王曲是著名作家柳青一直体验生活的地方。他在那里写了得力之作《创业史》。此地离县城不远。我稍稍整理一下自己的行装，蹬上了一辆半旧不新的脚踏车，便出发了。一路走村过镇，颇感冷清。因为"社教"总团不强调召开大的斗争会，也就看不到轰轰烈烈的群众斗争场面。但只要碰到如我一样也穿有破旧的蓝色"运动服"（这是群众给我们工作队员服装起的名）的工作队员，便打听情况，这才知道许多村镇的院落里都有着料想不到的"小战斗"。我一时无心留恋这种"小战斗"，只想先全面了解一下情况再开始重点访问。三里五里一打听，最后径直来到王曲公社被认为阶级斗争最严重的一个大队，在村庄尽头的一间农民房子里，找到了一名"四清"工作队长，宝鸡地区的一位县委书记。他坐在炕桌前正在研究一叠叠材料。

进了门，我首先通报自己是《长安社教报》的编辑，是看了他们王曲分团团长有关阶级斗争形势报告的文章才来学习的，我请他就这里的阶级斗争形势进一步发表一些看法。不料，这位县委书记抬头看了看我，脸色冷淡，毫无热情。他漫不经心地招呼我坐上了炕，笼统地说了一些中央文件上说过的阶级斗争如何严重的话，好似在应付我这个总团下来的干部。我有点不耐烦，便单刀直入地提出问题："你们分团长不是说，你们王曲分团所在这一带地方，农村百分之七八十的干部都是敌我性质的矛盾吗？"看我认真的态度，他先是一愣，稍一镇定，便下炕去关了房门，生怕被人偷听去似的压低了声音，像是审问我也审问他自己："百分之七八十的敌我矛盾？"

然后，沉了片刻，好似泄了气的皮球，才慢慢地接下去说："说实话，够上敌我矛盾的，恐怕连百分之三四十也没有！"

我也愣了一下。忽然觉得这竟是我此行的重要发现：一个是总团极力推荐的宝鸡地委书记对形势的数量分析，另一个是该地委下属一个县委书记不敢告人的也是对形势的数量分析。上下级之间，相差一倍。工作队内部竟会有如此相左的看法！这无论如何是我们坐在编辑部办公室里无法知道的实际呀！况且，谁敢担保，这百分之三四十的数量分析合乎实际吗？

"那你为什么不向社教总团反映？"我向他说明对形势的看法一旦出错，特别是登在社教报上，它将给实际工作带来严重后果。"唉，这种时候，谁敢？"

他的声音变得更小了，甚至有点悲惨。不像那种吆五喝六的县委书记。显然，他对形势的估计与他的顶头上司发生了尖锐的矛盾，而时下是他的上司的看法在"社教"总团占了压倒的优势，这对他是一种莫大的压力。

他愁锁眉尖。

我再三向他说明实事求是反映情况的重要性。他却说，他参加过多次运动，知道阶级斗争反映到党内就是路线斗争。一个人不能白白地作为路线斗争的牺牲品！我怎么说都无法改变他那固执的看法。

唉，我该怎么办呢？我不是作为新华社记者来采访，而是来学习来锻炼的。这样关门的谈话，这样连敌我阵线还分不清楚的矛盾，使我束手无策，我该怎样办报？我该怎么脱胎换胎改造自己！

回到总团的当天下午，我听说柳青给总团来了一封信，说到他的《创业史》中梁生宝的模特儿王家斌也挨了斗。那是一位献身于集体化事业的英雄人物。他挨斗后想不通，只说真正的贫下中农怎么斗他，他都愿意正确对待，但他不能容忍一个坏女人——胡宗南的干女儿向他脸上吐唾沫，侮辱他。我想，柳青肯定也是想不通，才写了这封信的。柳青，在我的印象里，一向是严肃对待生活的作家。联系我自己的王曲之行，我模模糊糊地觉得"四清"中怕是出了点问题。然而，这只是我自己的猜度，又听说总团对柳青的来信有看法，要求王曲分团派人去复查。我心里在等待有新的结论。几天后，复查的材料报上来了，结论仍是工作队正确，只是柳青知识分子气太重，右倾！这种说法，不要说使王家斌这样的劳模陷入了厄运，对柳青个人，对我的思想也是一个沉重的打击。

啊！柳青，那位天天与王家斌生活在一起、写出了中国集体化史诗的柳青也会右倾吗？他怎么可能将一个"四不清坏干部"当作英雄为之立传呢!？那么，向我透露真情的县委书记呢!？他也是右倾肯定无疑吗!？可是，他的真实思想，并不为他的上级知道。比起柳青来，他那"明哲保身"的态度，确也是人生痛苦经验的总结。右，右倾机会主义，要知道，多少年来这都是一个可怕的词儿，大家都像躲避瘟疫一般地躲避着它。自从批斗"四不清坏干部"的"小战斗"打响以后，总团转给我们报纸的"小战斗"的文章骤然多了起来。

『四清』运动亲历记

从版面上的文字看,一个个"小战斗"都打得"十分漂亮","战果辉煌"。奇怪的是,工作总团几乎每天都接到"四不清"干部自杀的报告。不到三个月,自杀人数竟超过了五百人,有人背后说,这是土改、合作化以来自杀人数最高的纪录。

自杀,是不能登我们的《长安社教报》的。自杀,按作家的说法,这是一个人丝毫看不到生的希望的悲剧。但我们总团的领导不是作家,他们一直在大抓阶级斗争,并且坚决认为,从阶级斗争的观点看来,自杀正是长安县"四不清"干部顽固对抗"社教"运动、阶级斗争严重尖锐的具体表现。因此要求每个工作队碰到这种问题,都必须就地批判消毒,以重振工作队的威力。此时此刻,纵使有怜惜自杀者的队员,若不是噤若寒蝉,也许都在加强学习后,以"革命不是请客吃饭,不是绣花,不能那样雅致,那样从容不迫,文质彬彬,那样温良恭俭让。"而"弄通了思想",调整了心理上的不平衡。

然而,我的心情不能平静。我因有王曲之行的亲身体验,又有作家柳青合情合理的却遭到拒绝的信,更加上那些不便公开登报的一个个基层干部自杀的悲剧,我的"社教"热情骤然冷却下来,头脑里疑团丛生,又不敢告诉任何人。那情况就如同一支万人长途行军的队伍一直呼喊着同一口号齐步前进,中途,却有一名列兵,其思想无端地开了小差,想入非非。我在寻思:那些被斗的、自杀的都是阶级敌人吗?不是说这场运动是重新教育干部的伟大运动吗?为什么有这么多的人不肯接受教育,而选择了"自绝于人民、自绝于党"的道路呢?路线斗争中,犯错误的是不是都是"右倾机会主义者"?具体到长安"社教",是不是"左"了些?还有,基层干部的功过是非,由工作队来评定,那么,工作队要是有了错误,由谁来评定呢?!这些不敢告人的念头伴随着心灵的颤抖而越来越多,驱之不散,终于积成了一团团难以排解的苦闷,压在了我的心头。我只觉得,在这个几十万人口的大县,在这近万名工作队员大兵压境的如火如荼的革命群众运动中,我,一名"社教"工作队员,一名新华社记者,全然不能快乐地从众前进,反倒陷入了空前的孤独之中。我还能锻炼下去吗?我还能脱胎换胎地改造吗?这实在是一种离群的内心痛苦。作为新华社记者,我有责任了解实际斗争中的真实情况;然而,当前运动的反倾向斗争主要是惩治右倾，我又怕自己看问题太认真而滑向右倾，影响了新华社的声誉，影响了自己的前途，毁灭了自己的一生。

我的思想陷入了极端矛盾的痛苦之中。

然而，我有时又不安分地想：错误，莫非犯错误的并不是我自己，而是我们的长安"社教"工作团？是工作团发生了打击面过宽，犯了阶级斗争扩大化的错误？想到这些，一种潜在的意识，一种忽大忽小，捉摸不定的新华社记者的使命感，在我的头脑里躁动起来。我提醒自己：何不就将这些事为新华社写成"内部参考"发到北京去，以便使中央了解下面的实际情况，并且通过中央来纠正这种谁也不敢公开站出来讲，却还在不断恶化的错误？可是，转念一想到后果，自己就先害怕起来，哪敢动笔！古人云："无胆则笔墨畏缩"。正是这一心态，千百年来不知禁锢了多少有识之士的思想，使他们在真理面前却步。我哪里算得上什么有识之士！我只能为自己卑怯的心理辩解。我想，长安县是西北地区"四清"的重点，在这里蹲点的国家部长、副部长、司局级的干部将近百名，县级以上的干部五六百人，也不见别人说话，万一是自己看错了怎么办？谁来救你？况且，新华总社并没有布置写"内参"。几个月来，新华社"内参"大登特登的一直是各中央局、省委书记们亲自出马大抓阶级斗争的讲话和文章。还没有一个人对于刚刚兴起的"四清"运动有所非议。

我锻炼不下去，只想暂时离开这使我烦恼的长安，找一块方寸之地将自己闭锁起来。一个星期天，我像在阶级斗争中打败了仗的逃兵一样独自从长安县回到了西安市，回到了我们分社那个小院落。将我的所见所闻，所思所想，偷偷地向我们分社的领导作了汇报。不知为什么，我倒希望得到他的批评，哪怕是极严厉的批评，批评我这知识分子经不起阶级斗争暴风雨的洗礼，批评我这记者对于"四清"的动摇，以了却这无端而起的"内参"心愿。不料，分社领导听完我的汇报，竟同意我的看法，还鼓励我向上反映情况。这样，便又使我壮大了胆子，竟将脱骨换胎置之度外，一夜之间，突击出了一份一两千字"内参"稿。稿件写了长安社教的错误和我的见闻，写了长安社教工作团领导将解放已有十五年之久的长安农村看得漆黑一片，将农村干部看得好人少有，并且导致对敌斗争扩大化的错误。干部自杀人数直线上升，便是这种错误的严重后果之一。

稿件写成了，我忽然觉得全身轻松，方感到所谓某些重大问题的"内参"，其实并不难写，它无非是要有一种敢于非议"皇帝新衣"的天真无邪的孩子般的勇气。安徒生那篇著名的童话，其实说的是：天真无邪，可以抗拒一切怯懦。只是，我毕竟已不是那么纯真。一年前，我不过给前任领导提了一些正当的意见，便被无情地打成"反党叛国分子"，该提的级不能提，该增加的工资不能增加，还差点被赶出新华社，我的伤痛未愈，不无顾虑。我向这届分社领导同志说："无论如何，这份'内参'送阅范围要尽可能小，小到党中央常委几个人就可以了"。我怕这份"内参"转回西北局，无端地遭受批判，后果不堪设想。

这位领导同志表示理解我的心情，满口答应了我的要求。首先在分社保密。他和我都懂得，在重大事情面前，新华社记者有的是社会责任，并没有多少社会保险。我们的记者队伍中，就很有一些人因为"内参"，被打成了"右派"、"右倾机会主义分子"。我们都熟识的老记者冯森龄同志，不就是因为如实地写了拉萨街头见闻的内参，被西藏工委某些领导人斥之为反党，从北京押回拉萨批斗，又送到农村劳动改造么！

回到长安，我一直牵挂着那份内参，晚上做梦也梦到我好像被押送回西安去批斗。然而，1965年元月，中共中央政治局讨论通过的"二十三条"，即《农村社会主义教育运动的若干问题》救了我。这个在今天看来仍有严重错误的文件，却使得长安已经陷入僵局的"四清"一下子活跃起来。虽然，我那时还不明白"整党内走资本主义道路当权派"有着严重的破坏意义。但，对于我来说，"二十三条"上的许多提法，仿佛都是针对我们长安"社教"发生的错误提出来的。例如，我们报上登的长安县农村中百分之一二十、三五十，甚至七八十的基层干部都是敌对分子，可"二十三条"重申的是要团结百分之九十五以上的干部和群众。又例如，我们对付"四不清"干部的办法是一步紧逼一步的"小战斗"，目的在于打倒。可"二十三条"上讲，对待干部要严肃、积极、热情，允许他们申辩。还有，我们常常把不同意见当作是阶级斗争在党内路线斗争的反映，可"二十三条"上讲，工作队要好话、坏话、正确的话、错误的话都要听，要努力避免片面性和局限性……等等。最重要的是，因为有了"二十三条"，长安县农村"四清"的僵持局面打开了，从此，运动便"势如破竹"地进行了下去。

指挥万人大军的工作队员转这个弯子，需要的是镇定自若的魄力。我们总团团长被认为是驾驭群众运动的能手。我原来以为，他多少会讲到长安"社教"的错误的，然而没有。在他看来，气可鼓不可泄，他绝口不讲纠偏，反而要我们报社大讲长安"社教"的伟大成绩，以防止工作队员泄气。他要我们大讲运动初期对干部"冷一冷"是必要的，说现在贫下中农真正发动起来了，应当是正确对待干部的时候了，正好，党中央的"二十三条"下来了。因此，必须坚决贯彻"二十三条"。这样一来，整个工作队与贫下中农又全力以赴做干部们的工作。那些犯这样那样错误的干部，经过"洗手洗澡"，纷纷得到解放，"三结合"的基层领导班子也建立起来了。干部自杀风骤然停止了，许多有水分的经济案件，经过群众评议，也给以合情合理的减、缓、免的处理。"四清"之中的清经济也就"顺利"地进行下去了。

只有在这时候，我才正式获准到各工作队采访。一个礼拜的工夫，一篇在"二十三条"指引下，长安社教运动"势如破竹"的稿件，在我们《长安社教报》头版头条位置上刊登了出来。这是我们报社记者编辑们自采的第一篇综合稿件。我们还有许多文章要写。然而此时，一年一度的春节也就逼近了，一切也都暂时作罢。按照工作总团的部署，此时，绝大多数工作队员被批准回去过春节，"四清"暂时告一段落，只是因为担心农村"四不清"干部趁机翻案，工作总团又确定每个生产大队都要有一两名队员留守，以继续拉紧阶级斗争这根弦。其实，在这种时候，在这种形势下，谁还敢翻案!? 后来的事实证明，春节期间，并没有发现长安农村干部有谁翻案。反倒是工作队内部，春节后，一些北京回来的工作队员带来了责难长安"社教"搞得过"左"的言论。有确实消息说，周恩来总理对于长安贫下中农处于水深火热之中的形势观就作了批评。这些言论在工作团内部暗暗流传起来，长安以外，陕西社会上也有一片责难之声。这就引出了西北局领导同志在西北局干部大会上的重要讲话，这篇讲话对长安"社教"的种种"责难"进行了坚决的回击。讲话中引用毛主席的"千万

『四清』运动亲历记

不要忘记阶级斗争"的一系列教导，以及农村基层有三分之一领导权不在我们手中的论断，还有，就是他自己那个讲过多遍的著名公式："阶级斗争，无时不有时时有，无处不有处处有"，以证明对于长安"社教"的种种责难是一种"右倾"的观点，也是一种阶级斗争的表现。他警告说：由于这些非难，社会上、农村里"四不清"干部和阶级敌人正在刮起了一股严重的翻案风。

我又变得糊涂起来。

我本来因为一篇"内参"常常怀有恐惧的情绪，因为"二十三条"的公布而全然冰释，算是化险为夷，现又因为西北局领导带有严重警告的一席讲话，恐惧感又重新滋长了起来。我不得不再一次问自己难道长安"社教"不是"左"了，而是我真的右了吗？左左，右右，究竟应当由谁来作结论？革命何以竟是这么艰难！？

此后，为了这一份"内参"的事，我心里总是不安。我仿佛已卷入了阶级斗争的漩涡中不能自拔，阶级斗争的弦紧时我便心情紧张，阶级斗争的弦松时我也便放松。一份"内参"好像联系着我的生死命运似的，虽然是已离开了长安"社教"，也使我无法解脱。不久"无产阶级文化大革命"就开始了。在我们陕西分社，无论是我们分社社长也好，我自己也好，都很快被当作修正主义黑帮被揪了出来。一份长安"四清"内参稿的底稿被很快查出来，造反派硬说，这是关键时刻站到反党立场上的铁证。我面临灭顶之灾，一切为自己的辩白不仅无效，反而一步步升级，竟成为顽固不化的敌人了，哪里还谈得上脱骨换胎的改造！

（原文载《炎黄春秋》1994 年第 4 期）

三期"社教"

王世泰

　　1964 年秋季，接到西北局通知，说是中央决定调我去全国人大常委会工作。当我将一切手续移交之后，我给全国人大常委会副委员长兼秘书长刘宁一打电话，告诉他我准备去全国人大常委会报到。刘宁一说，北京现在正在备战，还要疏散，你暂时不要来了。鉴于这种情况，我只有等待，并向省委提出，希望安排一些工作做，结果被安排去搞张掖、武都两地的"社教"工作。

　　1964 年 11 月至 1965 年 5 月，我在张掖县上秦公社上秦大队，参加了第一期"社教"。"社教"是社会主义教育运动的简称。1964 年 12 月起，根据有关指示，一律简称为"四清"。"四清"的内容也有变化，先是"清账目、清仓库、清财物、清工分"，后又改为"清政治、清经济、清组织、清思想"。当时中央提出，"这一场斗争是重新教育人的斗争，是重新组织革命的阶级队伍，向着正在对我们猖狂进攻的资本主义势力和封建势力作尖锐的针锋相对的斗争，把他们的反革命气焰压下去，把这些势力中的绝大多数人改造成为新人的伟大的运动"。甘肃省提出"社教"的基本方针是："以阶级斗争为纲，团结 95% 以上的干部群众，打退资本主义势力和封建势力的进攻，整顿农村的基层组织，健全和巩固集体经济，发展农业生产"。有关方面介绍的经验是"访贫问苦、扎根串连"，从"背靠背"的揭发到"面对面"的斗争，等等。

1964年10月11日，中共甘肃省委决定："根据中央、毛主席、刘少奇关于集中力量进行城乡社会主义教育和领导干部蹲点的指示，安排汪锋、王世泰、胡继宗、葛士英、徐国珍、丁乃光、韦明等七同志去农村蹲点"。

我蹲点儿的上秦大队在张掖县东面，离县城大约五六公里。当时有200多户，1000人左右，田地1900多亩。我住在贫农杨生荣家。屋子里盘着几乎占半间房的土炕，杨生荣见屋子冷，要给我烧炕，我看他家生活困难，没有让他们烧。炕上有一张破旧的竹席，晚上我打开铺盖卷睡觉，白天把铺盖一卷，和大家坐在上面开会。我没有搞什么"扎根串联"、"背靠背"那些神神秘秘的名堂，还是老办法，从调查入手，依靠群众，摸清情况，光明正大地深入田间地头、农舍小院，和农民聊天。群众都喊我"老王爷"。"社教"团规定进村不能坐汽车，实际上是怕群众，我执行了几次，觉得没必要自找麻烦，还是把汽车开进了村。

当时，有一种错误的观点，认为既然新生资产阶级分子和广大贫下中农的矛盾是农村的主要矛盾，因而"社教"开始后便急于揪斗"新生资产阶级分子"。在张掖地区开展"社教"的张掖、高台、临泽、民乐、山丹等5个县，头两个月里，共自杀了155人，其中有社队干部87人。我所在上秦大队的大队长张自城也被"揪"了出来，有人说他多吃多占，把队里的几辆马车卖掉了喝酒。公检法也出面了，准备判他3年刑。我进村后首先派人详细了解情况，并给张自城作思想工作，要他实事求是地谈问题，为避免发生意外，我春节也没有回家。记不得是初几了，一天上午，我见张自城躲躲闪闪地在门外转悠，便大声招呼他进屋坐。他进屋后说："我想给您拜年，担心您不见我"。我说："你上门拜年，我哪有不见的理呢！"在谈话中，他诉说有人向他逼供的事。我了解确有此事后，便上门对搞逼供的那位同志进行了严肃批评。经过外调，查明张自城的问题与揭发的情况有较大出入，便宣布让其解脱了。这个人原会做泥瓦工活，后来队上让他组织副业队，带了几十名农民到嘉峪关等地的一些大企业搞土建工程，为壮大集体经济作出了贡献。

当时，这个大队非但没有一点儿积累，还欠着一屁股债，真叫"一穷二白"。队上虽然有座砖厂，但是生产出的砖卖不出去，已经停产，撂在场地上的数百万块砖任凭风吹日晒，无人问津。于是，我们四处打听，终于找到了买主，张掖地区、兰州军区、酒泉钢铁公司都要，每块砖 3.7 分钱，从砖厂到火车站有 4 公里路，怎样把砖运到火车站呢？有人提出雇汽车运，我不同意，我说，农民连买盐的钱都没有，运输费为什么不让农民赚。可是，农民没有运输工具怎么办？我让队上打欠条从供销社赊购了 50 多辆架子车，等卖砖的钱到手后再还欠款。农民运一块砖，可挣 5 厘钱，马上得利，这一来，农民积极性可高了。50 辆架子车，从早到晚，穿梭不停，几天工夫，就把砖拉了个净光。砖厂又开始点火冒烟，投入生产。砖厂当时没电，我又联系电力部门给拉上了动力线。砖厂有两座窑。平均一个月可出红砖 8 万块，青砖 4 万块，又生产了三、四百万块。烧砖用的煤，队上原来是雇用汽车从 150 里外的山丹县拉运。经我联系，队上花了 1000 多元，从肃南的皇城乡买了 20 多头牛、10 多头驴，组织了三辆马车，20 多辆毛驴车、牛车的运输队，队上自己拉煤炭烧砖，可称"肥水不流外人田"。几个月后，上秦人队不仅还清了旧债，还有了一点积蓄，农民的手头也活泛了一些。

我常和老农聊天，在闲谈中了解到，这里的主要农作物土豆，由于籽种不良，品种退化，产量比较低，每亩约 2800 斤，并且收获的土豆味道不好，发麻。我便帮助上秦大队从武威买了几千斤优良品种土豆做籽种。老农们还告诉我，要提高土豆产量，地里上羊粪最见效，可是从哪儿找到大量的羊粪呢？一次我在去山丹的路上，发现山丹省军区农场有几大堆羊粪，我便给省军区打电话，问他们堆那么多的羊粪干啥用。他们说，没用处，我要的话，尽管去拉。这时，正巧张掖外贸局的车队正向民乐运货，一趟四、五辆车，空车返回，我又和他们联系，请他们返回时捎运羊粪。他们很痛快，说是支援"社教"，不要一分钱。队上派了社员去装车，很快拉回了 28 吨羊粪，全部上到了地里。这年上秦土豆每亩产量达 5000 多斤，土豆质量很好，老农说这地上羊粪能保三年收成，群众高兴极了。由于连年的天灾人祸，这儿的农民群众生活异常困难。经过了解，发现全队缺粮四五万斤，部分群众短衣少被。我给地委

255

通报了这个情况，地委拨来了回销粮，解决了农民的燃眉之急。我又和供销社联系，借了6万元的棉花、布匹等，分发给农民。这些粮、棉、布的钱，全由砖厂的销售款支付。

在上秦大队"社教"的半年里，我和群众结下了深厚的友情。在离开的时候，我在大会上说：我们工作的落脚点是在生产上，使农民生活得到改善，发展生产，就应该以粮为纲，多种经营，我还具体建议：队上可以搞果园，发展副业；为了减轻劳动强度，节约人力，石磨可以改水磨；为了培养农业科技人才，可以办农业技术学校等。我离开后，听说，上秦村把这些建议都付诸实施了。他们从新疆引进树苗，开辟了几亩地的一个果园；办了一所农业中学，两年制，一班80多人。

1965年9月至14966年2月，我又到陇南地区武都县汉王镇进行"社教"：这个镇子在县城的东南面约12公里的地方，白龙江从中间自西北流向东南，两翼大山雄峙，地表沟壑纵横。29个村庄分布于沿江谷地及山间坡地。我一去汉王镇，就听到了罗寨村对干部搞刑讯逼供，致使一名自建国初即参加工作的女党支部书记自杀身亡的事情。我迅即召集会议，要求坚决制止这种过火行为，自此以后，汉王镇没有再发生打骂哄斗干部的现象，稳定了干部，稳定了人心。

在武都的汉王镇，我还是在张掖上秦的老做法，力求为群众多办实事。汉王镇各村依山傍水，但是大部分是旱地，亩产二三百斤，群众生活困难。离水这么近不搞水地是咋回事呢？我一了解，才知这里水利工程欠缺。汉王镇原来有一条简易水渠叫兴汉渠，是1953年修的，底宽一米，高半米，渗漏严重，水量很小，浇地很少。我回到省上给管农业的李培福说明了情况，由省上拨了一笔专款，再组织当地的劳力，把兴汉渠加宽加高加固，使水量增加了两倍，基本满足了需要。旱地变成了水地，亩产也增加到了五六百斤。听说后来该镇党委书记卯直忠于1970年前后又带领群众，继续完善了该项工程，将水渠延伸到罗寨村，全长达6公里，又修了500米涵洞，流量增加到了一方半，使1800多亩地受益。

汉王镇的甘家沟属于全国泥石流高发区之一。每逢暴雨，汹涌的山洪裹挟泥石奔腾而来，摧毁房舍，淹没田地，给当地群众的生命、财产造成了很大危害。我让"社教"工作队组织甘家沟、全院里、汉王寺、大坪山等村的2000多群众在1965年冬季，疏浚沟底，加固加高沟帮，并在近2华里长的泥石流荒地改造出了三四百亩田地，按出工情况分给各村。该镇罗家寨村有一道沟叫佛堂沟，连年的泥石流致使泥沙满壕、地毁田弃，我们也动员当地的群众挖沟固梁进行治理。

在各种会议上，我经常强调科学种田的重要性。我建议，在白龙江两岸的水浇地里，可以种棉花，以提高经济效益。后来，当地的农民采纳了我的意见，开始种起棉花，收成比较好。

1966年3月。我接着到成县城关镇开始了第三期"社教"工作。到那里不久，即应武都地委书记黄恩明的要求，领导成县全县的"社教"运动；于是和县委负责同志开始进行全县范围的调查研究。通过调查，了解到成县地势较平坦。除南部边缘地区有大山外，境内大多是平川和丘陵，河系较多，雨量充沛，气候温和，是武都地区农业生产条件最好的一个县。农作物有水稻、小麦、玉米、油料、蚕桑等，产量较高，粮食年平均亩产500公斤左右，最高的可达750公斤到900公斤。

成县"社教"，我还是坚持实事求是、有什么问题解决什么问题的原则，并借鉴上秦和汉王镇"社教"的经验，想方设法帮助社队把生产搞上去，为群众办点实事。当时曾打算帮助县上搞几处小型水利工程，扩大灌溉面积。因我5月间患过敏性肺炎，久咳不愈，回兰州治疗了一段时间。返回成县不久，"文革"开始，省委陷于瘫痪，"社教"工作不了了之。

（摘自《王世泰回忆录》，中央文献出版社2002年版，第452—458页）

257

『四清』运动亲历记

"四清"记

李　新

（一）

　　1964 年的夏天，一个闷热的晚上，忽然接到通知，第二天要到人民大会堂去听重要报告，不得缺席。第二天我按时前往，会场不大，坐满了人。台上，所有在京的政治局委员和元帅们都到了。全场鸦雀无声。我心想，是谁作报告呢？这么严肃。一会儿，周总理引着刘少奇走到台中央，向旁边的人问了一句话后，对大家说：今天是请少奇同志给大家讲话。

　　刘少奇开始讲了。虽然桌上分明有扩音器，但他并未坐下来，而是背着双手，在台上走来走去地讲。声音一时大，一时小，听起来挺费劲儿，但人们都很安静地听着。

　　他讲的大意是中央不是有规定吗？中央和各部门的领导人每年至少要有三分之一的时间到下面去。可是你们为什么不下去呢？待在北京，什么情况也不了解，光会在上面发空头指示，怎么不产生官僚主义呢？下面的情况千变万化，新鲜事物多得很，只有了解新情况，发现新问题，才能想出新对策，才能领导。你们看，王光美下去了，不是就发现了许多新问题吗？她现在写出东西来了，总结了许多新经验，很有意思。我看大家还是下去吧，赶快下去吧！说到这儿，刘看了周总理一下，然后对大家说：谁要是不下去，就把他赶下去！他的讲话到此就戛然而止。

周总理大概也没有想到刘少奇的讲话如此简短，所以当刘的讲话结束时他感到突然。但仅是略一迟疑，就马上起来圆场。他很温和地对大家说道：少奇同志今天的讲话，虽然很简短，但是很重要。我希望大家赶快下去参加"四清"，执行中央的决定。又说，王光美的报告，中央即将作为正式文件发下去。并转身向刘少奇说：我看可以让光美到各单位去作报告嘛。然后对台下大家说：各单位都可以请王光美同志去作报告，口头报告比书面报告会更生动些、丰富些。随即宣布散会。

这个会议，连头带尾，总共不过一个钟头。在这么大热天把这么多高级干部集中来"训话"，人们是非常不满的。退出会场时，我就听到有人议论说：这是干什么？这不是"听训"吗？走出大会堂，在下台阶的时候，我前面有两三个军队干部也说了些难听的话。当我走近时，他们都回过头来看，原来都是熟人，彼此相视一笑。

随后王光美即到各机关讲"桃园经验"。虽然几次发票给我，但我一次也没去。不但没听报告，连中央转发的关于"桃园经验"的文件，我也根本没有看。这也好，后来"文化大革命"开始，造反派说我吹捧刘少奇、王光美，吹捧"桃园经验"，顾亚立即起来更正，说"四清"时他给我当秘书，"桃园经验"的文件一直放在他那里，我从来没有看过一眼、提过一句。于是，关于吹捧"桃园经验"这条罪状，便从我的许多"三反"（即反党、反社会主义、反毛泽东思想）罪行中取消了。

（二）

听了刘少奇的报告后，各单位立即组织工作队下去"四清"。近代史研究所参加"四清"的地方，最后决定在甘肃省张掖县（古甘州）。

黎澍和我都没有参加去张掖的筹备工作。黎澍因在《光明日报》发表的《让青春发出光辉》，遭到全国性的批判；我则因 1963 年到四川讲学，也被批判了一番，因此我们两人都被排斥了。主持筹备工作的是刘大年、张崇山和祁式潜。

一天，近代史研究所要我到会议室参加"四清"动员会，我去了。会上发的"四清纪律"真严格，其中有一条是"四清"期间不许谈恋爱。我看了以后觉得好笑，便信口说道："中央说'四清'要分期分批地搞，要搞好多年。不许谈恋爱，行吗？我们这些年近五旬的人，倒也没有什么，不过也难说，也许还有人憋不住呢。至于年轻人，要等到'四清'完了，恋爱才开禁，这样的规定合适、合法吗？行得通吗？"本来会场空气十分紧张，我这几句话倒把大家都逗乐了。大家叽叽喳喳地纷纷议论起来。当讨论得莫衷一是的时候，刘大年忽地向我问道："李新，你说怎么办？"我满不在乎地答道："很好办嘛，到甘肃去，听甘肃省委的不就得了吗？何必另搞一套，多此一举"。我的话一说完，大家都表示赞成，于是所里自定的那许多条纪律便被搁置起来了。

刚过了国庆节，我们就启程赴甘肃了。在这之前，我和黎澍送陈旭麓回上海，在车站遇雨，北京的天气顿时冷了下来。时值黄昏，一种凄凉的感觉袭上心头，很不是滋味。我们去甘肃时，是大队人马共同"开路"，送行的人也不少，倒很热闹。不过在当时的政治气氛下，大家都不肯多说话，人们的心头都很压抑，那种滋味也很令人难受。汽笛高鸣，火车缓缓开动，车上车下的人挥手舞巾。我听见孩子们在高声喊叫"爸爸再见"时，心中感到无限的凄楚。我一生中经过多少次别离啊，但那些都是壮别，只有这次与家人离别和几天前与陈旭麓的送别，才使我领略到了真正意义上的别离滋味。无怪江淹在《别赋》中说："黯然魂销者，惟别而已矣"。

上车后我即倒卧铺上，想把情绪稳定下来。但天气是阴沉沉的，山是光秃秃的，田野是茫茫然的，我时卧时坐，心中仍是烦躁不堪。于是便想做诗词以解闷。开头还有些灵感，凑成了几句："挥手登车何处去？君往江南，我往河西路。冷落关河秋色暮，行行行过山无数"。

后来灵感不继，写不下去了。随着"轧轧"的机车声，我也昏昏沉沉地进入梦乡。一觉醒来，不知身在何处？凭窗一看，入眼俱是沙漠。于是又返身上铺，直至兰州才下来。

(三)

从北京到兰州，一路上都是祁式潜在那里指挥。大家都默默地听着，既不拥护，也不反对。在队伍即将从北京出发时，刘大年向大家宣布：这次参加"四清"的队伍由一个临时党支部领导，支部委员三人：刘大年、祁式潜、李新，刘大年任书记，祁式潜任副书记。由党支部直接向群众发号施令，根本不符合我党的建党原则和共和国的宪法，但从反右派以来，人们对此早已习以为常了。而一个由三人组成的党支部委员会，竟有一个支部书记和一个副书记，另以一个委员作陪衬，这种滑稽的做法，简直把党章糟蹋得不成样子！但没有一个人出来说话，我也不能说话，因为谁说话谁就要挨整，被定为反对党的领导，反对无产阶级，反对社会主义……总之，不是右派，也得是右倾。就因为这样，祁式潜才能趾高气扬地在那里瞎指挥，人们敢怒而不敢言。到兰州后，祁竟然在一次大会上指责王思玉给陈铁健缝被子。陈和王是一对公开的恋人，怎么不可以互相帮助？即使是一般的男女同志互助，也是正当的，无可指责呀。我实在难以忍受，决定站出来说话了。尽管陈是我的研究生，我还是不避嫌，在支委会上对祁式潜提出了严厉批评。但他说是在"维护纪律"，我就质问道："哪里有不许男女同志互助的纪律？"他回答说："'四清'期间"。我说："难道'四清'期间男女互助就犯了法？"他说："'四清'期间是不许讲恋爱的"。我说："这是谁的规定？谁作出这样荒唐的规定？"刘大年见我很生气，也很认真，便出来打圆场。他对祁式潜说："所里那些规定暂不执行了，等着执行省里的规定好了"。我于是又问刘大年："所里又有什么新规定吗？"他连忙说："哪里，哪里，我是说等着省里的规定嘛"。随后他就把话题岔开了。

在兰州，我碰到了副省长王孝慈。抗战时期他和我在太行分局同事，他即将调离甘肃，向我介绍了不少甘肃的情况。他说：甘肃的灾情很严重，饿死的人不少。省里对你们来参加这里的"四清"很重视。李友九（省委书记）担任"四清"工作团总团长，汪锋（省委第一书记）也要去参加。现在大家的情绪都很紧张，凡事谨慎一点为好。好在你和老九（指李友九）很熟，有事可以找他。几天以后，王孝慈就离开了兰州，从此以后再未见面。

在兰州，决定我们"四清"的地方是张掖的乌江公社，由甘肃省永靖县的干部和我们近代史所的一帮人共同组成一个工作队，永靖县委书记担任工作队队长，刘大年参加领导。我被分配到乌江公社的东湖大队担任工作组组长，这个工作组也有永靖县的干部参加，他们的县委宣传部长担任工作组副组长。

（四）

从乌江公社到东湖大队不过 10 多里路，由于我们是吃了第二顿饭才起身，加之逆风而行，路又不熟，所以走到东湖，已是掌灯时分了。根据工作团的规定，凡是地、富、反、坏、右和村干部以及他们的亲属的家，工作队员都不能住，结果能住的贫下中农家一时又很难找到，只好住进牛棚了。东湖大队（从前的乡）共有 12 个小队（从前的村），我们把工作组分成 4 个小组，分别住进 4 个小队。我带一个小组住在大队所在地东湖村，除女同志外，我们集中住进退伍军人李富祥家里。李家共有两间屋，外间不到 10 平方米，有一个小炕；里屋是灶房，没有墙，是临时搭起来的，能挡雨却不能挡风。李富祥光棍一人，住在这房子里倒很宽敞，我们去则显得太小了些。我们一到，李富祥就要把外屋让给我们，自己住灶房。我们也争着住灶房。最后决定大家一起挤住外屋，灶房不住人。这么一来，外屋炕上炕下都住上了人。刚安顿好，李富祥不知从哪里端来一盘油饼请我们吃。这油饼和北京的不一样，也不像南方的油条，因为那些都是油炸透了的。这里所谓的油饼，只是把一些粗面捏成团，在油锅里滚几下即捞出来，而且因为油少，外面全是黑糊糊的。即使是这样粗糙的东西，在当时当地也是美味呢。但我们因有严格的纪律，大家都坚辞不受。这样推来推去，李富祥很不高兴。我见此情景，觉得如果辜负了他的一片诚意，以后必不好相处；于是拿了两个油饼出来，分给每人一片，并对李富祥说："你当过解放军，我是老八路，咱们军队的纪律你是知道的。何况我们今天是吃了饭来的，肚子并不饿，现在我们一人吃一口，领你的情，以后咱们就都是好同志"。大家全都笑起来，又谈又笑地挺欢畅。等李富祥端着盘子出门以后，我对大家说："今天我们可违犯纪律了，是不是要把这情况向上报告一下呢？"大家都说："干吗要报告？一报告准会倒霉的"。我又说："既不向上报告，那就谁也别往外说"。大家齐声说："好！谁往外说谁就是混蛋"。人心如此一致，我也就放心了。

进村后我们就开始访贫问苦。其实这里的贫苦一看便知，何待访问？每个家庭都一无所有，床上有条破被就是比较富裕的了。太阳出来，北墙根就有一群"日光浴"者，老头、老太太光着上身，十二三岁以下的男女小孩，全是赤身裸体。为什么？没有衣服穿。还有两三个小队，十几岁的大姑娘没有裤子，一家人合穿一条，谁出门谁穿。多么凄惨的景象呀！李友九、汪锋他们知道这种情况后，才把省里的救济物资集中往这里投放。但灾情太重，灾区太大，分到每家每户的东西也就少得可怜，哪家能分到一条被子、一两件衣物就是天大的幸运了。

经初步了解，这里受"大跃进"的灾难很深，三年困难时期饿死的人很多，几乎每户都有。中监委书记钱瑛曾于当时带领工作组来做过调查，并发了些救济品。群众对中央工作组印象很好，敬若天神。我们这次从北京来，而且也叫工作组，群众就以为中央工作组又来了，对我们的希望很高。他们哪里知道我们是来搞阶级斗争、搞"四清"的，是专门整那些"四不清"干部的呢？由于群众对我们多怀好意，所以我们了解情况比较容易，访贫问苦效果也很好。但我们对群众反映的情况并不满意。我们要的是村干部"懒、馋、占、贪"的材料，谁如果不反映这方面的材料，我们就认为他是包庇村干部，受了村干部的收买。慢慢地，群众见我们爱听假报告，不听真情况，一些老实人就和我们疏远了。

263

"四清"运动亲历记

（五）

　　参加"四清"的工作队员，必须和贫下中农同吃同住同劳动，我们每天到一户贫下中农家吃饭。三餐都是稀的，一大盆粥里稀稀疏疏地只有几根面条。老乡们有经验，用勺子一搅，就能把面条和米粒捞上来；而我们这伙洋学生出身的干部却毫无本领，拿着勺子拼命地在盆里搅和，可盛到碗里时几乎全是清汤。老乡们肚子大，能吃三四大碗；我们男同志也能勉强吃上三碗。只可怜我们那些女同志，吃上两大碗就把肚子撑得鼓鼓的，但连续两三次小便后肚内就空空如也，饿得不行。当大家饥肠辘辘、唉声叹气时，我便把"大跃进"时期河南信阳地区关于公社食堂的一首顺口溜念给大家听："一进食堂门（儿），稀饭一大盆（儿），盆内有个碗（儿），碗里有个人（儿）"。大家听了，开始笑了一阵，但随后还是打不起精神来。这首顺口溜是人民大学哲学系教师舒天巩1959年参加人民公社考察团回来偷偷告诉我的，随后便是庐山会议、反右倾，这类顺口溜谁也不敢说了。我虽然爱说笑话，但还是能掌握分寸的。这次在大家情绪低落时，为了能安慰大家，我才说出这首顺口溜。谁知到"文化大革命"时，竟成了我的罪状之一，说我污蔑"三面红旗"。

　　由于吃不饱，还要参加劳动，同志们很快都"掉磅"，体重普遍下降。女同志们全都变得很苗条，但绝不是秀美，而是面黄肌瘦。我常给她们开玩笑说"你们可真是'关山飘泊腰肢细呀'"。黎澍过去长期在白区大城市工作，没有经过小米加步枪的锻炼，哪能经得住只喝稀粥的考验呢？于是，他一天天瘦下来，连脸形都变了。姜克夫对我说："老李，黎澍不像咱们是在解放区过来的，他的肚子没有经过革命，顶不住呀！你可否向总团反映一声，解决一下他的问题"。我就去找了李友九，不久总团就把黎澍调进张掖城，负责编写张掖新志，并且还把喻松青(女，黎的研究生）等人调去当助手。黎澍进城后，能吃饱饭，身体很快就恢复了。

　　我每到一个地方，都喜欢看那里的地方志。现在黎澍在编新志，我便从他那里看到了许多旧志，例如《甘州志》、《张掖志》等，使我增加了不少河西地区的历史地理知识。河西是汉代为对付匈奴而开辟出来的。张掖后来又称甘州，由汉以至唐宋都很发达。隋炀帝曾经西巡到此，对西域使者大吹牛皮，说什么洛阳吃饭不要钱。范文澜写中国通史，正好在"大跃进"时期写到这里，他大胆地把隋炀帝好大喜功、爱吹牛说谎的真实情况都如实地写到书上了。这种敢于写真史、说真话、秉笔直书的精神实在令人钦佩。

从旧志书上，我看到甘州过去是个很美的城市，引雪山（祁连山）之水灌溉农田，城外农产丰富，城内市场繁荣，无怪《八声甘州》成了著名的词牌。但现实的张掖却破败不堪，这使我心里感到很难受。张掖的景色也别具一格，尤其晚上的月亮，显得特别高，特别清明，从而使我对高适的诗句"高高秋月照长城"有了更深切的体会。同时，对杜甫的"月是故乡明"的理解也更深刻了。它不仅是感情使然，事实也是如此，因为一般说来，河南的月亮确实比四川的要明亮些。在张掖，我还领略过一次黑旋风的奇特景象，那可真是大开眼界。黑色的旋风自西而来，先沿走廊的南北两面山麓向前飞奔，如同两路大军包抄一样，形势逼人。老乡们都拼命往家跑，边跑边喊：黑旋风来了，快回家呀！这时两股风合围在一处，其势之猛，不但能摧枯拉朽，更会使房倒屋塌。没来得及跑到家的人，必须马上就势卧倒，否则风会把人卷得很远很远。有的小羊被风刮到河滩，摔死在石头上。有了这次亲身经历，我才明白用黑旋风来形容李逵的性格，是再贴切不过了。

（六）

"四清"像历次运动一样，一开始就要放手发动群众，对所有的村干部都要大胆怀疑，用各种方法搜集材料来开展斗争。尽管是捕风捉影来的材料，也都信以为真。还在北京的时候，中央文件就已指出农村政权有三分之一以上不在我党手中。到了张掖以后，各处传来的情况更为严重，似乎绝大部分的村干部都烂掉了。例如西北局的试点长安，北京的通县，还有安子文在山西某县的经验介绍，都是按照"桃园经验"的看法，把农村看成一团漆黑。这和1947

『四清』运动亲历记

年"搬石头"的情况颇为相似，只是对区以上的干部没有包括进去罢了。而对付干部却看得比"石头"还不如，正因如此，"四清"以"桃园经验"为榜样，不但不相信村干部，而且也不相信群众，进村的时候不开群众会，先搞秘密串联，搞得很神秘，竟像在白区工作一样。工作组因为先人为主，所以看见村干部就不顺眼，总以为他们都是"四不清"干部，偏听偏信，只要得到一点"四不清"的材料就穷追不舍，已成了工作方法。这样也就自然会产生逼、供、信的错误。和历次运动一样，开始不防"左"，只怕右，一定要等到出了无数乱子以后再来纠偏。工作组的权力很大，可以任意隔离审查（等于逮捕）；可以随时审问（等于私设公堂）；即使逼死了人，也不负任何法律责任。所以在"四清"中逼死的村干部是不少的。即以乌江公社而论，人命案不下 10 余起，我们东湖大队也死了一个人。我身为工作组组长，未能阻止这种惨痛事件的发生，心中确有愧疚。但仔细想来，在当时的情况下，我个人又怎能阻止得了呢？附近有的大队已突破大案，一天之内全村主要干部都已交待，虽然我听了不相信，但总团已作为经验通报表扬了。我们有的工作队员为此加紧逼供，因而发生了惨案。我当时分工负责对支部书记进行审查，我曾到他家看过，根据观察所得，我认为多吃多占，他肯定有；但若说有多大数量的贪污，则很不像。因为除炕上有一领席子一床被子外，他也是家徒四壁。我跟他谈话多次，都是说明政策，鼓励他交待，并希望他能动员全支部的党员，特别是村干部中的党员交待问题。他问我还可以由他召集党员开会吗？我不敢答应。我心里很明白，现在已有人说我右了，若答应他召集党员开会，我必定是个"大右倾"无疑。但若以党章论，他是党员选举出来的支部书记，现在又没有撤销他的职务，他怎么不能召集党员开会呢？可是历次运动形成了一种惯例：只要运动一来，什么党章，什么国法，全都不要。这就是"老和尚打伞，无法无天"了。正是在这种情况下，"四清"和"三反"、"五反"、"反右派"等运动一样，死人是寻常事，不足为怪。至于在张掖，"大跃进"饿死那么多的人，现在"四清"死几个人，更没什么稀罕了。但是对东湖大队死人事件，我还是认真追问了一番，并要大家引为教训。尽管永靖的干部比我们近代史所的人更"左"一些，但我对本所的干部要求更严，我要他们未经向我报告不得隔离审查村干部，更不得任意设法逼供、诱供，要调查研究，注重事实。所以在以后的日子里，逼供的现象少些了。当然，因此战果也就不那么辉煌，也不能得到表扬。但等到后期进行甄别时，我们的工作也就比较好做了。

对待村干部如此，对待"民主补课"也是如此。所谓"民主补课"，就是找出漏划的地主富农来斗，或是对斗得不彻底的地富分子再拉出来斗争。我们没找出一户漏划的地富分子，只得把对贫下中农不服的一家地主又斗了一次。事前准备诉苦时就宣布我们的政策不许打人，所以斗争会上，只动口，未动手，斗争对象认了错并保证以后"口服心服"了，也就完事。现在回想起来，这样做也很滑稽。但当时若不如此是怎么样也过不去的。

因为"四清"的具体过程多是些无聊之作，写出来也没有多大的意思，所以不想再赘述。

（七）

我每次进城开会，都要去看黎澍，因为在他那里可以知道"四清"全局的消息，也可以知道从北京传来的毛主席和党中央对文教方面的指示。特别是有关历史研究方面的指示，我是更为关注的。例如毛主席说：中国历史上的封建统治阶级"哪有什么让步政策？只有'反攻倒算'"。这分明是批评范文澜和翦伯赞的。因为范老和翦老都认为农民大起义之后，封建统治者以史为鉴，被迫要对农民让步，总要采取一些轻徭薄赋、鼓励生产的政策，从而使经济得到发展，社会向前进步。汉唐初期的盛世就是这样来的。毛主席根据解放区土改后逃亡地主组织"还乡团"的事实，认为地主与农民之间乃至一切剥削者与被剥削者之间、压迫者与被压迫者之间，都只有仇恨和斗争，不可能有让步和妥协。这是他1957年特别是1962年以来强调阶级斗争、把阶级斗争绝对化的必然发展。再往后就更发展到"阶级斗争就在党内"，从而导致了"文化大革命"。黎澍和我谈到这个问题时，不住地摇头，大声说道："他老人家为什么在20年代和30年代要去和国民党搞统一战线呢？没有让步能有统一战线吗？"我也说

"四清"运动亲历记

道："'大跃进'饿死了人，农民有意见，他老人家还是让步了，连食堂也不坚持了。看来世界上天天都有斗争，天天都有让步，这是铁一般的事实呀！谁也无法否认"。我们俩对毛主席的这些思想既感到迷惑，更感到忧虑，因为阶级斗争的弦已经绷得够紧了；如果再绷紧一些，岂不要绷断了吗？我们当时已预感到要出什么事情，但谁能想到后来会发生"文化大革命"那种历史上空前绝后的运动呢？接着，刘大年从北京回来，又传达了毛主席要求历史研究者搞"四史"，并严厉批评历史研究脱离实际脱离政治的指示。刘大年对主席的指示很崇敬，更欣赏，但对如何搞"四史"也很茫然。因为在张掖，虽然接触到不少贫下中农的家史以及村史和公社史的材料，但这些材料怎样写进书里去呢？历史要为无产阶级政治服务，就只能说好，不能说坏，可是现在看到的都是贫穷、落后，"四清"中查出的种种材料能如实地写出来吗？"四史"中还有工厂史，对我们近代史所来说就更生疏，难度也就更大了。所以对于搞"四史"，大家除表示完全拥护外，只能空议论一阵。当然，我私下里和黎澍、蔡美彪等人还是要说真话的。即使对毛主席的指示并不以为然，但谁能有回天之力？最后仍只有叹息而已。

在黎澍那里，总还是比较轻松些。因为还有人可以开玩笑。喻松青这位女才子，博学多识，就是一个爱开玩笑的好对象。他们在修张掖新志，自然要研究乌江的地理和历史。一次，她颇有心得似的说道："乌江即黑河，我看这黑河就是《木兰辞》里的黑水，'朝辞黄河去，暮宿黑水头'，这黑水不是离黄河很近吗？"我听罢不觉好笑，这才女竟然把诗词作为考古的依据，因而随即回答她："这黑水离燕山更近呢，'不闻爷娘唤女声，但闻燕山胡骑声啾啾'，能听见马叫，当不会有一天骑马的路吧？"这一下把她难倒了。但她始终不服。她这人很聪明，才思敏捷，但不够踏实。多年不见了，据说后来大有长进，而今已是很有成就的女学者，对道教的研究更为著名。

同志间的谈笑纵能带来短时间的欢愉，终不能消除人们心中无限的惆怅。一天下午，黎澍对我说，咱们到外面走走吧，何必老待在家里耍贫嘴。于是我们便登上了甘州著名的定远楼。登楼远眺，与华北平原相比，别有一番景色。我不是文学家，无法描绘出这景色有多么迷人，多么别致。不知怎么的，我们在城楼上徘徊许久，自薄暮至黄昏以至皓月升起，既不多说话，又不忍离去，有时相视苦笑，但更多的时间是各人想各人的心思。直到夜色渐深，天气凉了，才缓步回去。回住所后，我忽有所得，便伏案提笔，写下了一首《水龙吟》，记下这次登临的感慨：

> 甘州南北皆山，祁连山上千年雪。
> 长城何在？残垣废垒，若连还缺。
> 更上层楼，临风极目，地长天阔。
> 望胭脂山麓，黑河水曲，斜阳里，如凝血。
>
> 又是西风萧瑟，望高高一轮秋月。
> 阳关千里，黄河九曲，寒光四射。
> 雁渡红楼，鱼通黄浦，莫伤离别。
> 但君心耿耿，余怀渺渺，视浮云白。

我把这首词放到黎澍的书案上，便匆匆地回东湖去了。

（八）

时光迅速地流逝，很快便到了1965年的春节。节日前夕，总团把所有的老干部都召集进城，名为开会，实际是改善生活，让这些老干部增加点营养，借以恢复日渐瘦弱的身体。我当然与会了，但到年三十那天，我感到自己在城里过年，却把工作组的同志们丢在乡下，于心不安。于是便到商店里买了许多肉食、糖果、烟酒，不顾旁人的挽留，搭车回到乌江。从乌江到东湖只能步行。尽管天色已晚，我还是顶着西风赶路。谁知半路上又下起了大雪。我背着沉重的东西，冒着迎面而来的大风雪，奋力前行，身上不住流汗，终于在晚10点过后赶到了住处。当我推门而入时，大家都很吃惊，谁也没有想到我

269

「四清」运动亲历记

此刻会回来。他们都知道老干部们在城里过年，所以在吃晚饭时，虽也念叨我一声，但随即也就过去。大家围坐在炕上"守岁"，因为没有什么可吃的东西，枯坐着颇觉得无聊。正在此时我出现在他们面前，而且带回来那么多好吃的东西，他们怎么能不兴奋呢？曹大个儿（振中）赶快把东西从我背上解下、打开，女同志们连忙把烧鸡、熟肉拿到厨房切好、放进盆里，然后和花生瓜子等一齐摆在炕上。酒瓶业已打开，酒香肉香同时扑鼻而来，沁人心脾。大家兴高采烈，高声喊道：过个好年啊！

这个"四清年"过得真不错，开始是举杯庆祝，随即行令饮酒，划拳之后，继以猜谜。人们酒酣耳热，激发出各种天才。唱歌的声音特别好听，跳舞的腰肢也特别灵活，猜谜语的更是各显所能，自己编出许多独出心裁的诗谜、灯谜。我也兴致勃勃，用同志们的姓名编成谜语，惹得大家捧腹大笑。我记得一个谜语是"宋太祖贪财，唐明皇好色"，前者射赵喜宝，后者射李瑚。他们两人都很老实，听了这个谜语也笑弯了腰；我针对钟碧容和姚宝珠的谜语已经记不起来了，只记得她们被逗得又乐又恼，假装要打我，被邻座的人给止住了。我还记得吕景琳打的谜语又多又好，他真是个出谜语的奇才，可惜现在一个也记不起来了。吕景琳是一个很好学的书生，来搞"四清"还背着一部《辞源》。他的教条主义味道因之也较重。一天，大家谈论起胡麻，因为我们当时吃的都是胡麻油。吕一听便高声说道："胡麻有什么奇怪，不就是芝麻吗？"大家都笑他，他不服，赶快取出《辞源》，翻到胡麻那一条，指着向大家说："你们看，这里明明白白地写着'胡麻即芝麻'呀，有什么错？"我把书拿来一看，果然是这样写的，而且还附着一幅小图。很显然，《辞源》的这一条错了。于是，我对吕景琳说："回头吃饭的时候，你拿几根胡麻秆看一看，看这里的胡麻秆和你们山东的芝麻秆一样不一样？"饭后他走来对我说："胡麻和芝麻很像，但不是一个东西，仅仅是同科的植物。《辞源》的编者大概没有亲眼见过胡麻，所以搞错了。我呢，也跟着错了"。我通过这件事对大家说："一个人应该发奋多读书，但多读书不能全信书，书不一定都可靠，只有符合实际的才是真理"。吕景琳是复旦大学毕业的，学习不错；而且从此以后，既注意读书，又注意实际，在研究工作中进步很快。

继猜谜语之后，我们还做了各种游戏。做游戏时，有人故意把灯吹灭了，然后把碗中的酒点燃，在酒光下，人们的脸呈蓝色，有如鬼脸一般，有的女同志吓得叫起来，大家乐不可支，一直狂欢到黎明。

这个"四清年"过得如此欢快，至今难以忘怀。然而到了"文化大革命"时，却有人据此贴了我的大字报，说我把青年们引错了方向。我想，过了这么多年后的今天，这个贴大字报的人总会有新的认识了吧！

（九）

旧历大年初一，永靖县的同志请我去吃手抓羊肉。把一只羊砍成几大块，煮在锅里，等煮得差不多了，每人抓出一块拿着就吃。这里的羊肉很嫩，不用煮多长时间就熟了，看着好似还很生，可放到嘴里一咬就烂，而且没有膻味，实在鲜美得很哪！我是第一次吃手抓羊肉，开始还有些犹豫，吃了几口以后，兴致高涨，和大家谈笑风生，居然把一大块肉给消灭了。很快，几个人便把一只羊吃得干干净净。他们有人还带来了糌粑和酥油，糌粑我凑合能吃两口；一闻酥油的腥味我就反胃，只好辞谢了。糌粑是青稞麦面做成的，很耐消化，是藏民的主要食品。藏民所以能耐寒，能登山，据说与吃糌粑和酥油很有关系。酥油是从牛奶或羊奶中提炼出来的，但制作不精细，虽然营养价值很高，初吃却让人难以下咽。他们还带来很多酒，其中也有青稞酒，味道倒还不错。酒兴一来，划拳声如雷震，好不热闹。我直到傍晚才尽兴而归。

大年初二雪停了，天气放晴。我清晨出去"蹲点"的时候，那朝阳中的雪景，令人炫目。什么是"蹲点"？就是出去大便。张掖的农村没有厕所，人烟稀少，所以男同志都到野外去解手，因时间长、要蹲着，便戏称为"蹲点"。那个时期，许多领导同志下农村，找一个村庄长驻，叫"蹲点"，同志们把大便叫蹲点，颇有调侃之意，实在是大不敬。可见无论把阶级斗争的弦绷得多么紧，人们有牢骚，总是要发泄出来的。

"蹲点"时四望，景色实在迷人，那雪落满枝头，宛若梨花，而春天的梨花哪能满林皆是？眼前确如"千树万树梨花开"呀。尤其是远望南面耸入天际的祁连山，在浮云的掩映下，一个个高峰相连，时隐时现，幻如琼楼玉宇，把阳光化为异彩，反射到大地上来，其美妙之处实非文字可表述。我看呆了，忽然想起去年 10 月起程来甘时，还有一首词没有写完呢。一时灵感所至，便把那首词的下阕拼凑成功。

> 原来的上阕是：
> 挥手登车何处去？
> 君往江南，我往河西路。
> 冷落关河秋色暮，行行行过山无数。

> 现在凑成下阕是：

> 雪后边城如画幅，
> 山拥琼楼，林拥梨花树。
> 欲步岑高才力惫，斯人不在何人赋？

我这时确实想起岑参、高适来了，他们的边塞诗写得是多么好啊！想想陈旭麓不在此地，他若在，一定能写出好诗来，因为在我的好友中数他的诗最有唐人风味，但他现在情况如何呢？不禁心向往之。

（十）

1965 年的春节，虽然是在艰苦的环境中，我们过得还是挺高兴的。就在节日期间，传来了《中共中央政治局召开的全国工作会议讨论纪要》，也就是"二十三条"。人们当时对这个文件，是衷心拥护的，并一时引起很大的兴奋。

我们东湖大队工作组讨论"二十三条"的时候，争论非常热烈。永靖县的同志们多数思想不通，认为我们原来那一套搞法，也是根据中央指示办的，因而成绩很大。现在中央来了新的指示，我们照办就是了，用不着大张旗鼓，大肆宣扬。近代史所的多数同志则认为"二十三条"有许多新精神，与"桃园经验"大不相同，甚至是批判了"桃园经验"中的某些做法，例如搞秘密串联等神秘化的做法，就受到了批评。更重要的是对干部情况的估计，"二十三条"没有提多大比例的干部烂掉了，而说"我们绝大多数干部是要走社会主义道路的"，这样一来，我们几乎把所有的村干部一律打倒的做法显然就错了。"二十三条"中还明确规定"要从当地情况出发，实事求是"，"要摆事实，讲道理，防止简单粗暴的做法，严禁打人和其他形式的体罚，防止逼、供、信"。而我们实际上与此相反，违背了这些规定。如果不把这些问题讨论清楚，明确正确和错误的界线，勇于承认错误，纠正错误，我们便不能使东湖的"四清"工作得到较好的收场。

因为我是工作组长，不便于和永靖的同志们在会场上公开争论，便推举了两三个同志根据"二十三条"的明文规定，针对永靖县个别同志明显的错误言论展开严肃的批评。永靖县的干部大都是农民或小知识分子出身，哪里顶得住近代史所这些人的攻势？何况发言者上有中央指示，下有村里的事实，有理有据，讲得头头是道，令人信服。我们的曹大个儿，平常并不大爱说话，在这次辩论中却大出风头；他几次发言，都是长篇大论，讲得有声有色，并能抓住要害，使对方无言以对。我为了缓和会场空气，常常在适当时机，出来总结一下，让大家取得一致的意见就停止争论了，所以讨论的结果还不错，思想上基本上按"二十三条"统一起来了，同志之间又没有伤了和气。

经过深入的讨论后，我们贯彻执行"二十三条"比较顺利，隔离审查的村干部都放回了家。为了定案，先进行细致的调查了解，然后根据事实，为所有被审查的干部做了结论。凡是没有证据的条款都取消，只把证据确凿的一条一条地定下来。这样，真正有贪污行为的干部只是少数，多吃多占的虽然比较多，但数目字大大地减少，不但比原来搜集到的数少，而且比本人承认的也要少，可见有些数字是逼供出来的。根据"二十三条"的规定，我们让每个确有问题的干部，自己作出了退赔的计划，经审定后按计划退赔。在我们离开以

273

『四清』运动亲历记

前，退赔计划大部分实现了，有些则暂缓到以后退赔。

　　30 多年过去了，当年的这些事情仍记得清清楚楚。为了写这段回忆录，我特地把"二十三条"的文件借来重温了一遍。文件把这次"四清"运动的性质规定为社会主义与资本主义的矛盾、走社会主义道路与走资本主义道路的矛盾，而且重点是整走资本主义道路的当权派。现在看来，问题很清楚，这是毛主席 1957 年特别是 1962 年以来强调抓阶级斗争的必然发展。但我们当时还把它当做反"左"的文件来欢呼，可见我们当时的认识水平之低，也可见"左"倾病毒深入我党的机体已多么严重了。无怪一年之后，"文化大革命"的浩劫终于降临全国大地。

（摘自《亲历重大历史事件实录》，第 5 卷，
党建读物出版社 2000 年版，第 87—110 页）

学校、机关、企业

北大"四清"试点

杨 勋

　　1963 年从农村搞起的"四清",1964 年延伸到了大学。北大被当作全国高等学校的"四清"试点,要先行一步。就在这年的冬天,来自全国的 200 多名高级宣传文教官员齐集北大校园,开始了"四清"大会战,正式名义叫"社会主义教育运动"。北大的"社教"工作队队长是中共中央宣传部副部长张盘石,副队长有上海师大党委书记常溪萍等。这时我已恢复党内职务并且被指派为"社教"运动的积极分子。这可能是因为 1959 年我被定为"右倾机会主义分子",按正常情况,应当是属于对学校和系领导不满的人。其实,我的问题发生在农村,并不在北大。虽然被错定为"右倾分子",但我并没有因为挨批被整而对学校和系领导心怀不满,也没有伺机出气报复的想法。我对 1959 年问题的判断是好人之间的一场误会,事情既已过去,就不应再计较。当然对于"社教运动"中被当作依靠对象,还是有几分高兴,总算恢复了革命主力的地位,不再是批判对象了,但并没有扬眉吐气的感觉。

　　"社教"工作队进驻北大后,北大的政治空气顿时紧张起来。由于工作队员都是大干部,又是运动试点单位,他们的活动声势很大。工作队布置运动一般都在办公楼召开干部会。这种会我都参加。记得有一次大会从晚饭后一直开到深夜。张盘石同志分析运动形势和布置工作，声调严肃，布置周密，给人的感觉就像列宁在十月革命中下令攻打冬宫一样。根据张盘石的布置，在那天全校揭发问题已达到高潮，应当立即转入夺权阶段。我对这些似懂非懂，夺权的印象都是从当时的苏联电影中得来的，如《列宁在1918》、《列宁在十月》等。

经济系在北大社会主义教育运动中是一个重要的单位。派来的工作组阵容强大，共有七人，为首的四清工作组组长是辽宁省委宣传部部长叶方，成员有中山大学党委书记陆维特、暨南大学经济系主任蔡复生等，联络员有中宣部的阮铭、北京市委大学部的李开鼎等。他们不仅资格老职务高，而且一副派头很大的样子。这些高级干部开会时不像教师们那样随便，他们端坐在会议桌两旁，散发着一种说不清的威严气氛。他们当时大都是四五十岁的年纪，他们在开会时，桌前同时摆放着几副明晃晃金闪闪的高级眼镜，而且都以很权威的口气讲话，那架势使从未出过校门的"三门干部"们大开眼界。当时在我心目中，这也许是一批包青天式的大人物，真要在北大大战一场，北大真要新生了。

由于有了"反右倾"的挫折和锻炼，我也能发现学校和系的不少问题。党员干部们一般都出身不好，胆子小，没有自己的政治头脑，上边布置什么就紧跟照办。三年困难那几年由于吃不上饭，人们情绪低落，系里、班里出了不少乱七八糟的事情，除了1959级学生那种政治问题外，还有不少生活作风道德品质问题，如偷盗和男女关系等。相比之下，我倒是显得干净纯洁，只关心党和国家命运、政治是非，于是更加强了自信心。从情感上我是一向厌恶那些男盗女娼粗俗勾当的，所以觉得能借这次"四清"运动把这些问题清一清也很有必要。抱着这种态度，我积极地参加了学校和系的"四清"，主动靠近工作队，积极反映情况，成了名副其实的社教积极分子，不顾正在吃奶的孩子，不管家，又去闹革命了。

四清运动中很讲阶级成分和出身历史。出身好的人明显得势。在经济系我和严庆珍比较亲近。严的父亲也是抗日时期的八路军干部，她本人解放后参加工作，后来由工农速成中学而上大学。我和她同龄，经历接近，很谈得来。"四清"开始后，我和严都是积极分子，我们一起去拜访工作组的同志，特别

277

是对老资格的蔡复生，从心眼里信任佩服，把工作队的人当作前辈叔叔伯伯相待，幻想工作队能让北大回到人民手中，实际上接收了北大不在无产阶级手中的提法。

工作队进校后积极组织阶级队伍，大刀阔斧地发动群众揭发问题，然后把揭发出的问题"梳辫子"归类上纲，很快就将矛盾升级了。如经济系揭发的问题有：政经教师鲁达曾攻击刘少奇因在七大时发明了"毛泽东思想"而上台；有的党员干部变成小偷；有的学生干部乱搞男女关系；有人因恋爱持刀行凶，等等。面对这些问题，系总支领导软弱无力，界限不清，甚至对犯错误的人纵容包庇，因为那些出问题的人一般原来都是领导的红人。假如他们不是红人，他们就不敢那样猖狂大胆地做坏事。以上这些问题，中层干部早有了解，但并未把它当成严重问题，工作队进校后很快就把这些问题当成阶级斗争动向狠抓不放，而且把问题整理归类，梳成了"6条辫子"，最后把北大说成是"资产阶级大染缸"、"领导权不在无产阶级手中"、"培养资产阶级接班人"，等等。于是，号召工作队和积极分子们推广"桃园经验"起来夺权，就是夺原来领导班子的权。这样，矛盾激化了，队伍很快分化了。总支书记龚理嘉火冒三丈，暴跳如雷，不再满脸堆笑地配合工作队了。记得，在一次会上有人揭发她有一万元存款，她生气地拍桌子，甩书包，大吼："有钱存银行，你管得着嘛！"有的干部一看总支不行了，就更积极地配合工作队深入揭发问题。在积极分子中，有的人在一夜之间也变得激进起来，紧跟工作队无限上纲。但这时我却跟不上了，我不习惯人云亦云稀里糊涂地跟着跑，也从未想过自己去夺党总支的权！

1965年2月，传达了毛泽东的"二十三条"。"社教"工作队的高干们一反常态，立即改变了无限上纲、全面夺权的口气，将已揭发的问题一风吹了。他们不仅不再提夺权的口号，而且甩开积极分子在四院楼上的会议室里跟原来的党政干部联欢，准备告别了。他们已奉命立即撤离北大。后来才知道，这是高举刘少奇"后十条"的中宣部工作队和高举毛泽东"二十三条"的北京市委在党的最高层短兵相接了。当时，北大是北京市委彭真的地盘，不买中宣部的账，刘少奇顶不住毛泽东，变成了"走资本主义道路的当权派"。"二十三条"

的矛头就是要整党内那些走资本主义道路的当权派。在这突然的转变中，我作为"社教"运动积极分子，从心底感到失落，莫名其妙，一种被利用被愚弄的感觉涌上心头。当初上"纲"时，我跟不上；现在下"纲"时，我又下不来。面对系里不少干部和积极分子们不顾事实地大转弯，我愣了，真想哭！坦白地说，我并不是为自己的得失，因为我本来就没想去夺权。我这个人太自由主义，是当不了官、掌不了权的。我只为这么多高智能者的盲从行为而难过！

在那几天，我对大学里的高智者们，对当权的党内高干们，都彻底绝望了。在那天的日记中我写道："我曾全心地信任别人，信任党，崇拜别人，但是，现在看来我只能相信自己了，今后不能再去崇拜别人，要努力塑造自己"。后来这些想法被"文革"中的笔杆子翻出来，当作个人野心家杨勋的反党言论来批判。我清楚地记得，1965年1月的那几天，我心中的自我的确大大地强化了。那年我32.5岁，党龄也十七年了。我集中全部智力思考：我遇到的这些本质是什么，人们为什么这样不假思索地紧跟权势？后来，我才清楚，"二十三条"公布后北京市委书记彭真取代中宣部副部长张盘石领导北大"四清"了。这时，我开始明白我心中神圣的党原来并不是坚如磐石般的统一，而且权力集中在中央上层，中下层大大小小的干部们只不过是斗争的工具。他们如若不愿做这金字塔式权力机器的螺丝钉，就只有受苦受难了。

1965年"五一"节前夕，浩浩荡荡开进北大的"社教"工作队悄悄地撤走了。彭真决定利用暑假把北大的中层以上干部集中在位于北京市委附近正义路的国际饭店进行整风，把"四清"试点搞乱的队伍严加整顿，重新统一起来。参加这次整风会议的有学校和各系的干部及"四清"运动中的积极分子。经济系除了系里原来的党政干部，就是几个积极分子骨干，其中主要成员是李志远、王茂湘和我。有的人不是国际饭店会议的固定成员，不住在会上，只是临时到会。这时，全校的"社教"积极分子代表人物就是哲学系总支书记聂元梓。

聂是河南人，1938年参加革命，人大副校长聂真的妹妹。1961年她通过聂真找了陆平，从哈尔滨市委宣传部调来北大，先任经济系副主任，后因同总支书龚理嘉闹矛盾调哲学系任总支书记。在哲学系她还是不满足，借崇敬鲁迅发牢骚，说鲁迅在北大只不过是一个讲师而不是教授，公然把自己同鲁迅先生相提并论，引起人们的反感。"四清"开始后，她想借"四清"之机向党委夺权。

在国际饭店会上，原来的干部以党委书记陆平为代表，他们得到市委大学部的宋硕、彭佩云等人的支持。这是一个重要的会议，由市委书记彭真亲自主持召开。在国际饭店整风会上列席的还有邓拓同志。彭真在动员大会上说"要根据'二十三条'的精神，要一个系一个系地整，直到思想组织都统一在党的原则上"。彭真宣布，不管是什么人，"真理面前人人平等"，统一了的就回校，统一不了的留在国际饭店继续整，直到统一为止。会上的一切费用由市委承担，不获全胜决不收兵"。当时的气势，绝不亚于张盘石工作队进校。彭真一向自称是"北京市的土地爷"。记得1956年我刚到北大时，在人民大会堂北京市委召开的一次大学生毕业分配动员会上听过彭真的报告，给我留下极深的印象。在那次会上，彭真要求大学生们服从国家分配，到艰苦的地方去工作，说工人农民培养了你们，你们就要为工农服务，回到工农中去。假如谁不服从分配，就把他的衣服脱下来关在黑屋子里过一星期，不给吃的，看他服从不服从？针对个别拒绝去边远地区扬言要自杀的学生，他高声说："我成全你，给你条绳子，你可以去天安门上吊！"就在那次会上，彭真以十分自信的口气宣布他是"北京市的土地爷"，说："假如第三次世界大战把北京打烂了，只要我当市长，一定会重新建设一个新北京！"

彭真是山西人，原为华北的地下工作者，对北大清华的人很熟悉，很有影响力。1965年他与林彪一样都是政治局里最年轻的委员，又是首都北京的市委书记、市长。彭真领导的北京市，后来被毛泽东称为"针插不进、水泼不进的独立王国"。彭真称自己是北京市的"土地爷"，确实当之无愧！

对于彭真整治北大的意图，当时我不可能理解，但是从会上的气氛看，我感觉到，这是一场不寻常的恶战。不论是大会小会，斗争双方都很硬，每天都是唇枪舌剑，针锋相对，斗争十分激烈，但我不明白背后到底出了什么问题。

在国际饭店会上，我不是核心人物，只是一般成员，本来可以是旁观席上的观众的，但是随着斗争的深入，我的中立地位很快就稳不住了。虽然我对他们争论的中心问题——干部政策问题并不感兴趣（如李志远一再重复的"该提拔的没提拔，不该提拔的提拔了"之类)，对已揭发的问题上"纲"下"纲"，我也跟不上。概括地说，当时我对双方都不信服。但是，从个人经历和我的思想感情上，我还是倾向于以李志远为首的解放区来的一派，对龚理嘉等人因形势有利而飞扬跋扈的样子很看不惯，对李志远、王茂湘等人受压制排挤，有些同情。于是，我就基本上成了积极分子这一派了，而且我的情绪变得很激昂，唱着抗战时期的歌曲，要为"真理而斗争"。记得，在经济系主持会的，有位从中宣部派来叫陈道的老处长，很善意地说我是在为别人火中取栗。我知道他是出于好意劝我不要被人利用，但当他狠狠地冲着王茂湘说："我是地主，今天就要反攻倒算，整你这个贫农"时，我又同情王茂湘了。陈道是麻脸，他自称"陈大麻子"，很自信，我却不敢听信他。我学过调查研究的方法，知道"对具体问题要具体分析"，而且崇尚独立思考、独立判断，但是，面对当时两派不可调和的矛盾，我无法明确选择，不能坚定的站在哪一边，因此两边的人也就都不把我当他们的骨干。就这样，经济系的几十人在国际饭店会议上死去活来地斗了半年，直到 9 月开学后才回校。这时，别的系，特别是一些理科系，早就回校了，有的只待了半个月，问题就解决了。国庆节前后，只有哲学系仍然留在饭店继续斗，轮流主持会的是陆平和彭佩云，被整的一方主角是聂元梓。在一次会上，我看到坐在台前的彭佩云和聂元梓，表情都很强硬。在政治运动中，北大的女将们历来都不比男士弱，如哲学系的王庆淑、任宁芬、冯瑞方、许明，经济系的龚理嘉、徐淑娟、张秋舫等都是强将。也不知未名湖的风水为什么这么容易培植超强的女性！从国际饭店回校不久，我就被派到朝阳区高碑店人民公社参加农村的"四清"了。哲学系的人直到 11 月《人民日报》批判《海瑞罢官》，上海的姚文元、张春桥们打到北京城下，才从国际饭店撤出来。这时，彭真已经顾不上北大了。《海瑞罢官》是北京市副市长吴晗写的一部历史剧，姚文元的《评新编历史剧〈海瑞罢官〉》就是批吴晗，批北京市委。吴晗的后台是彭真，批吴晗的矛头直对着彭真。毛泽东说彭真在北京搞"独立王国"，江青的"文革"战略无法在北京施展，于是不得不在上海物色新人选，组织力量。江青的策略是首先在南方发动，然后再来轰炸北京。这时，彭真这位不可一世的北京"土地爷"面对伟大领袖毛主席的"铁扫帚"，也不得不后

"四清"运动亲历记

退了。哲学系在国际饭店的斗争，前后持续了8个多月时间，埋下了北大"文革"的种子。聂元梓从此走进了毛泽东——江青中央文革的左派行列，走向了全中国，走进了中国现代史，也同我们这些不买她账的"左派战友"结下了不解之怨。

在高碑店"四清"工作队，我经历了一段很有意义的生活，结识了在学校很难碰到的人，知道了不少在学校很难接触到的事儿。

高碑店"四清"工作队是由北大师生和朝阳区各机关、工厂调集的干部混合编队组成的，副队长兼政治部主任是国棉三厂的工会主席万云同志。开始，我在队里同万云住在一屋，后来我去了小花园生产队，同经济系三年级学生韩淑娟和一个法律系姓薛的女生住在一起。我们这个队的小组长是法律系主任肖永清。万云是从抗日根据地来的干部，年龄比我大几岁，人很朴实随和，说话直快，我们在一起处得很好，什么都说。万云从1964年就调出来参加农村"四清"工作队，1964年同北大历史系教师郝斌、学生李讷等一起在顺义农村"四清"。她同我讲了李讷任性，江青无原则保护她的宝贝女儿的故事，给我留下很深的印象。万云是个办事认真，待人诚恳，作风平易近人又敢于负责任的人。李讷被西方记者称为共产党中国的红色公主，她任性起来，谁敢管？万云则不管你是谁，该管的就管，不怕得罪人！万云虽然没上过大学，但是，我佩服她，特别赏识她平易近人的作风。她经常穿着一件中式蓝布上衣，给每个来找她的人端茶倒水，一点架子也没有，就像个老百姓大姐。这可能是当工厂工会主席练出来的。她说是从她老娘那里学来的。万云是山东人，是万里的妹妹，我对那里的老乡太熟悉了，就是那种作风。

在小花园队，有一段时间我们清查"一贯道"，听说有的道首，借着传道欺骗女道徒，装神弄鬼，奸污妇女，一面干坏事，一面胡说什么"三爷对你有意"之类的鬼话。后来，我和韩淑娟发现那位法律系的肖永清先生也有点像"一贯道"道首。有一次，他盘着腿坐在床上装腔作势地一边吸烟一边给法律系那名女生针灸，那女生的裤子脱到了脚上。我们闯进屋去不敢看这情景，赶快往外跑，肖永清却装模作样地一动不动地像神仙一样稳稳坐在那里。小韩说，肖给那女生针灸时总是让她在外边站岗，他们扎针的时间很长，也不知他在干什么。后来，我把这情况反映给万云，惹得肖永清对我恼火，说我不学毛著，反对毛泽东思想等等。"文革"开始后，肖的问题被揭发出来，说他用中医针灸等方法给那位女学生打过胎，惹得他老婆大怒，向领导揭发他。肖永清是抗战时期老干部，还是教授，竟干这种坏事，当时我们真的不敢想象。

在小花园队，除了开会清查"四不清"问题和分析调查得来的社会阶级斗争现象（如"一贯道"等），就是学习毛泽东著作，"讲用"毛泽东思想。我虽然非常认真地学习，作为小组长也带领大家学，但在"文革"中却被扣上反对学毛著，反对毛泽东思想的罪名。定罪的根据就是我在这段时间写下的日记。因为我不会在大会小会上"讲用"，我不主张每天早上集体背书念毛著，我不相信有的人为一点小事（如跳过一条小河）思想激烈斗争最后靠毛泽东思想得到解决等等。总之，我不肯人云亦云，鹦鹉学舌，对事对人总愿意自己想，自己做。这在当时，就是大逆不道，这种性格的人，是注定要倒霉的。

在小花园队"四清"，前后约有半年时间。正当我们在农村全心参加"四清"时，聂元梓却为了逃避下乡，也为了寻求政治保护，跟一位叫吴介之的高级老干部结婚了。据说，吴当时是北京市副市长，老资格党员干部，部长级别。跟这种人一结婚，似乎"社教"中的问题就可以不再追究了。这消息传到高碑店公社，在乡下的北大"社教"积极分子们无不目瞪口呆，原来还把她当作正确方向的代表，想不到她竟然这样背叛大家，拿原则和婚姻做交易，溜之大吉，真是太卑鄙了。此后，聂元梓的各种丑事被传了个底朝天，连她在哈尔滨同被划为"右派"的丈夫打离婚以及在北大八公寓作风不正派被保姆发现等等，都传了出来。至于她揭发北大存在的问题，想夺党委书记大权，更是人所共知的事实了。总之，此人不仅政治上投机取巧，一心往上爬，而且道德作风败坏，是一个少有的坏女人。得知这些情况，真叫人哭笑不得，不少积极分子好像挨了一闷棍，我也庆幸自己没有跟这种人混在一起。当年她在北京大学经济系时，曾有不少的追随者。北大"社教"开始后，也有人同她私人关系很密切。聂是三八式老干部，又做过哈尔滨市委宣传部长，有一副高官派头，很能唬一般人。记得1962年她刚来北大经济系时穿着白色凉皮鞋、绿色绣花真丝衬衫，真像一个很阔气的有资格的大干部啊！当时经济系有的人曾经忙着帮她

283

『四清』运动亲历记

搬家，迁户口，办杂事。从人民大学调来的邹鲁风校长的秘书盛皿还跑前跑后处处照顾她。有人可能真以为她是一颗即将跃上北大天空的新星了。曾几何时，剥去伪装后竟是这样一个人，真是"知人知面不知心"，真是"池浅王八多"，在北大这个大校园里居然什么鸟都有啊！

在经济系，除了少数不了解底细和个别的别有用心的人，多数正派人都鄙视聂元梓这个人，认为她既不像教师，也不像知识分子干部。她当经济系副主任从不讲课，处处摆谱，叫人伺候。住在朗润园八公寓时，她家的保姆喊她少奶奶，她居然答应。这种人哪里像一个党员干部！

在经济系里"社教"积极分子中，有的人是追随聂元梓的，最突出的代表人物就是贫农出身的王茂湘，他们常同哲学系聂等一伙人串联，但是经济系的大多数人不买聂的账，其中为首的代表人物就是李志远。李志远是抗战时期的老干部，1956年从中央党校调来北大。李原来是中学语文教师，上人民大学后精心研究《资本论》。来北大后讲授《资本论》并编出了《资本论》第一卷讲义。他讲课效果极好，深得广大师生好评。李还是经济系党总支委员，很受群众拥护，在党内外相当有威信。李志远对聂一开始就表现出不屑一顾的样子，使聂感到很不自在。在国际饭店会议上，我是倾向李志远的，把他当成良师益友，很信服他的观点和为人，只是他从个人立场出发多次批评党总支的干部政策（"该提拔的不提拔"），给我留下不太好的印象，所以对他的追随也是有保留的。

所有这些，都是我学习和运用具体问题具体分析的结果。因为对任何人任何事都习惯地作具体分析，所以很难简单地肯定谁反对谁，也不容易死心踏地地跟人跑，于是在激烈的阶级斗争中总是随不了大流，入不了帮派，即使倾向哪一边，也成不了哪一派的死党，很容易形成孤家寡人，一个人独来独往。这种性格就注定了我以后的命运。

（摘自杨勋：《心路：良知的命运》，新华出版社2004年版，第137—147页）

"四清"运动

周而复

  毛泽东同志不仅密切注意文化艺术界的思想意识领域里的问题，还提出在农村和城市开展社会主义教育运动问题。

  对外文委当时被列为进行机关"四清"的先行单位之一。这时，李昌同志到对外文委来了。

  李昌长期从事青年团工作，又从事教育工作，是哈尔滨工业大学校长。1964年7月20日，应古巴与各国人民友好协会邀请，对外文委派李昌率中国友好代表团前往古巴，参加"7·26运动"古巴革命节11周年纪念日庆祝活动。回国后，他认为哈尔滨气候太冷，他的身体不适应，希望留在北京工作。组织上接受他的要求，便派他到对外文委工作，领导机关"四清"运动，即所谓"清政治、清经济、清组织、清思想"，重点是整党内当权派。

  9月1日，中共中央转发《关于一个大队的社会主义教育运动的经验总结》，即河北省抚宁县卢王庄公社桃园大队工作队的做法(简称"桃园经验")内容是：先搞"扎根串联"，然后搞"四清"，再搞对敌斗争；对待基层组织和基层干部"又依靠，又不完全依靠"。他们强调"四不清"干部在上边都有根子，必然要用各种方法抵抗运动，不解决上边问题，"四清"就搞不彻底；强调"四清"的内容已经不只是清工、清账、清财、清库，现在是要解决政治、经济、思想和组织上的"四不清"。

"二十三条"和"桃园经验"成为指导"四清"运动的政策依据和具体做法。这对于运动中"左"的错误的进一步发展产生了一定影响。

李昌到对外文委以后，调来李琦涛当副主任，作为他领导对外文委机关"四清"运动和日常工作的助手。

"四清"运动的重点既然是整当权派，原对外文委党组书记张致祥和成员曹瑛、陈忠经、周而复等当权派便成了对象，特别是张致祥成为重点对象。张致祥任文化部副部长，率领艺术团访问欧洲一些国家，中途被调回，撤销了副部长职务。1958 年 2 月 11 日，对外文委成立，他被任命为副主任和党组书记。他任党组书记 6 年多的时间，大家做了许多工作；对外文委的成绩应该肯定，主要是在党中央和国务院领导下取得的。但他在外事工作中和机关工作中犯了一些错误。干部和群众也有许多反映，意见很大。

"四清"运动在对外文委展开，各司、处召开大小会议，向原党组书记张致祥和党组成员提意见，多数实事求是地提意见，也有个别人夸大其辞，上纲上线，十分尖锐，甚至过去对张致祥非常赞赏和敬佩的人，也摇身一变，舌头一转，说得他一无是处。张致祥同志深挖思想根源，讲得沉痛，令人同情，收到运动的效果，于是过了关。有的党组成员，实事求是，不是任意上纲上线，随便戴上帽子过关，个别干部于是揪住不放，要求再次检查，甚至出现"顶牛"现象。但领导上所掌握的材料与了解的情况，并无其他重大问题没有检查，再也追不出什么问题，才表示同意所做的检查，党组成员，人人过关了。张致祥的党组书记职务被中央撤销了，改任李昌为党组书记。

李昌同志除了领导"四清"运动以外，更关心扩充对外文委编制，增设机构，成立政治部，调进和提拔 6 名对外文委副主任，原对外文委的党组成员靠边站，或者到农村参加"四清"运动。党中央为了加强农村社会主义教育运动（即"四清"运动），要中央各机关抽出入来组织工作队。按中央组织部部长安子文说，全国下去搞"四清"和"五反"的，共有一百五六十万人。1964

年冬，张致祥、陈忠经和我以及一批干部被派到山西介休去了。

派往山西介休参加"四清"运动的干部，都是清一色的原对外文委干部，包括原对外文委党组 4 名成员中的 3 名，即张致祥、陈忠经、周而复，另一名党组成员曹瑛由于健康原因没有去，新来的 6 位副主任同时也是党组成员，却没有一位到山西介休参加农村"四清"，接受贫下中农再教育改造。

李昌任党组书记兼对外文委副主任以后，他先后调来与提拔的副主任共有 7 位，加上原有的张奚若主任与副主任共 17 位，领导班子如此庞大，在对外文委历史上是空前的。李昌负责期间，领导这个班子究竟做了哪些重大工作，开辟哪些地区和国家文化交流与友好往来，如周总理一再指示的：对外贸易和对外文化交流和友好往来是政府外交的两翼，对没有建交的国家是外交的先行官，通过外贸和文化开展工作，打开局面，然后建立两国外交关系。对已建立外交关系的国家，这两翼工作要扩大要加深，进一步发展，配合外交工作与国际斗争。对外文委取得哪些重要成绩？不在其位，不谋其政，不得而知。

我意识到，我和原对外文委个别负责人参加农村"四清"以后，大概要另行分配工作了。我思想上做了不再回到对外文委工作的准备，应该结束的工作预先准备，包括《上海的早晨》的创作在内，利用空隙时间，把第三部稿子交给人民文学出版社付印，后来觉得个别地方还要修改一下，因为主要时间花在"四清"运动方面去了，不得不时改时停。

介休县，原为汉界休县，晋国改名介休。县里有座著名的绵山。春秋战国时候，有一著名隐士的故事和绵山有关：介之推随晋文公出亡，游历各国 19 年之久，还国为君，赏从亡者，禄弗及介之推，推亦不言禄，认为"惠、怀无亲，外内弃之，天未绝晋，必将有主，主晋祀者，非君而谁？"并非从亡者的功劳，如果从亡者贪天之功，"下义其罪，上赏其奸，上下相蒙，难与处矣"。母贤随子推隐绵山。晋文公求之不得，焚绵山，希子推出山。子推与母死于山中。少年时，在私塾就学时就读过《介之推不言禄》，青年时又听过京剧《焚绵山》，介之推的事迹给我留下深刻的印象，虽然现在初次到了介休，却感到十分亲切，仿佛旧地重游。

现在没有游山逛水的雅兴，我们到了介休，分成两路向目的地走去。

对外文委派到介休参加"四清"运动的一共有两个团，我管一个团参加东湖龙公社"四清"运动，担任政治委员。张致祥任东湖龙公社一个大队的工作队队长。另一个团由陈忠经率领到洪山公社，他任政治委员。

根据中央通过的"二十三条"，参考"桃园经验"，我们在这两个公社进行社会主义教育运动（即"四清"运动）。如上面所转述的关于"二十三条""左"的偏差，当时，我们都没有认识到并且认真贯彻执行，依样画葫芦。工作队进村以后，原有村中的基层负责干部都靠边站了，改由工作队领导运动，当家作主，扎根串联，访贫问苦，放手发动群众，搜集基层干部材料，进行"四清"。强调"四清"的内容已经不只是清工、清账、清财、清库，要解决的是政治、经济、思想和组织上的"四不清"。基层负责干部几乎是"个个洗澡，人人过关"，工作队对基层干部打击面过宽过重；解决了"四不清干部"问题以后，便展开对敌斗争……

东湖龙公社"四清"工作团团部设在农民家里，我和农民一家人住在一起，同吃同住同劳动。东湖龙"四清"工作团所属各个大队也住在主管的村子里。大队长和队员有事随时可以到团部来商量；团部召集各大队队长开会研究问题，就在我住处举行；东湖龙公社和所属各大队的农村干部和农民任何时候都可以找我谈他们所关心的自身利益问题，没早没晚，无所谓上班下班时间，可以说任何时候都在"班"上，整天忙得不可开交，到了晚上，浑身疲劳不堪，倒在炕上就睡觉，连刮胡子的时间也没有。因为一早起来，还没有洗脸漱口吃早饭，就有人来找我了。络腮胡髭长得越来越长，仿佛一下子变成老人了。

工作虽忙，能和农民长期生活在一起，了解农民，关心社会主义农村经济建设，是国家头等大事之一。随着"四清"工作深入开展，经过对敌斗争阶段，深深感到农村实际情况和中央制定的《农村社会主义教育运动中目前提出的一些问题》（简称"二十三条"）距离很大，特别是提出这次运动的重点是整"党内那些走资本主义道路的当权派"。认为"那些走资本主义道路的当权派，有在幕前的，有在幕后的。支持这些当权派的人有的在下面，有的在上面"，甚至有在省和中央部门工作的一些反对搞社会主义教育的人。想到这些，越发使人纳闷。在东湖龙公社和各大队，很难找到名实相符的走资本主义道路的当权派，下面更难找，上面呢？县里、地委和省委里，那不是我们工作范围以内的事，无法知情。中央部门呢？张致祥虽然工作和生活有某些问题，但还看不出他反对社会主义、企图恢复资本主义的明显事实。其他中央部门情况不了解，作为运动重点的"那些走资本主义道路当权派"，不知道指的是哪些人。

在闭塞的东湖龙公社里搞"四清"，难于了解各省市的情况，只是从《人民日报》和文艺刊物上偶尔看到文化部和文艺界进行整风，以及批判夏衍、田汉、阳翰笙和作协党组书记邵荃麟的文章，联想到我在武汉听见毛主席接见老挝文工团严厉指责文艺界那番讲话，以及他在 6 月 27 日的批示："最近几年，竟然跌到了修正主义的边缘。如不认真改造，势必在将来的某一天，要变成匈牙利裴多菲那样的团体"。

我在政府部门工作，很少参加文艺界活动，现在农村搞"四清"，对文艺界和党中央情况都不了解，心想是不是暴风骤雨要从文艺界席卷而来？

（摘自《周而复文集》第 22 卷，文化艺术出版社 2004 年，第 160—164 页）

289

"四清"运动亲历记

毛条厂的"四清"运动

李象泰

1964 年第一季度，中共中央发表了关于开展四清运动的"前十条"，这个文件是指导开展前期"四清"运动的纲领性文件。所谓"四清"就是清政治、清思想、清经济、清组织，通过"四清"达到巩固无产阶级专政、反对修正义，坚定不移地走社会主义道路的目的。

当时天津市委，河东区委确定天津市毛条厂为市区"四清"前期社会主义教育运动的试点厂。1964 年春节刚过市区工作组陆续进驻了毛条厂。先后召开了党团员干部大会和全体职工大会，对全厂职工进行了思想动员。讲明了国内外阶级斗争形势：国外以苏联为首的修正主义，美国为首的帝国主义，对我国的包围；国内一小撮地、富、反、坏、右分子不甘心失败，妄图复辟资本主义，我们必须通过"四清"运动保卫已取得的胜利果实。

这次运动重点是整走资本主义道路的当权派，因此市区工作组一上来把矛头就对准了厂级领导班子和中层干部，为了工作的需要，党委领导班子的成员除一位生产厂长抓日常生产外，其他成员一律停止工作参加运动，按"四清"布置要求，班子成员对照"四不清"情况写出检查材料。工作组一边训练骨干

（党团员、贫下中农出身的工人），一边发动群众对班子成员揭发"四不清"的问题。厂的书记、厂长是"四清"运动重点的重点，他们按规定要"洗澡下楼"，分别下四层楼。一层是党委会，二层是全体中层干部，三层是全体骨干会，四层是全厂职工大会。这四层楼程序是：自己在每层楼会上做深刻检查，然后大家进行帮助，每一层没有意见了才算下了楼；如果顺利的，一个半月时间；群众关系不好，问题多一点的时间还要延长；如果是重点对象就下不了楼，挂起运动后期再说。我本人当时任团委书记、党委委员，是班子成员之一，按规定要下三层楼：一层党委会；二层是团委会；三层是全体团员大会。通过骨干揭发和帮助，我存在三个较严重的问题：一是在自由市场上买了一包大果仁（当时规定党员不准在自由市场买东西）；二是托人在东南雨衣厂走后门买了一件雨衣；三是1961年蒋介石叫嚣反攻大陆时，有一天过飞机有些害怕的表现。对这三个问题经过反复检查，反复提高认识，并且挖了阶级根源、社会根源、思想根源，一个多月才算下了楼。

中层干部按规定是"洗手、洗脸"。多数人员认识深刻，群众意见不大，手和脸洗净了，就可以照样工作，如果是工作组掌握的重点对象就不会轻易地放过了。当时有一个口号"树上没枣，也要打三竿子"，"河里没鱼淘干了看"。前一段属于清政治、清思想，下一步，就是清经济、清组织了。经过市区工作组内查外调和精心策划，选择了本厂多年没有破获丢失了的呢子案件做为突破口。在一年冬季，组里为了节省皮子做皮板（精梳机上的一个零件），想用呢子代替，制条车间主任从仁立毛织厂买了一捆粗纺呢，大约四、五十米，价值300元，放到车间办公室，第二天夜里就丢失了，当时厂保卫科和公安河东分局用了半年时间也没有破案，把案件就放了下来。这次市区工作组经过了详细的调查和分析，认为过去为什么破不了案，就是怀疑错了对象，不应当把重点放到工人身上，指出大胆地向上怀疑，于是组织全厂骨干和知情人围绕呢子案件对中层以上干部进行揭发检举，使范围逐渐缩小，最后缩小到了制条车间主任、副主任身上，并对他们采取了果断措施，停止一切工作，交待问题。市区工作组组织骨干进行面对面质询，背对背揭发，政策攻心，迫使重点人交待问题。其他部门也有新的突破，行政科管烟票、粮票的也交待了问题，供销科有

"四清"运动亲历记

偷木料也检查出来了。一时间毛条厂大院掀起阶级斗争的新高潮，到 1964 年 10 月份，中共中央又下来了"后十条"，对"前十条"做了新的补充，明确提出在全国普遍开展"四清"运动，提出重点是整那些"走资本主义道路的当权派"，防止资本主义复辟。市区工作组根据市委、区委的指示暂时撤走，遗留的问题，待全面开展"四清"运动时再解决。在市区工作组领导下召开了党委扩大会议，对涉及到经济问题人员进行临时处理，对制条车间的四位主任、工会主席、团支书记、三班班长，下放监督劳动，保卫科长因在呢子案中破案不力，也下放劳动，党委书记因在呢子案件中以生产为名阻碍运动，调出厂外参加"四清"运动，受教育，这些同志从 1964 年下放到粉碎"四人帮"以后才得到了落实政策。

（原载《天津市河东区文史资料》第 9 辑）

后 记

"四清"运动是建国后党史的重要一段,它前承三年困难时期,后接"文化大革命"。应该说,深入研究这段历史,对弄清"文化大革命"的起源具有重要的学术价值。

从目前的研究现状来看,对"四清"运动的研究很薄弱,究其原因,主要是相关资料很少,也缺乏文献整理。基于此,我们编写了这本回忆录,所收文章均是国内公开出版物发表的当事人的回忆。希望这本《"四清"运动亲历记》能够对建国后中共党史的研究有所裨益。

参加本书资料搜集工作的还有:宋淑玉、李林、张艺、徐锋、李凯灿、李自更、白贵一等。

需要说明的是,由于时间仓促,我们未能及时与有关作者或文章原发表书刊单位——取得联系,我们将尽快联系并酬谢。

「四清」运动亲历记

责任编辑：王世勇

装帧设计：曹　春

责任校对：湖　催

图书在版编目（CIP）数据

"四清"运动亲历记/郭德宏　林小波　编．— 北京：人民出版社，2008.12

ISBN 978 - 7 - 01 - 007487 - 0

I.①四⋯　II.①郭⋯②林⋯　III.①社会主义教育运动 - 史料

　IV.① D651.7

中国版本图书馆 CIP 数据核字（2008）第 174442 号

"四清"运动亲历记

SIQING YUNDONG QINLI JI

郭德宏　林小波　编

人民出版社 出版发行

（100706　北京市东城区隆福寺街 99 号）

环球东方（北京）印务有限公司印刷　新华书店经销

2008 年 12 月第 1 版　2008 年 12 月北京第 1 次印刷

开本：710 毫米 × 1000 毫米 1/16　印张：18.75

字数：290 千字

ISBN 978 - 7 - 01 - 007487 - 0　定价：38.00 元

邮购地址 100706　北京市东城区隆福寺街 99 号

人民东方图书销售中心　电话（010）65250042　65289539